国家自然科学基金资助项目（71571137）
江西省自然科学基金资助项目（20161BAB211009）
南昌大学社会科学学术著作出版基金资助项目（NCU2016P004）

项目复杂性识别、测度与管理研究

罗岚 何清华 著

中国社会科学出版社

图书在版编目（CIP）数据

项目复杂性识别、测度与管理研究／罗岚，何清华著．—北京：中国社会科学出版社，2017.5

ISBN 978-7-5203-0147-3

Ⅰ.①项… Ⅱ.①罗… ②何… Ⅲ.①基本建设项目—项目管理—研究 Ⅳ.①F284

中国版本图书馆 CIP 数据核字(2017)第 074493 号

出 版 人 赵剑英
责任编辑 张 潜
责任校对 胡新芳
责任印制 王 超

出 版 中国社会科学出版社
社 址 北京鼓楼西大街甲 158 号
邮 编 100720
网 址 http://www.csspw.cn
发 行 部 010-84083685
门 市 部 010-84029450
经 销 新华书店及其他书店

印 刷 北京明恒达印务有限公司
装 订 廊坊市广阳区广增装订厂
版 次 2017 年 5 月第 1 版
印 次 2017 年 5 月第 1 次印刷

开 本 710×1000 1/16
印 张 16.25
插 页 2
字 数 266 千字
定 价 69.00 元

凡购买中国社会科学出版社图书，如有质量问题请与本社营销中心联系调换
电话：010-84083683

前　言

近年来，复杂建设项目的数量日益增多、规模日趋庞大、复杂性日渐明显。但由于复杂建设项目相比传统项目结果不易预测，不确定因素多，造成了投资超支和进度延期等目标失控的严重现象。究其原因，主要是复杂建设项目的复杂性不断增大以及对复杂性的评估不足造成的。因此，系统分析复杂建设项目的复杂性对项目管理者决策与复杂建设项目成功的实现至关重要。然而，现有文献关于复杂建设项目的复杂性研究尚不充分，大量研究仅侧重于复杂性研究的某一方面，因而对复杂建设项目管理的指导作用不足。

为了更好地管理复杂建设项目，实现项目成功，基于复杂性科学、社会学和项目管理理论等，结合复杂建设项目特征，以问卷调查为主要数据收集方法，借助 SPSS 和 AMOS 软件，运用定性与定量相结合、理论分析与实证研究相结合的方法，从识别复杂建设项目的复杂性关键因素、复杂性的差异性特征分析、复杂性测度及复杂性对成功的影响作用四个方面层层深入分析，并提出针对复杂性管理的复杂建设项目管理模式，系统分析了复杂建设项目的复杂性。研究结论有助于完善复杂建设项目管理的理论基础，也可以为复杂建设项目管理提供实践借鉴。具体的研究内容和成果如下：

（1）系统分析复杂建设项目的复杂性潜在因素，采用相关分析识别出复杂建设项目的 27 个复杂性关键因素；通过探索性因子分析，提取出六个共同因子——信息复杂性、任务复杂性、技术复杂性、组织复杂性、环境复杂性、目标复杂性，构建复杂建设项目的复杂性因素六维框架，以便于识别复杂建设项目的复杂性来源。

（2）基于复杂建设项目的复杂性关键因素，采用均值差异性检验法分析不同受访者特征（如性别、年龄、教育背景、工作年限、项目职位）以及项目特征（如项目类型、单位角色、参与阶段、项目投资、项目工期）在项目复杂性及各维度的差异性特征，进一步梳理复杂建设项目的复杂性特征。

（3）基于模糊网络分析法（FANP）构建复杂建设项目的复杂性测度模型（CCPCMM）。该模型考虑了项目复杂性各因素的相互作用与语言的模糊性，可测度出具体复杂建设项目的关键复杂性维度及整体项目复杂性程度，为制定相应的复杂性管理策略，更好地管理复杂建设项目提供量化工具。

（4）提出复杂建设项目的复杂性与项目成功之间的关系假设，运用结构方程模型（SEM）及 AMOS 软件分析不同项目复杂性维度对项目成功及各维度的影响作用。分析结果表明，复杂建设项目的复杂性对项目成功具有显著的负向作用；信息复杂性、技术复杂性、目标复杂性对项目成功及各维度均具有显著负向作用。研究结论为更好地管理复杂建设项目，实现项目成功提供理论依据。

（5）结合测度出的关键复杂性维度以及复杂性对项目成功的影响作用，综合集成复杂建设项目的复杂性六维度，提出复杂建设项目管理模式——STEP 模式，即通过战略（S）、团队（T）、执行程序（E）与绩效监控（P）四个层面的综合集成进行复杂建设项目全生命期管理。该模式对复杂建设项目的复杂性各方面进行集成管理，有利于复杂建设项目的管理，从而增大项目成功的可能性。

本书的研究内容是以笔者的博士学位论文为基础，并结合导师何清华教授所在研究团队的同济大学复杂工程管理研究院所从事的一系列有关科研项目和学术研究成果完成的。另外，本书的出版得到了导师团队的国家自然科学基金资助项目（71571137）、江西省自然科学基金资助项目（20161BAB211009）及南昌大学社会科学学术著作出版基金资助项目（NCU2016P004）支持，谨在此表达诚挚的谢意。

书中错误和不足之处在所难免，恳请各位同仁和广大读者批评指正。

罗岚

2016 年 6 月

目　录

图表目录

第一章

绪　论

第一节　研究背景与意义

一　研究背景

我国正处于一个高速发展期，大型复杂建设项目比过去任何一个历史时期都要多。自 1995—2010 年，我国超过 50 亿元人民币（以下未注明币种处均为“人民币”）的大型复杂建设项目从 12 个增加到 93 个，平均每年增加 22.8%。其中 52.22% 的大型复杂建设项目的投资额分布在 100 亿—300 亿元之间，平均建设期 4.99 年（何清华和罗岚，2013）。随着复杂建设项目数量日益增多，规模日趋庞大，其复杂性也日渐明显（Chan et al.，2004）。据 Ahsan and Gunawan（2010）在一项针对全球 100 多个大型复杂建设项目的研究表明，高达 86% 的复杂建设项目存在工期延误，平均延期约 2 年，占计划工期的 39%。此外，相关研究表明超过 70% 的复杂建设项目存在投资超支现象；超过 75% 的复杂建设项目未能实现最初计划的项目范围和功能要求或者存在低质量问题（Flyvbjerg et al.，2003）。真正同时实现工期、成本和质量三个目标的复杂建设项目比例不超过 5%，也就是说高达 95% 的复杂建设项目未能实现目标，或者说管理不成功！

项目管理不成功有很多原因，但复杂性增大以及对复杂性的低估被认为是主要原因（Dulam，2011）。低估项目复杂性导致更多的返工、进度延误、成本超支和质量低下现象（Flyvbjerg et al.，2003）。具体来讲，这主要是由于复杂建设项目的复杂性增大，结果不易预测，导致尽管复杂建设项目拥有先进的施工设备和技术，但仍然会出现投资超支和进度延期等目标失控现象（Park and Peña - Mora，2003）。同时，建设主体的技术、管理能力相对不足，也是复杂建设项目的复杂性加剧的重要因素。

传统项目管理方法是一种可预见的、固定的、相对简单和确定的模式（Shenhar and Dvir，2007），然而采用该方法的项目发展到一定阶段才出现的复杂性问题现在显得愈发普遍而突出。项目复杂性（project-complexity）被认为是环境加速变化、产品复杂性增加、时间压力增加的结果（Williams，1999）。此外，任务、流程和利益相关者的相互作用也增加了项目复杂性。正是这种复杂性导致了复杂建设项目难以评估和管理。因此，有必要系统对项目复杂性进行分析（Baccarini，1996）。这是因为：一方面，复杂性影响项目管理目标（成本、进度和质量），是项目选择的一个重要标准，因此系统分析项目复杂性有助于决策规划、协调和控制、协助选择合适的采购安排等。另一方面，系统分析项目复杂性有助于正确认识项目复杂性，对提高项目管理能力及项目成功率具有重要意义。

在项目管理领域，越来越多的管理者开始意识到，随着项目复杂性程度的不断增大，传统项目管理方法和工具已经因其自身不能有效处理复杂性而凸显不足。通过期刊、会议和新闻报道等检索，发现2000年以后理论界和实践界逐步开始重视复杂建设项目管理的研究，尤其是近几年，项目复杂性成为项目管理领域的研究热点和重点（何清华和罗岚，2013）。通过文献检索和筛选①，截至2015年底，筛选出建设项目管理领域与项目复杂性研究直接相关的国际论文74篇，学位论文11篇，已有研究文献统计结果如图1—1所示。从图1—1中可以发现，复杂建设项目的复杂性研究论文数量尽管呈上升趋势，但仍显不足。此外，国内对复杂建设项目的研究起步于2000年左右，但大多数为零星论文，尚未形成重大成果。近两年由于该类项目急剧增多、问题突出，逐渐被理论界和实践界所重视（何清华和罗岚，2013）。总体而言，已有研究往往聚焦于某一方面或某一问题，或仅为理论研究，或仅为实践探索，尚缺乏系统性、理论与实践充分结合的研究成果。

① 文献检索与筛选方法详见专著《大型复杂工程项目群管理协同与组织集成》。

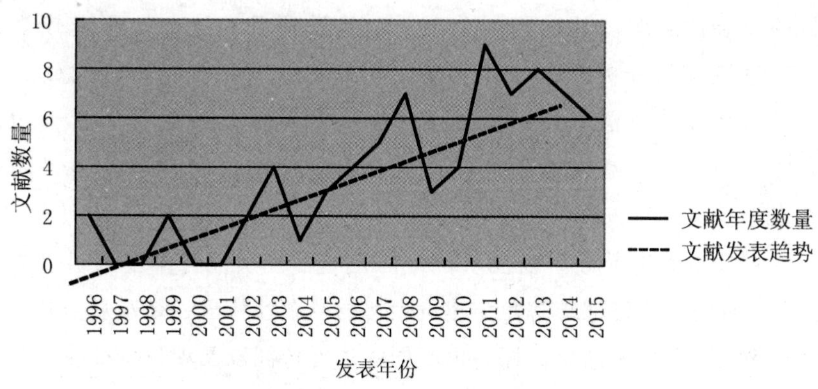

图1—1　项目复杂性文献年度发表情况

资料来源：笔者根据文献研究整理。

综上所述，复杂建设项目是个复杂的系统，其投资规模大，参与方众多，不确定因素多，项目成功的实现难度加大。为了更好地实现复杂建设项目的成功，有必要系统分析其复杂性。但复杂建设项目的复杂性关键因素有哪些？项目复杂性及各维度在不同受访者特征、项目特征是否存在显著差异？如何定量测度出具体复杂建设项目的关键复杂性维度及整体项目复杂性程度？实现项目成功是项目管理的最终目的，复杂建设项目的复杂性如何对项目成功产生影响作用？如何对复杂建设项目的复杂性进行管理，从而更好地实现复杂建设项目的成功？这些问题的回答当前就显得非常迫切。

因此，本书基于已有项目复杂性研究，对复杂建设项目的复杂性进行系统分析，对项目复杂性进行识别、测度和管理，为复杂建设项目管理提供理论与实践借鉴，从而增大项目成功的可能性。

二　研究意义

目前，我国复杂建设项目管理理论研究较为薄弱。本书将基于复杂性科学、社会学和项目管理理论等，对复杂建设项目的复杂性进行系统分析，以期完善复杂建设项目管理的理论基础，并为复杂建设项目管理提供实践借鉴。

(1) 构建复杂建设项目的复杂性因素框架，更好地识别复杂建设项目的复杂性来源。目前国内关于复杂建设项目的复杂性研究较为缺乏，通过梳理和分析国内外其他领域已有文献对项目复杂性的研究成果，采用问卷调查法，识别出复杂建设项目的复杂性关键因素，构建复杂建设项目的复杂性因素框架，从而更好地明确复杂建设项目的复杂性来源。

(2) 分析受访者特征以及项目特征在项目复杂性各维度的显著差异性特征，有助于更好地理解复杂建设项目的复杂性特征。基于复杂建设项目的复杂性因素分析结果，探讨出不同受访者特征以及项目特征在项目复杂性及各维度的差异性特征。复杂建设项目的复杂性差异特征分析进一步梳理了复杂建设项目的复杂性特性，可为复杂性的测度与管理提供理论基础。

(3) 构建复杂建设项目的复杂性测度量化模型，从而为项目管理者决策提供可量化的基础模型。通过构建复杂建设项目的复杂性测度量化模型，从而测度出具体复杂建设项目的关键复杂性维度及整体项目复杂性程度，为管理者进行复杂性管理提供决策依据。此外，基于已构建的测度模型，选取世博建设项目进行实证分析，探讨不同项目复杂性的管理策略，从而为其他类似项目的复杂性测度及管理提供参考借鉴。

(4) 探索复杂建设项目的复杂性对项目成功的影响作用，可为复杂建设项目管理提供理论依据。探讨复杂建设项目的复杂性与项目成功之间的关系假设，并实证分析不同项目复杂性维度对项目成功及各维度的影响作用。分析所揭示的复杂建设项目的复杂性对项目成功的影响作用可为复杂建设项目管理提供理论支撑。

(5) 构建复杂建设项目管理模式，为该类项目的管理提供管理模式。结合复杂性测度模型以及复杂性对项目成功的影响作用，综合集成项目复杂性的六维度，探索出复杂建设项目管理模式——STEP 模式，有助于复杂建设项目的系统集成管理，从而增大项目成功的可能性。

第二节　研究内容、方法与技术路线

一　研究内容

本书试图将复杂性科学和项目管理理论相结合，从识别复杂建设项目的复杂性关键因素、复杂性的差异性特征分析、复杂性测度及复杂性对成功的影响作用层层深入分析，并提出针对复杂性管理的复杂建设项目管理模式，系统分析复杂建设项目的复杂性，从而为复杂建设项目管理提供理论支撑与实践借鉴。本书的主要内容包括以下几个方面，分别呈现于本书的第四、五、六、七、八章（第一、二章是本书的绪论和文献综述与理论基础，第三章介绍了整个研究的设计与分析，第九章为本书的结论与展望）。

（一）复杂建设项目的复杂性关键因素识别

复杂建设项目的复杂性关键因素识别是整个复杂性研究的基础。基于已有的文献综述和内容分析法，结合复杂建设项目的特征，提出复杂建设项目的复杂性潜在因素假设。然后借助 SPSS 软件，采用相关分析验证复杂性因素假设，采用探索性因子分析法构建出复杂建设项目的复杂性因素六维框架（I，TA，TE，O，E，G）。

（二）复杂建设项目的复杂性差异特征分析

调查问卷受访者特征和项目特征的不同组别有可能在复杂建设项目的复杂性及各维度存在显著性差异。基于复杂建设项目的复杂性因素分析结论，采用均值差异性检验法探讨不同受访者特征以及项目特征在项目复杂性及各维度的差异性特征，从而为后续项目复杂性的测度及复杂性管理提供理论支撑。

（三）复杂建设项目的复杂性测度研究

基于复杂建设项目的复杂性关键因素及差异性显著特征，构建复杂建设项目的复杂性测度模型（Complex Construction Project Complexity Measurement Model，CCPCMM），从而测度出具体复杂建设项目的关键复杂性维度及整体项目复杂性程度，并选取世博建设项目进行实证分析，探讨了不同项目复杂性的管理策略，从而为其他类似项目的复杂性测度及管理提供借鉴。

（四）复杂建设项目的复杂性对项目成功的影响作用分析

不同复杂性维度对项目成功不同维度影响不同，探讨复杂建设项目的复杂性与项目成功之间的55个关系假设，并实证分析不同项目复杂性维度对项目成功及各维度的影响作用。

（五）复杂建设项目的复杂性管理研究

结合测度出的复杂建设项目关键复杂性维度以及项目复杂性对项目成功的影响作用，综合集成复杂建设项目的复杂性因素六维度，采用系统分析法提出复杂建设项目管理模式——STEP模式。该模式对复杂建设项目的复杂性各方面进行集成管理，有利于复杂建设项目的管理，从而增大项目成功的可能性。

二 研究方法及技术路线

本书的技术路线如图1—2所示，具体采用了如下研究方法。

（一）文献综述和内容分析法

在广泛搜集和阅读国内外关于复杂建设项目、项目复杂性以及项目成功方面研究文献的基础上，分析既有研究中存在的不足和进一步研究机会。充分借鉴既有的研究成果，采用内容分析法识别出复杂建设项目的复杂性指标，并系统分析复杂建设项目的复杂性潜在因素以及项目复杂性对项目成功影响作用的概念模型。

（二）专家访谈研究法

本书采用实务界专家访谈和学界专家访谈探索复杂建设项目的复杂性和项目成功相关量表。作为一种定性研究方法，访谈可以通过和受访者面对面的互动交流，直接获取有价值的访谈资料，进而便于研究者厘清思路、发现问题。其中，实务界访谈结合具体复杂建设项目的实际情况，向被访谈者征询对复杂建设项目的复杂性和项目结果的看法，作为初始指标的补充。具体采用两轮德尔菲访谈法。德尔菲问卷调查法是通过多轮采访获得最终的一致结果（Linstone and Turoff，1975）。通过两轮的德尔菲访谈，形成了包括六个方面共41个因素的项目复杂性潜在因素以及包括8个因素的项目成功指标。学界深度访谈是根据形成的初始量表中问题的表述方式和内容向学术界的专家征询意见，以检验基本量表中指标设置和问题表述的合理性和可理解性。

（三）问卷调查法

本书以问卷调查为主要方式收集数据。本书的问卷调查包括整体研究问卷调查和世博建设项目问卷调查两个部分。基于四阶段问卷设计，设计和编制了复杂建设项目的复杂性和项目成功测量量表，形成了整体研究的调查问卷，然后在全国范围内（不包括香港、澳门和台湾），历时五个月，主要通过电子问卷的形式收集数据，共发放调查问卷 314 份，回收 256 份，回收率 81.5%。世博建设项目问卷用于收集数据以验证构建的复杂建设项目的复杂性测度模型 CCPCMM。

（四）统计学分析

本书首先采用相关的统计分析方法和软件工具如 SPSS 软件和 AMOS 软件进行研究数据的评估和分析，这些统计分析方法主要包括：描述性统计分析、信度/效度分析和验证性因子分析等。然后根据具体研究内容采用相对应的分析方法，包括采用相关分析验证复杂建设项目的复杂性因素假设，并采用探索性因子分析法将关键因素提取出六个共同因子，从而构建出复杂建设项目的复杂性因素六维框架（I，TA，TE，O，E，G）；采用均值差异性检验法探讨不同受访者特征以及项目特征包括性别、年龄、教育背景、工作年限、项目职位、项目类型、单位角色、参与阶段、项目投资及项目工期等在项目复杂性及各维度的差异性，包括采用独立样本 T 检验分析或单因素方差分析法分析其差异是否达到显著；采用相关分析探索复杂建设项目的复杂性各因素之间的相互作用；采用结构方程模型（SEM）与 AMOS 软件探索出复杂建设项目的不同复杂性对项目成功及各维度的影响作用。

（五）案例实证研究

基于模糊网络分析法（FANP）构建的复杂建设项目的复杂性测度模型 CCPCMM，选取上海世博建设项目的具体案例验证复杂建设项目的复杂性测度模型 CCPCMM 的有效性，并分析了不同项目复杂性的管理策略，从而为我国复杂建设项目的管理提供了参考借鉴。

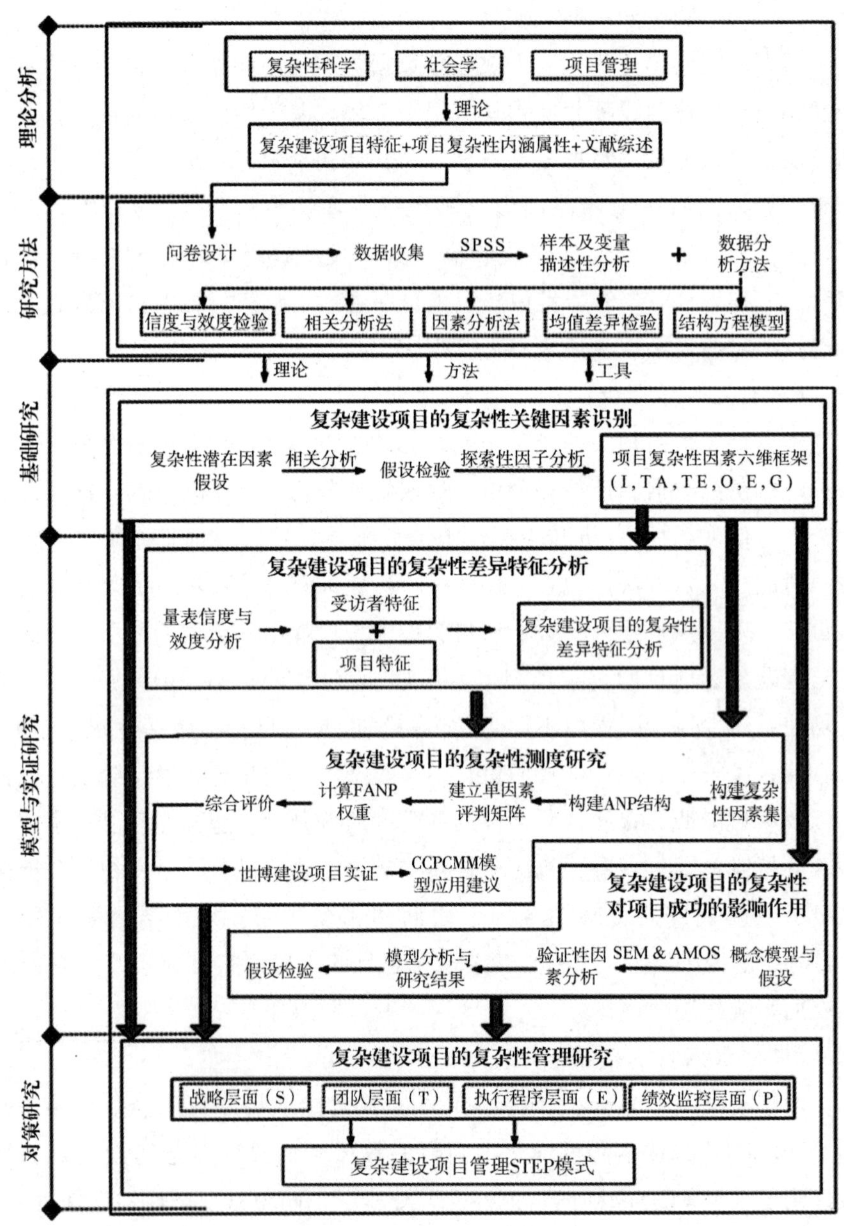
理论分析
研究方法
基础研究
模型与实证研究
对策研究
复杂性科学
社会学
项目管理
理论
复杂建设项目特征+项目复杂性内涵属性+文献综述
问卷设计
数据收集
SPSS
样本及变量描述性分析
+
数据分析方法
信度与效度检验
相关分析法
因素分析法
均值差异检验
结构方程模型
理论
方法
工具
复杂建设项目的复杂性关键因素识别
复杂性潜在因素假设
相关分析
假设检验
探索性因子分析
项目复杂性因素六维框架(I,TA,TE,O,E,G)
复杂建设项目的复杂性差异特征分析
量表信度与效度分析
受访者特征
+
项目特征
复杂建设项目的复杂性差异特征分析
复杂建设项目的复杂性测度研究
综合评价
计算FANP权重
建立单因素评判矩阵
构建ANP结构
构建复杂性因素集
世博建设项目实证
CCPCMM模型应用建议
复杂建设项目的复杂性对项目成功的影响作用
假设检验
模型分析与研究结果
验证性因素分析
SEM & AMOS
概念模型与假设
复杂建设项目的复杂性管理研究
战略层面（S）
团队层面（T）
执行程序层面（E）
绩效监控层面（P）
复杂建设项目管理STEP模式

图 1—2　研究技术路线

第三节　研究创新点

本书的创新点包括：

创新点之一：通过实证研究识别出复杂建设项目的复杂性关键因素，构建了复杂建设项目的复杂性因素六维框架（I，TA，TE，O，E,G）。

本书以随机取样的方式进行问卷调查，通过对取得的245个样本数据进行相关分析和探索性因子分析，识别出复杂建设项目的27个复杂性关键因素和六个维度。复杂性因素显示了复杂建设项目的复杂性因素有其独特性，许多关于一般项目的复杂性因素研究结论对复杂建设项目来说并不成立。此外，目前对复杂建设项目的复杂性研究不多。因而，所识别的复杂性关键因素，一方面可为后续复杂建设项目研究提供参考，另一方面也可为项目管理者进行复杂建设项目的复杂性管理提供指导。

创新点之二：基于FANP构建复杂建设项目的复杂性测度模型CCPC-MM。

基于FANP法构建的复杂建设项目复杂性测度模型CCPCMM克服了以往研究的不足，既考虑了项目复杂性各因素的相互作用，同时又考虑了语言的模糊性。利用该模型可测度出具体复杂建设项目的关键复杂性维度及整体项目复杂性程度，为制定相应的复杂性管理策略，更好地管理复杂建设项目奠定基础。

创新点之三：分析复杂建设项目的复杂性对项目成功及各维度的影响作用。

运用结构方程模型（SEM）分析复杂建设项目的复杂性对项目成功的影响作用。研究结果显示，复杂建设项目的复杂性对项目成功具有显著负向作用；信息复杂性、技术复杂性、目标复杂性对项目成功及各维度均具有显著负向作用。研究结论为更好地管理复杂建设项目，实现项目成功提供理论依据。

创新点之四：提出复杂建设项目管理模式——STEP模式。

为了对复杂性进行管理，采用系统集成思想提出复杂建设项目管理模式——STEP 模式，即通过战略（S）、团队（T）、执行程序（E）与绩效监控（P）四个层面的综合集成进行复杂建设项目的全生命期管理。该模式对复杂建设项目的复杂性各方面进行集成管理，有利于复杂建设项目的管理，从而增大项目成功的可能性。

第二章

文献综述与理论基础

本章分析了复杂建设项目与项目复杂性的内涵及特征，对项目复杂性研究进行了文献综述，并在此基础上提出了复杂建设项目的复杂性研究框架，为后续研究奠定了理论基础。本章主要解决两个问题：一是分析复杂建设项目与项目复杂性的内涵特征并进行文献综述，为后续研究提供基础；二是提出复杂建设项目的复杂性研究框架，作为整个研究的总体指导。

第一节 复杂建设项目内涵及特征分析

一 复杂建设项目的内涵及界定

关于复杂项目（complex project）的内涵，目前还没有统一的界定，但学者大都从复杂系统视角进行定性描述（Bahrevar，2013）。复杂项目被认为是一个复杂系统，是各部分之间具有相互作用、相互依赖和相互关系的项目（Kerzner，2013；Hu et al.，2013）。复杂项目从以下方面区别于传统项目（Bahrevar，2013）：规模大小（Kerzner and Belack，2010）；投资额（Kerzner and Belack，2010）；不确定需求（Remington，2011）；不确定范围（Gransberg，2013；Remington，2011）；不确定可交付成果（Gransberg，2013；Remington，2011）；复杂的交互作用（Remington，2011；Schalcher，2010）；不确定劳动力储备（Kerzner and Belack，2010）；跨多个时区的地理分离（Kerzner and Belack，2010）；大型虚拟团队的使用（Tomek and Vávrová，2011）；组织文化的多样（Tomek and Vávrová，2011）；随项目周期的技术变化（Kerzner，2013）；多个利益相

关者等（Kerzner，2013；Remington，2011）。

与复杂项目有关的概念涉及巨型项目、大型群体项目、重大项目、大型项目等，但其侧重点各有不同，其界定标准如表2—1所示。从表2—1可以看出，这些概念大都从投资规模、影响作用等方面进行了定义，都强调了投资规模。但也有学者认为复杂项目的界定与投资规模无关。复杂项目并非就是一个简单的大型项目（Williams，1999）。一些项目投资规模大但却不复杂，如结构复杂项目（complicated project）。一些投资规模小但风险大，不确定因素多的项目也可能为复杂项目。Kardes et al.（2013）认为中等复杂项目的特征包括五个以上团队成员，工期不低于3个月，成本不低于25万美元（约150万元人民币），如表2—2所示。从表2—2可以看出，巨型项目被认为是复杂项目的一种（Remington and Pollack，2007）；此外，项目群也被认为是复杂项目的一种典型形式（Remington and Pollack，2007）。Dombkins（2008）认为，复杂项目是普遍存在的，它通常是被分包为几个子项目来进行最终交付。

表2—1　　常用复杂项目的界定标准

名称	出处	标准	举例
巨型项目（mega project）	Wikipedia	因其对社会、环境和政府预算产生巨大影响而吸引众多社会关注，投资超过10亿美元的建设项目	如桥梁、隧道、高速公路、铁路、机场、港口、电厂、大坝、特殊经济区、石油和天然气、公共建筑、信息技术系统、航空航天、武器系统等
大型群体项目（major programme）	Wikipedia	一组总投资超过10亿美元，建设期至少5年的项目群，可能包括多个利益相关者、国家和跨国财团	如NASA航天飞机、空客A380、中国高速铁路、奥运会、世博会、新城开发、能源项目等
重大工程（major project）	美国联邦高速公路管理局	超过5亿美元的大型公共基础设施项目，或是由于其对环境、政府预算有巨大的直接和间接影响而吸引外界广泛关注和政府大量投资的项目	如中诚隧道走廊项目等

续表

名称	出处	标准	举例
大型项目	国家发改委等	国家重大建设项目，是指国家出资融资的，经国家计委审批或审核后报国务院审批的建设项目	如三峡工程、国家大剧院工程、亚运会工程建设项目等
		《关于基本建设项目和大中型划分标准的规定》〔1978〕234 号	如长度 1000 米以上的独立公路大桥，总投资 2000 万元以上的新建、改建机场等
	国家统计局	新开工大型项目为 10 亿元以上项目	如铁路、桥梁、煤矿、石化、汽车、环境等项目

资料来源：专著《大型复杂工程项目群管理协同与组织集成》。

表 2—2　　巨型项目的特征（Kardes et al.，2013）

复杂性维度	独立项目	中等复杂项目	高度复杂项目	高度复杂项目群"巨型项目"
规模	3—4 个团队成员	5—10 个团队成员	>10 个团队成员	多个不同团队
工期	<3 个月	3—6 个月	6—12 个月	数年
成本	<25 万美元	25 万—100 万美元	>100 万美元	数百万

基于一般复杂项目，学者对建设行业的复杂项目进行了界定，如 Gidado（1996）认为复杂项目为：（1）拥有大量差异的系统以及大量要素的相互作用；（2）项目涉及许多有限场地的施工工作，具有进入难度和涉及多个搭接；（3）高度复杂以至于很难确定如何实现所需的目标以及实现目标所需要的时间；（4）项目实施需要更注重细节；（5）从开工到完工都需要高效地协调、控制和监控；（6）活动间存在逻辑链接，这是因为复杂项目通常在施工期间会有一系列变更，没有相互关系的活动难以以最有效方式成功更新。

对于建设项目，国内相关部门对复杂项目与一般项目的界定进行了说明：交通工程类、房屋建筑工程及市政基础设施工程类的建设项目根据各部门不同的界定范围，分为一般项目与复杂项目。其中建设局规定的复杂项目为：（1）民用建筑工程设计等级一级及一级以上的工程，即单体建筑面积2万平方米以上或建筑高度超过50米的一般公共建筑，20层以上的住宅、宿舍楼，10万平方米以上的住宅小区或工厂生活区，总建筑面积1万平方米以上地下空间和人防防护等级四级及以上的附建式人防地下工程；（2）因建筑设计需要或场地限制等原因造成体形复杂的工程项目，如综合技术要求高、采用不利抗震的不规则体形、建筑场地及周边条件复杂以及需要有关部门综合协调的工程；（3）涉及公众安全和功能复杂的重要公共建筑；（4）市政公用行业建设项目设计规模中型及以上的工程等。以上建设项目需进行初设审查；除此之外的建设项目为一般项目，不需进行初设审查（泉州市人民政府，2007）。

二 复杂建设项目的系统性特征分析

总体而言，“复杂建设项目”是一个相对的概念，故而很难用精确的语言将其与“非复杂建设项目”进行明确的区分。根据系统方法论，我们从系统分析的角度对复杂建设项目的特征进行以下描述（庞玉成，2013）：

（一）复杂建设项目中存在着大量相互作用的子项目

复杂建设项目的复杂程度与投资额未必成正比，比如一个投资2亿元的轨道交通项目可能比一个投资10亿元的住宅小区要复杂得多。而区分它们复杂程度的标准就是子项目的类型多少，而不是单纯数量上的累加。复杂建设项目更体现系统的特点，即多元性、相关性、整体性。各子项目之间互相影响，某一子项目的变化可能会被这种关联性放大从而对项目整体产生全局影响，体现在建设项目中就是工序的搭接、工作界面的交叉、关键工作的变化等。可见，子项目的数量和复杂程度增加了复杂建设项目的复杂程度。

（二）复杂建设项目涉及的利益相关方众多

现代项目管理发展迅速，项目成功的标准早已不局限于“质量—工期—投资”简单化的三重约束，而是要追求利益相关方最大程度的满意。在复杂建设项目中利益相关方可以划分为两种类型，即“项目内”和“项目外”。“项目内”指直接参与项目建设的主体，如业主、设计院、承包商、监理单位、材料供应商、设备供应商等。他们因为某个建设项目这一特定产出目标而临时构建成为一个动态的社会网络平台，在项目中既有一致目标，又有各自利益，彼此关系错综复杂，面临大量冲突。“项目外”指不参与项目建设但与之关联的主体，如政府、行业主管部门、周边居民等，他们对建设项目也有各种各样的诉求，而当项目发展与其诉求不一致时可能会采取某些行为，从而对项目的实施造成各种各样的影响。可见，利益相关方的数量多少增大了复杂建设项目的复杂程度。

（三）复杂建设项目的建设目标具有多元性

一个复杂建设项目的目标往往具有多样性，而随着复杂建设项目的子项目增多，项目利益相关方增多，其目标体系也更为复杂。在这一目标体系中，各类目标的地位不同，权重不同，表述方式不同，目标达成条件不同，同时目标之间还存在着相互矛盾、相互制约和相互冲突。目标体系的复杂也会导致复杂建设项目的评价难度增大，传统建设项目成功与否往往只看质量是否优良，是否按时或提前竣工，投资是否有“三超”现象，而现在越来越多的复杂建设项目满足三重约束，却往往对社会影响、生态环境等方面带来不利影响。可见，建设目标的多元增加了复杂建设项目的复杂程度。

（四）复杂建设项目具有高度动态性和不确定性

目前复杂建设项目越来越多地表现为投资规模增大，建设周期长，参与方众多，不确定因素增多等。这些因素在复杂的相互关联关系中相互作用、相互影响，从而造成不可预测的结果，亦即复杂建设项目的动态性。复杂建设项目的不确定性因素通常包含两个方面：一是项目建设和管理过程中广泛存在的不确定性；二是由于复杂建设项目系统的开放性，环境、社会等对项目建设造成影响程度的不确定性。复杂建设项目的复杂动态性主要表现在不同阶段项目复杂性不同。复杂建设项目的工程过程具有鲜明的阶段性，工程不同阶段，面临的环境的波动性、不确定性和阶段目标和挑战各不相同，体现出更强的阶段波动性和动态变化特征（朱振涛，2012）。

基于上述认识，我们可以将复杂建设项目视为一个复合的、动态的、开放的复杂系统。因此，对复杂建设项目进行管理需要采用复杂性思维。需要注意的是，项目的总体复杂性并不存在，所以应识别出项目的不同复杂性，如技术复杂性、组织复杂性或者环境复杂性对项目复杂性的不同影响作用。例如，某些项目的复杂性可能表现在组织方面，其他项目的复杂性也可能主要来源于环境或者技术方面（Bosch-Rekveldt，2011）。

第二节　项目复杂性的内涵及属性特征

一　项目复杂性的内涵

“complex”一词来源于拉丁语“cum”，它的意思是集合或者连接，而“plexus”的意思是交织。牛津词典将“complex”描述成“包含各个部分”和“错综复杂的、不容易分析和解决的”。早在20世纪，项目复杂性已作为工程项目分类时考虑的一个因素（Shenhar，1998；Shenhar and Dvir，1996）。近年来，又有一些研究将复杂理论与项目管理结合起来对项目复杂性进行深入理解（Weaver，2007）。项目复杂性是现行项目管理研究的最重要部分（Bosch-Rekveldt et al.，2011）。然而，虽有一些学者对项目复杂性进行了研究，但大家均站在各自的立场，对项目复杂性的定义并未达成共识。

关于项目复杂性的定义最具代表性的是Baccarini（1996），他认为项目复杂性是指由许多相互作用的部分组成，可用差异性（differentiation）和相互依赖性（interdependency）来定义。在其基础上，Williams（1999）将元素个数和相关性统称为结构复杂性，并在其基础上扩展了一个新的维度：不确定性要素，即目标的不确定和方法的不确定，如图2—1所示。

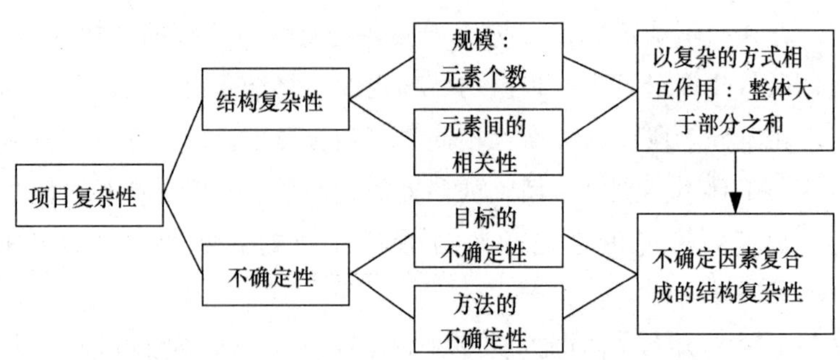

图2—1　项目复杂性的维度（Williams，1999）

Whitty and Maylor（2009）认为项目环境中的管理复杂性不仅来自各个结构元素（如外部利益相关者，任务特征和组织复杂性）以及它们的相互作用，还包括这些变化的动态作用，变化的相互作用进一步导致系统的其他部分发生变化。因此，基于结构性和动态性将复杂性分成四类，如图 2—2 所示。

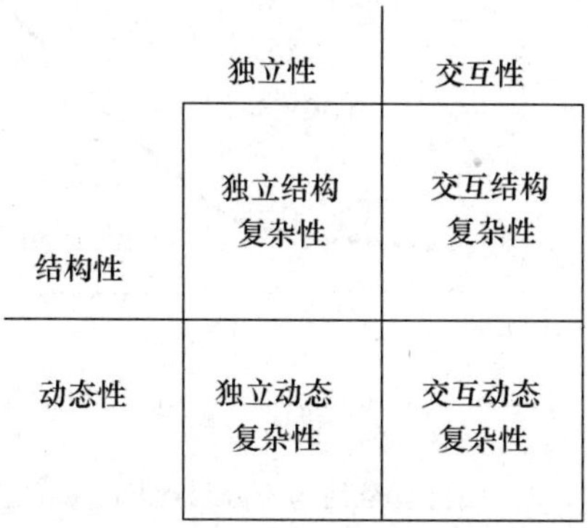

	独立性	交互性
结构性	独立结构复杂性	交互结构复杂性
动态性	独立动态复杂性	交互动态复杂性

图 2—2　项目复杂性结构动态相互作用矩阵

（Whitty and Maylor，2009）

Whitty and Maylor（2009）认为大多数建设项目均有一定的复杂性，复杂性仅作为一个术语，用于描述项目是否复杂。需要注意区分复杂项目和项目复杂性。前者是项目的一种特定类型（即复杂的项目），而后者更关注哪些方面使得项目变得复杂（Bosch-Rekveldt，2011）。

此外，项目复杂性常常与不确定、风险等概念联系在一起，因此，有必要区分项目复杂性、不确定性和风险（Bosch-Rekveldt，2011）。一方面，风险是项目复杂性的一个重要来源（Turner and Cochrane，1993），通常采用概率和影响来对风险进行排序（Hillson and Bond，2007）。研究普遍认为风险的数量或者其概率和影响都可能导致项目的复杂性。例如，如果在一个项目中存在大量的风险，可能会存在更多的动态性和相互作用，从而导致项目复杂性。另一方面，项目复杂性与不确定性有关。Sommer and Loch（2004）认为："复杂性包括两个维度：系统大小（各要素的数量）和各要素之间的交互影响。不可预见的不确定性是指无法识别影响因素以及其交互影响的无力。"但这些不确定性可能导致项目复杂性。总体上，每个项目均具有一定的复杂性，只是复杂性程度不同。其复杂性可通过不确定的未知数比例（unknowns）来反映。项目复杂性越大，意味着未知数比例越多，如图 2—3 所示。

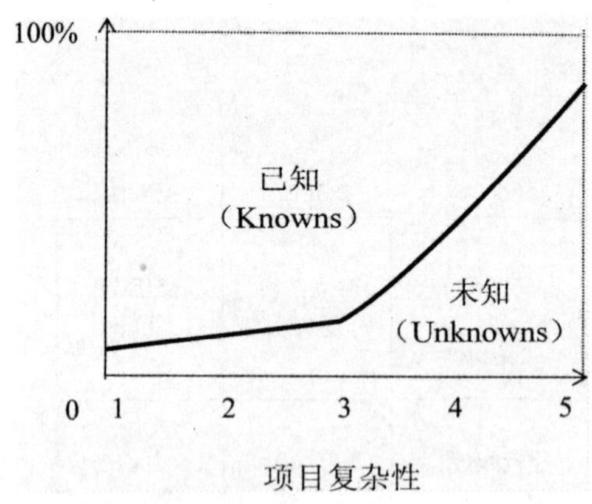

图 2—3　项目复杂性与未知数比例之间的关系

综上所述，项目不确定、风险、复杂性三者的区别为：不确定性是现代项目管理一个不争的事实，整个项目寿命周期的不确定性会减少，但都会存在一些不确定性因素（不一定是负面的）；风险是指项目交付的不确定性，风险描述往往包括风险产生原因、风险本身和风险的后果，即可能性和影响大小；复杂性主要由不确定性和风险造成，但又不仅限于此。复杂性是项目的一个属性特征，一个项目可以用复杂性"足迹"来进行描述（Bosch-Rekveldt，2011）。

二　项目复杂性的属性特征

项目复杂性是对项目复杂系统的研究，但是没有一个明确的定义，因为它本身就很复杂（Parwani，2002）。通过文献研究结果发现，虽然很难定义项目复杂性，而且有很多不同的观点，但项目复杂性的界定应包括结构性（structural）、不确定性（uncertainty）和动态性（dynamic）三个方面。其中，结构性（structural）是指复杂性由许多相互作用的部分组成，可用差异性（differentiation）和相互依赖性（interdependency）共同来表示。综合已有研究，项目复杂性的属性特征表现为：要素数量多、具有差异性/多样性、相互依赖性/相互作用、不确定性和动态性（何清华等，2013）。

（一）要素数量多

要素多、规模巨大是产生复杂性的必要条件。Bertelsen（2003）将复杂建设项目看成一个复杂的、动态的系统，认为项目复杂性是由许多相互作用的要素构成，如多维目标、多个利益相关者。所有的项目都有多维目标，必须得考虑各个维度目标的平衡，从而导致复杂性的增加；项目还会涉及许多利益相关者，不仅包括业主、项目经理和项目团队，还会包括用户、竞争者和大众，这些都会增加项目的复杂性。

（二）差异性/多样性（differentiation）

要素种类的多样性和差异性，是产生结构复杂性的主要根源。从组织复杂性的角度来看，差异性意味着层级数、单位数和职能部门等，具体包括纵向差异化（层级数）和横向差异化（正规组织单位和职能部门数）（Liu et al.，2012）；从技术复杂性的角度来看，差异化是指投入和产出数的差异，以及生产最终产品的不同任务数（Baccarini，1996）。

（三）相互依赖性/相互作用（interdependency）

元素和子系统不仅数量巨大，而且“花色品种”繁多，相互作用必然很复杂。Geraldi and Adlbrecht（2007）在早期的研究论文中，就提出了交互复杂性的概念，并认为这些复杂性在项目全寿命周期中存在多样性，并且在项目的所有阶段中，交互复杂性被认为具有更大的敏感性。Maylor et al.（2008）也认为项目复杂性的要素都有结构和动态属性，并且这些要素都是互相依赖的。Puddicombe（2011）曾对项目复杂性与规模、要素间的关系进行了研究：一个项目的规模可能相当庞大，其包含的要素数量众多，但如果有一个高度标准化的实施流程，那么该项目就具有较低的技术依赖性，完成的难度较低；而另一个项目可能具有较小的规模，但如果实施流程高度集成化，那么该项目就具有较高的技术依赖性，完成的难度也就相对较高。可见，从组织面临的技术难度来看，第二个项目尽管具有较小的规模却更加复杂。因此，项目复杂性更多地体现为要素间的相互依赖和相互作用。

（四）不确定性（uncertainty）

很多研究认为项目复杂性是由不确定性造成的，不确定性是复杂性来源之一，又是风险来源之一（Vidal and Marle，2008）。定向的复杂性往往是在变化的项目中发现的，当它明确时就必须采取某种措施，以改善现有问题的状况，但当它不明确时，却不知道应该采取什么行动。Perminova et al.（2008）将不确定与风险管理连接起来，认为复杂项目管理是对项目交付成果的风险和不确定性进行管理，尤其是突发的风险和不可避免的涌现。不确定性包括目标的不确定和方法的不确定（Williams，1999），如 Geraldi（2008）提出的信任复杂性（是由于不确定性而导致）和 Remington and Pollack（2007）提出的方向复杂性（项目的方向难以确定）。

（五）动态性（dynamic）

虽然许多学者聚焦到结构复杂性和不确定性，但许多软性因素和环境方面的因素都将影响项目复杂性（Geraldi and Adlbrecht，2007；Jaafari，2003）。Maylor et al.（2008）与 Xia and Lee（2004）都认为项目复杂性的要素具有结构和动态属性。动态性包括时间的变化和环境的变化。其中，时间的动态性是指项目复杂性在不同阶段有不同的动态特性（Bosch-Rekveldt，2011）。Remington and Pollack（2007）提出了时间复杂性，他们认为在项目发展的过程中会存在一个不确定性高的制约因素，很有可能完全破坏该项目。不确定的法律变化、快速的技术革新都是时间复杂性的典型情况。环境的动态性是指由于项目的唯一性，导致了项目复杂性随着环境的改变而动态变化。Maylor et al.（2008）提出了环境依赖性是项目复杂性的产生因素之一。一个项目不能完全应用于另一个项目，因为每个项目有不同的机构和文化差异。ICCPM（2011）认为项目复杂性的影响因素有政治、社会、技术和环境问题，以及随着寿命期动态变化的用户期望。

通过研究项目复杂性的内涵和属性可知，项目复杂性是项目的一种属性，是由若干具有差异性的部分相互作用的一种结果，具有结构性、动态性和不确定性的属性。对于系统复杂性的多种构成要素，孤立地对个别复杂性要素进行识别、管理和控制很难达到对项目复杂性的有效管理，因为项目系统的整体复杂性状况是由各种不同的复杂性要素共同影响和决定的（Mihm et al.，2003）。

第三节　项目复杂性研究综述

近年来，随着项目范围和环境复杂性的不断增加，大量复杂建设项目不断涌现（Fiori and Kovaka，2005；Remington and Pollack，2007）。复杂性科学理论被应用于项目管理领域，为复杂项目管理提供了新的方向和视角（Baccarini，1996；Williams，1999；Whitty and Maylor，2009）。一些学者利用复杂性科学对复杂项目管理和项目复杂性的基本概念和基本理论进行了尝试性探讨和定性研究，但从总体上看，研究才刚刚起步（何清华和罗岚，2013）。目前对复杂建设项目的研究文献不多，针对复杂建设项目复杂性的研究更为缺乏。有鉴于此，下面将回顾和梳理国内外现有项目复杂性相关文献。从总体情况看，关于项目复杂性研究的文献基本上包含四方面相对独立的内容，即项目复杂性因素及分类、项目复杂性测度、项目复杂性影响作用和项目复杂性管理。国外关于项目复杂性研究的内容分布如图 2—4 所示。

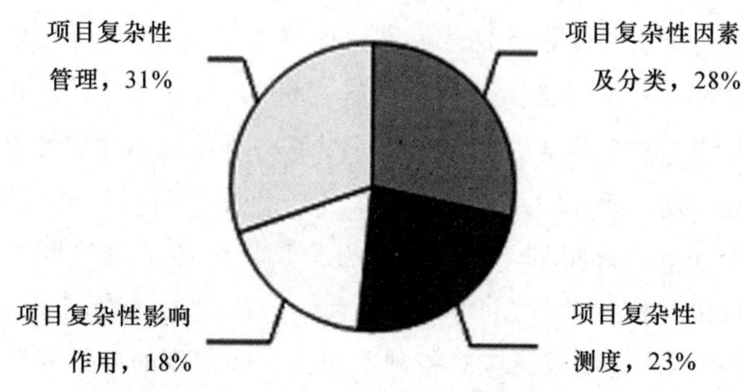

图 2—4　国外现有项目复杂性研究内容分布情况

资料来源：笔者根据文献研究整理。

一　项目复杂性因素及分类研究

Simon（1969）是最早将项目作为复杂性系统进行研究的学者之一，他认为项目复杂性由很多部分组成，而这些部分之间具有超乎寻常的交互性。他进一步补充说，对于这样的系统，其整体并非就是各个部分的简单叠加。后来的研究者在 Simon（1969）研究的基础上，提出了对项目复杂性的见解，并对其内容进行进一步丰富。直到 1996 年，Baccarini（1996）通过文献综述正式提出了项目复杂性的概念。后来的学者都在这个基础上进行了深入研究，经过研究和发展，项目复杂性的研究取得了一定的进展。其中，1996—2015 年学者关于项目复杂性内涵的核心观点按照时间顺序整理后如图 2—5 所示。从图 2—5 可以发现，各个学者对项目复杂性的理解都不一致。但可以看出，目前对于项目复杂性内涵的研究主要集中在两个方面：一是关于项目复杂性因素方面；二是关于项目复杂性分类方面（何清华等，2013）。

（一）项目复杂性的因素研究

因为对复杂性缺乏统一的认识和定义，所以很多研究者从理解项目复杂性的产生因素和影响因素进行界定。Gidado（1996）认为项目复杂性的来源包括两个方面，一方面来源于各任务的执行和所用的资源，包括本质复杂性（如技术复杂性、可分析性和任务难度）和不确定因素；一方面来源于各不同部分共同形成的任务流，包括各种不同技术因素的相互依赖。Baccarini（1996）在对项目复杂性文献综述的基础上，认为项目复杂性由许多相互作用的部分组成，用差异性（differentiation）和相互依赖性（interdependency）来定义。而 Williams（1999）将元素个数和相关性统称为结构复杂性，并在其基础上扩展了一个新的维度：不确定性要素，即目标的不确定和方法的不确定。在此基础上，许多学者继续研究影响因素，如 Tatikonda and Rosenthal（2000）认为项目复杂性是由项目中的任务以及各任务间相互作用的性质、数量和大小所决定的；Remington and Pollack（2007）认为组织成员应对各种不同类型和程度的项目复杂性的经验和能力，项目组织结构及与其他关键参与方之间的交流和协调，项目文化，以及项目业务流程是项目复杂性的影响因素；Maylor et al.（2008）识别出让项目难于管理的因素包括使命、组织、交付、利益相关者和团队。

在借鉴复杂性的两种科学方法——描述复杂性（descriptive complexity）和认知复杂性（perceived complexity）的前提下，Vidal et al.（2011）将项目的复杂性产生要素划分为项目的规模、项目构成要素的差异性、项目构成要素的相互依赖性以及项目与外界环境的交互性四类，同时还重点强调了这些要素都是构成项目复杂性的必要非充分条件；Wood and Ashton（2010）识别出项目复杂性的六个主要因素：组织复杂性，不确定性，施工要素的搭接，固有的复杂性，序列的刚性和交易的数量；Hass（2009）从下列复杂性维度划分项目：时间/成本，项目规模，团队构成与绩效，成本、时间和范围的紧迫性和灵活性，问题、机会和解决方案的清晰性，需求波动和风险，战略重要性、政治影响、多个利益相关者，组织变革程度，商业变化水平，风险、依赖和外部约束以及 IT 复杂性程度。

建设工程项目复杂性因素方面，Lebcir and Choudrie（2011）构建了项目复杂性框架，并认为建设项目的决定因素包括项目不确定性、基础设施的新颖性、基础设施的相互关联和基础设施的规模；Xia and Chan（2012）识别出建筑项目复杂性的六个指标：建筑结构与功能、建筑方法、进度、规模、地质结构以及周围环境的复杂性；此外，基于传统项目管理金三角（成本、进度和技术），Owens et al.（2012）增加了环境和融资复杂性。国内学者也进行了相关研究，如乐云等（2009）以上海世博会大型群体建设项目为背景，从结构、规模、环境、动力学特征、系统目标、人的因素和信息七个方面探索出建设项目的复杂性根源；吴绍艳（2009）提出工程项目复杂性的来源为要素复杂性、环境复杂性、系统结构复杂性；周叶琴（2011）以苏通大桥为背景，提出从环境和工程两个维度总结大型工程的复杂度因子，其中，环境因素包括自然环境和社会环境，工程技术因素包括技术和施工两方面；蒋卫平等（2009）将大型工程项目的复杂性总结为组织复杂性、技术复杂性和不确定性。

可以看出，在项目复杂性影响要素中，Alderman and Ivory（2007）与Danilovic and Browning（2007）等学者都强调了项目构成要素之间的相互依赖性对项目复杂性的影响。此外项目构成要素之间的交流关系（Kumar et al.，2005；Luhman and Boje，2001）、项目要素的动态性（Kallinikos，1998）以及项目缺乏明确的目标（Turner and Cochrane，1993）也都是影响项目复杂性的重要因素。总体上，具体影响项目复杂性的因素可以归纳为：大规模、长时间跨度，多种技术学科，参与者的数量，跨国家、利益相关者的不同利益，随着时间推移成本的增加，国家风险、不确定性和公众的注意力或政治利益等（Marrewijk et al.，2008）。

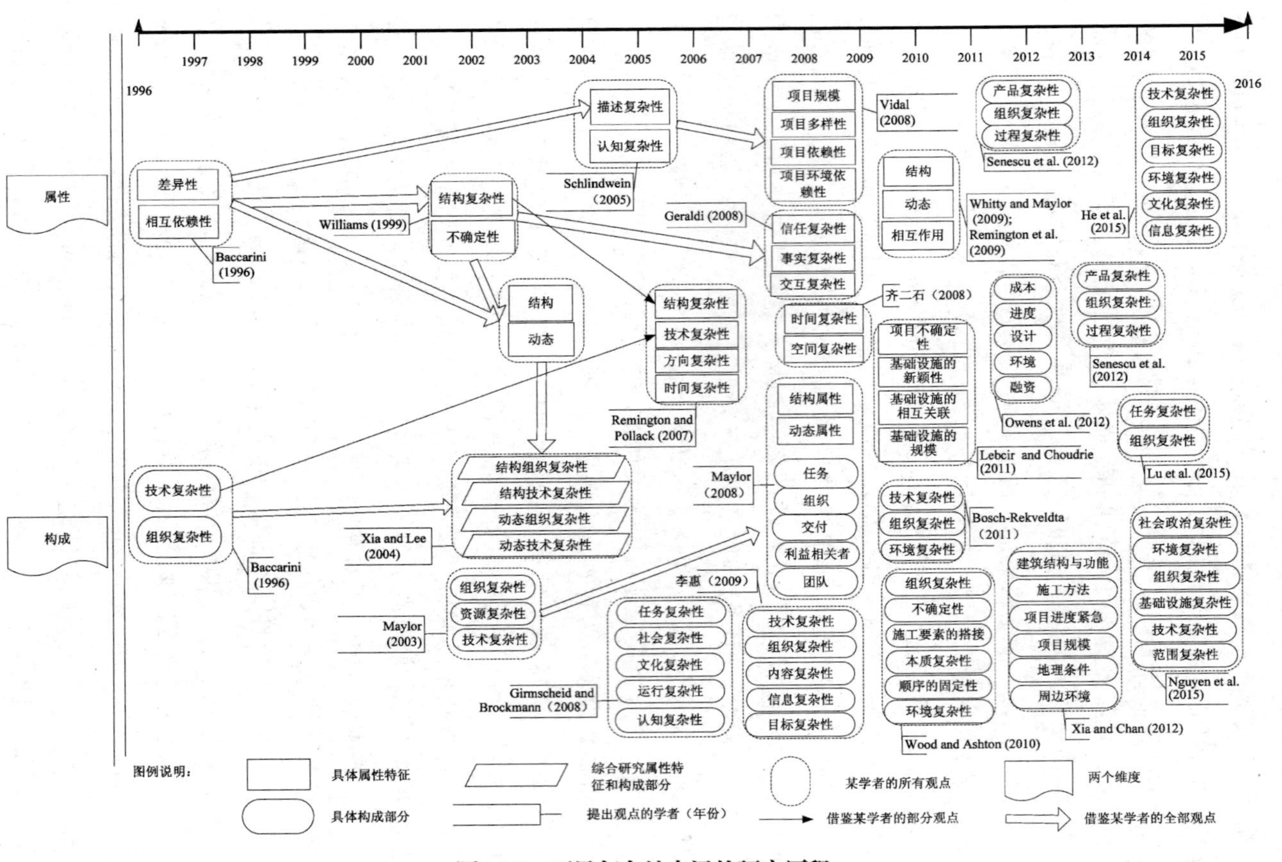

图2—5 项目复杂性内涵的研究历程

（二）项目复杂性的分类研究

提到项目复杂性，应该首先明确复杂性的类型（Baccarini，1996）。明确区分项目复杂性类型有助于项目经理选择合适的工具来管理项目（Remington and Pollack，2007）。因项目复杂性的含义较广，许多学者对项目复杂性的构成进行了分类研究，项目复杂性的不同分类如表2—3所示。

表2—3　　项目复杂性的不同分类

代表人物（年份）	研究成果
Baccarini（1996）	根据项目各要素间的差异性与相关性，提出项目复杂性主要由组织复杂性和技术复杂性构成
Maylor（2003）	提出项目复杂性包括组织复杂性、技术复杂性和资源复杂性
Xia and Lee（2004）	分别针对信息系统开发项目和新产品开发项目，提出了复杂性的四种复合类型：组织/结构复杂性、技术/结构复杂性、组织/动态复杂性和技术/动态复杂性
Geraldi（2006）	将项目复杂性分为信仰复杂性、事实复杂性和关系复杂性。其中，信仰复杂性类似于认知复杂性，事实复杂性类似于结构复杂性，关系复杂性即要素之间错综复杂的关系
Remington and Pollack（2007）	将项目复杂性分为结构复杂性、技术复杂性、时间复杂性和方向复杂性
Girmscheid and Brockmann（2008）	将项目复杂性分为任务复杂性、社会复杂性、文化复杂性、操作复杂性和认知复杂性
齐二石和姜琳（2008）	将大型工程项目的复杂性归纳为时间复杂性和空间复杂性两类。其中，时间复杂性主要是指周期长导致风险（经济、政治、政策）以及一次性导致多样性；空间复杂性主要是指地理上的具体空间和组织上的空间复杂性
李慧等（2009）	将项目复杂性归纳为技术复杂性、组织复杂性、内容复杂性、信息复杂性、目标复杂性和环境复杂性六个方面
Bosch-Rekveldt et al.（2011）	将项目复杂性分为技术复杂性、环境复杂性和组织复杂性。其中技术复杂性与技术不确定性、动态性和项目独特性有关，组织复杂性与组织结构、项目团队有关，环境复杂性与参与者、风险以及项目与环境的关系有关

续表

代表人物（年份）	研究成果
张宪和王雪青（2011）	提出建设工程项目复杂性包括项目利益主体组织结构复杂性、项目环境复杂性、工程技术复杂性、任务复杂性、工程信息复杂性、项目目标复杂性
Senescu et al.（2012）	划分为组织复杂性、产品复杂性和过程复杂性
He et al.（2015）	项目复杂性包括组织复杂性、技术复杂性、目标复杂性、环境复杂性、文化复杂性和信息复杂性
Lu et al.（2015）	归纳为组织复杂性与任务复杂性
Nguyen et al.（2015）	包括组织复杂性、技术复杂性、社会政治复杂性、环境复杂性、基础设施复杂性和范围复杂性

最早将项目复杂性进行分类的是 Baccarini（1996），他将项目复杂性分成组织复杂性（包括层级数、单位和职能部门数量）和技术复杂性（包括操作、材料特征和知识特征）。Maylor（2003）则在组织复杂性（包括成员、部门、组织、区域、国家、语言、时区等的数量，组织的层级以及权力结构）和技术复杂性（包括技术、系统的创新性，过程或需求的不确定性）的基础上，增加了资源复杂性（包括项目规模、预算大小）。Xia and Lee（2004）也借鉴 Baccarini（1996）的分类，结合项目复杂性的属性，将项目复杂性分成了结构组织复杂性、结构技术复杂性、动态组织复杂性、动态技术复杂性四个构成部分。在复杂性类型学的基础上，Geraldi（2006）讨论了信任复杂性（由不确定性导致）、事实复杂性（没有足够的时间对信息进行充分的分析和思考）和交互复杂性。基于复杂性根源和已有研究成果，Remington and Pollack（2007）讨论了结构复杂性、技术复杂性、时间复杂性（因素随时间而动态变化）和方向复杂性（项目的方向不明确）。Girmscheid and Brockmann（2008）则将复杂性分为任务复杂性、社会复杂性、文化复杂性、运行复杂性和认知复杂性五类。Bosch-Rekveldt et al.（2011）在总结以往学者的基础上，将项目复杂性分成技术复杂性（包括目标、范围、任务、经验、风险）、组织复杂性（包括规模、资源、项目团队、信任、风险）和环境复杂性（包括利益相

关者、市场、风险）三大类。Senescu et al.（2012）划分为组织复杂性、产品复杂性和过程复杂性。He et al.（2015）将大型项目的复杂性分为组织复杂性、技术复杂性、目标复杂性、环境复杂性、文化复杂性和信息复杂性六类。Lu et al.（2015）归纳为组织复杂性与任务复杂性。Nguyen et al.（2015）认为项目复杂性包括组织复杂性、技术复杂性、社会政治复杂性、环境复杂性、基础设施复杂性和范围复杂性。

国内一些学者也尝试对项目复杂性的分类进行了研究。李慧等（2009）将项目复杂性归纳为技术复杂性、组织复杂性、内容复杂性、信息复杂性、目标复杂性和环境复杂性六个方面；齐二石和姜琳（2008）将大型工程项目的复杂性归纳为时间复杂性和空间复杂性两类；张宪和王雪青（2011）提出建设工程项目系统复杂性包括项目利益主体组织结构复杂性、项目环境复杂性、工程技术复杂性、任务复杂性、工程信息复杂性以及项目目标复杂性；张哲等（2011）分析了穿越城区公路高架桥项目的系统复杂性，包括规模复杂性、目标复杂性、环境复杂性和信息沟通复杂性。

从上述对项目复杂性的分类研究来看，国内外学者对于工程项目复杂性的因素与分类并未形成较为统一的思想，每个学者都以不同标准对项目复杂性进行了不同的分类。虽然每位学者所处的研究背景或研究的项目不一样，但是他们总结出的复杂性因素可以归纳出工程项目复杂性的来源，如项目复杂性中的技术复杂性、组织复杂性、环境复杂性等都在上述研究中达成了共识。

综上可见，已有大量学者对项目复杂性因素及分类进行了探讨，但已有研究大都针对一般项目复杂性，未结合复杂建设项目特征和实践情况进行系统分析，从而探索出对复杂建设项目具有针对性和指导性的研究结果。另外，已有研究大多为定性的思辨性分析，定量研究和实证研究较少。因此，有必要借鉴其他领域项目复杂性研究文献，结合复杂建设项目的特有特征，实证定量研究其复杂性因素。

二　项目复杂性测度研究

项目计划、协调、组织结构设计、资源评估、项目成本和进度控制等管理活动在不同程度上都会受到复杂性水平的影响。因此，如何客观、准确地对项目复杂性水平进行测度成为管理复杂性、提高项目成功率的关键前提。在项目复杂性的研究中，很多学者已经认识到客观的测度系统复杂性非常重要，因为这有助于识别系统中存在的问题或是项目问题的根源（Baccarini，1996；Calinescu et al.，2000；Chryssolouris et al.，1994；Frizelle and Gregory，2000；Wiendahl and Scholtissek，1994）。

然而，由于复杂性在项目管理研究的历史不长，复杂性的测度主要集中在系统度量这一层次。例如 Frizelle and Woodcock（1995）应用熵模型提出了测量复杂性的数学方法。由于熵是衡量系统演化较为普遍的变量，系统演化方向可以统一用熵减少或熵增加来表示系统走向有序或无序，是进化还是退化，该方法可以量化生产制造设备过程中的复杂性。与此类似，Salingaros（1997）也提出了一种熵模型用于测量复杂性。这种方法认为复杂性管理就是在生产运作过程中分析管理中的若干个环节并对遇到的困难进行度量。此外，Sinha et al.（2006）基于香农信息理论，提出了用复杂性指数（complexity index，CI）来测度复杂性，并将项目复杂性分为简单、中等复杂、极度复杂三个层次。

对项目复杂性测度的研究，目前仅为一些概念和定性的描述，具体落实到项目复杂性测度的方法研究还很少。总体上，已有测度方法主要包括实证研究和数学模型及仿真，具体如表2—4所示。

表2—4　　国外项目复杂性测度方法总结

作者（年份）	测度方法	研究结果
Gidado（1996）	访谈	提出测度施工产品过程复杂性的方法
Kim and Wilemon（2003）	问卷调查	根据复杂性评价量表计算项目复杂度
Schlick et al.（2007）	动力学	提出新产品研发项目动态演化特征的随机性模型
Maylor et al.（2008）	访谈	提出管理复杂性模型
Remington et al.（2009）	访谈	描述项目复杂性因素
Wood and Ashton（2010）	采访与问卷调查	开发两阶段模型用于项目早期阶段复杂性测度
Bosch-Rekveldt et al.（2011）	访谈	构建项目复杂性特征框架模型
Vidal et al.（2011）	层次分析法	提出一种项目复杂性测度方法
Gransberg et al.（2012）	案例研究	针对复杂项目开发了“复杂性足迹”模型

续表

作者（年份）	测度方法	研究结果
Monfared and Jenab（2012）	设计结构矩阵	测度设计项目的相对复杂性
Xia and Chan（2012）	访谈	测度建筑项目复杂性程度，并提出了复杂性指数
Nguyen et al.（2015）	模糊层次分析法	提出测度整体项目复杂性水平的定量模型
He et al.（2015）	模糊网络分析法	开发了项目复杂性测度模型
Lu et al.（2015）	ProjectSim 软件，实证分析	构建项目复杂性测度模型

（一）实证方法

目前，采用实证方法测度项目复杂性较成熟。这种测度方法一般将访谈法与案例研究结合起来，大多具有心理测量学特征。具体步骤包括：首先建立一个指标体系，将不同指标统一为相同的复杂性度量值，然后通过专家打分法对不同指标的权重进行打分，最后通过指标向量与权重的乘积计算出项目的复杂度。例如 Maylor et al.（2008）通过对项目经理进行调查，提出了理论模型；Remington et al.（2009）通过对 25 个项目经理的调查揭示了项目复杂性因素；Bosch-Rekveldt et al.（2011）基于文献研究和对六个项目 18 个采访者的实证构建了项目复杂性测度的 TOE 框架模型；Gidado（1996）采用结构化访谈对建筑行业实践者就项目复杂性问题进行了探讨；Wood and Ashton（2010）就项目复杂性的五个主题开发了两阶段模型，用于项目早期阶段的复杂性测度。此外，Lu et al.（2015）选择上海世博会建设项目作为一个案例来测试隐性工作量和项目复杂性之间的同步关系。

此外，一些学者尝试测度项目复杂性程度（complexity index，CI）。Kim and Wilemon（2003）针对新产品研发项目，将技术、环境、研发、营销、组织和组织间关系的复杂性作为表征项目复杂性的六大指标，然后让项目主要职能部门——研发、工程、制造和营销部门根据复杂性评价量表分别对六大指标逐一打分，最终得到了该类项目的复杂度。Vidal et al.（2011）通过文献回顾整理出 70 个表征项目复杂性的初步指标，然后运用德尔菲法筛选出 18 个最终指标，最后采用层次分析法（analytics hierarchy process，AHP）对不同项目的相对复杂度做出评价，从而为项目经理决策提供依据。Gransberg et al.（2012）通过对 18 个复杂项目的国际研究团队进行研究，构建“复杂性足迹”模型。该模型从五个维度描述了项目复杂性得分，每个被采访专家对项目管理的五个方面从 10 到 100 分分别进行打分。Xia and Chan（2012）采用德尔菲法测度出建筑项目复杂性的关键参数以及复杂性程度。

（二）数学模型及仿真

行为学派认为，复杂性是由系统内部各要素的动态交互而表现出来的特征，因此，一些学者尝试运用系统动力学（system dynamics，SD）及仿真方法研究项目在动态过程中所表现出来的复杂性特征及其测度问题。Schlick et al.（2007）基于 Tatikonda and Rosenthal（2000）将项目复杂性定义为组织面临的子活动以及各子活动间相互作用的性质、数量和大小，在描述项目动力学特征的确定性模型上加入随机性扰动变量，提出新产品研发项目动态演化特征的随机性模型。Vidal et al.（2011）利用层次分析法构建项目复杂性测度模型以用于项目经理的决策。对 AHP 进行扩展，Nguyen et al.（2015）采用模糊层次分析法（Fuzzy AHP）来确定项目复杂性的因素和参数的权重，并提出了复杂性水平（CL）来衡量整个项目复杂性；He et al.（2015）采用模糊网络分析法（fuzzy analytic network process，FANP）构建了项目复杂性测度模型。Monfared and Jenab（2012）利用管理技术图表和复杂性设计结构矩阵（complexity design structure matrix，CDSM）测度设计项目的相对复杂性，其相对复杂性来源于复杂的设计结构矩阵和初始排序向量。

此外，近年来国内一些学者对此也进行了研究。宋华岭等（2006，2012）从管理信息转化、功能复杂性和结构复杂性三个维度量化系统的复杂性，进而提出“管理熵”理论来度量复杂性。李仕峰等（2013）从组织管理、技术研发和市场营销三个维度构建 NPD 项目复杂性评价指标体系，在此基础上利用结构熵权和证据合成理论相结合的模糊评价方法对复杂性进行评价。何清华等（2013）基于客观性任务（task，T）和主观性组织（organization，O）视角分析项目复杂性微观影响因子的 TO 概念模型，并利用 Project Sim 建立以隐性工作量来表示的项目复杂性测度方法。张宪和王雪青（2011）提出建设工程项目系统复杂性测度的指标体系，包括 6 个一级测度指标和 18 个二级测度指标，然后运用结构方程模型对测度指标间的因果关系进行建模和求解。

综上所述，关于项目复杂性测度方面的研究尚处于探索阶段，所提出的具体测度模型或方法也有待进一步检验。另外，已有研究主要聚焦于一般项目复杂性的测度，鲜有对复杂建设项目的复杂性进行测度。可以看出，不同项目复杂性测度方法中，较成熟的方法为实证研究，但仍然存在以下不足：（1）已有的测度方法大都仅仅聚焦于项目复杂性因素，未考虑各复杂性要素间的相互作用。实际上，项目复杂性是由若干具有差异性的部分相互作用的一种结果，孤立地对个别复杂性要素进行识别、管理和控制很难达到对项目复杂性的有效管理。（2）数学模型本身具有局限性，已有的数学模型衡量项目复杂性掺杂了很多人为因素，未考虑语言的模糊性，因而难以真实有效地反映项目的复杂性。正如 Moldoveanu（2004）对这种定性复杂性测量的主观有效性提出了质疑，他认为如何辨别复杂性以及对复杂性影响要素之间的比较都带有很强的主观色彩。

三　项目复杂性影响作用研究

目前，项目复杂性的影响作用研究主要集中在项目复杂性对团队沟通的影响作用和对项目绩效的影响作用两个方面。

在团队沟通方面，Senescu 等（2012）研究了建设工程行业项目复杂性的增加和沟通问题之间的趋势，并通过案例研究，发现随着复杂性的增加，沟通问题加剧。Antoniadis 等（2009）提出，理解复杂性的特征如何影响团队成员的选择有助于项目活动的开发和实施，进而从互连结构进行复杂性管理。研究指出，随着人力资源（人员和项目经理）经验和技能的增加，项目活动的复杂性降低。随着项目复杂性（多重性和模糊性）的增加，需要更高的沟通频率以实现最优绩效。此外，Park 等（2008）通过对朝鲜土木工程管理行业 37 个工作团队的测试，研究了认知需求和任务复杂性之间的关系。研究表明，团队个体成员的高认知需求和任务复杂性，个人工作满意度与个人认知需求和个人任务复杂性呈正相关。

在项目绩效方面，许多学者研究了项目复杂性对项目绩效的影响作用。例如 Puddicombe（2011）通过对 1300 多个项目的分析，表明技术复杂性和新颖是项目的重要特征，对项目绩效有显著影响；Antoniadis 等

(2011) 通过五个案例研究，证明社会—组织相互作用的复杂性与行为欠阻尼的控制系统有相似之处，并发现社会—组织复杂性是由各部分的相互作用造成，如果未进行很好的管理可能会导致绩效的下降。此外，Lebcir and Choudrie (2011) 建立了建设工程项目的复杂性框架，通过系统动力学及仿真模型集成项目复杂性、项目操作及其时间绩效，评估其对项目周期的影响作用；Tam (2010) 使用聚类和以知识为基础的系统评估了项目技术复杂性对建筑生产的影响；Camci (2006) 通过项目管理专家的采访，研究了项目复杂性与项目管理范式的匹配度如何影响项目难题及整个项目绩效；Burkatzky (2007) 通过对261个项目管理专家的在线采访，研究了IT项目复杂性与系统集成绩效的关系，得出项目复杂性与系统集成绩效呈正相关；Sheard (2012) 通过调查75个系统工程发展项目，研究了项目复杂性的参数以及对系统发展项目结果的影响作用；Carvalho et al. (2015) 证实了项目复杂性对项目成功（利润和进度）的显著影响作用。

除此之外，一些学者将项目复杂性作为调节变量，研究了其调节作用。例如 Muller et al. (2012) 调查了项目复杂性在项目经理领导能力和项目成功关系中的调节作用，其中项目成功指标构成包括“铁三角”和各方利益相关者的满意度；McComb et al. (2007) 通过收集60个跨职能项目团队的数据，分析项目复杂性对适应性与绩效关系的调节作用，其中的绩效主要指团队绩效（包括团队成效与凝聚力）；Liu (1999) 验证了目标承诺和项目复杂性对项目参与者出色业绩的影响作用，其中的项目绩效包括个人的预期绩效与个人的实际感知绩效两个属性；Kennedy et al. (2011) 采用虚拟实验研究了在不同类型和程度的项目复杂性下，团队沟通和绩效的关系；Bosch-Rekveldt (2011) 通过六个案例分析和18位专家的采访，研究了项目复杂性调节作用下，项目活动与项目绩效的关系；Williamson (2011) 通过收集235份问卷，分析了IT项目难度、项目复杂性与项目成功的关系；Lee (2003) 实证研究了信息系统开发项目的柔性、复杂性和绩效的关系；Johansson and Cherro (2013) 将时间、类型、复杂性和文化差异作为调节变量，分析了领导力类型和项目成功之间的关系；Hurkand Verhoest (2014) 探讨了公私合营项目的治理和绩效的交互复杂性；Brahm and Tarzijan (2015) 认为，复杂性对正式和关系合同具有很强的调节作用。

国内一些学者也尝试对项目复杂性的影响作用进行研究。例如李慧（2009）基于结构方程模型（SEM）提出了复杂项目管理问题的框架以解决项目复杂性、项目风险和项目绩效之间的关系，其中的项目绩效包括成本、进度与功能；陈敏灵等（2012）研究了项目复杂性、联合风险投资结构与项目成功率之间的关系；王润良和郑晓齐（2001）从产品复杂性和过程复杂性两个维度探讨了技术复杂性对组织设计结构性维度的影响；吕鸿江和刘洪（2010）通过对468家中国企业的实证研究，探讨了组织复杂性与组织效能的关系。

综上所述，国内外学者主要采用问卷调查的方法实证分析了一般项目复杂性对项目绩效的影响作用，并达成了一致共识，项目复杂性与项目绩效呈负相关，意味着项目复杂性会降低项目绩效。可以看出，已有研究仍存在不足：（1）已有研究均聚焦于一般项目复杂性，其指标未考虑复杂建设项目的特点，且这些指标通常为宏观层面的指标，难以应用于实践。（2）尽管现有研究分析了项目复杂性对项目结果的影响作用，但仍然主要聚焦于项目绩效指标。项目成功是项目管理的最终目的，项目成功的指标除了传统金三角——质量、时间和成本外，还应考虑其他成功指标，从而为项目经理更好地管理项目复杂性提供指导借鉴（Macheridis and Nilsson，2004）。

四　项目复杂性管理研究

研究项目复杂性的最终目的是通过对复杂性的有效管理与控制实现项目成功（Ochieng and Hughes，2013）。对于项目复杂性的管理，国外研究主要集中于两个方面：一是通过风险管理来管理项目复杂性（马丽仪等，2010）；二是基于项目经理视角管理项目复杂性（Oliver，2012；Pauget and Wald，2013；Pisarski et al.，2011）。

项目的大量要素相互作用是项目复杂性的主要特征，从而导致风险网络（Fang and Marle，2013）。因此，许多作者试图从风险管理方面管理项目复杂性（Ackermann and Eden，2005；Chen et al.，2007；Dillon et al.，2005；Fisher et al.，2002；Marle et al.，2013；Yeo and Ren，2009）。Austin et al.（2002）采用分析设计计划技术和设计结构矩阵来管理设计项目；Fang and Marle（2013）基于矩阵方法提出了风险交互作用并重新评估了各种指标的风险，有助于项目管理者优先管理风险并采取有效措施；Lehtiranta（2011）聚焦于建设项目的相对风险管理，提出了供组织处理不确定、变革和复杂性等的适应性管理框架；Giezen（2012）研究了大型基础设施项目策划阶段的复杂性降解和将不确定性控制在可控风险范围内。为了提高利益相关者和风险分析的有效性和准确性，Yang et al.（2015）采用社会网络分析方法建模，分析在绿色建筑项目中不同利益相关者的互动网络从而识别网络潜在的风险。

对项目经理来说，掌控项目复杂性至关重要（Macheridis and Nilsson，2004）。一些学者试图从项目经理视角处理项目环境中日益增加的复杂性，如 Whitty and Maylor（2009）探讨了复杂项目经理和项目复杂性的关系；Antoniadis（2013）研究了领导风格和社会—组织复杂性的影响作用；Ramazani and Jergeas（2015）认为教育机构应探索方法将批判性思维和其他软技能在课程中进行整合以更好地培养未来的项目经理；Thomas and Mengel（2008）讨论了项目管理教育先进水平以开发所必需的能力，从而使项目经理更加自信地面对动态组织环境和复杂项目。值得一提的是，不同项目经理采用不同的方法来管理复杂性。长周期项目领导者的管理风格不同于短周期项目经理，短周期项目经理偏向于更多参与式管理，而长周期项目领导者往往使用更独裁的项目领导方法（Clift and Vandenbosch，1999）。

除此之外，一些学者也提出了相关方法管理项目复杂性，如系统集成和信息模型（Liu et al.，2007）。其中，系统集成是复杂项目交付的主要挑战之一——“系统的系统”或数组，组织将一个项目分解为不同层次的子系统，通过系统集成来应对复杂性（Davies and Mackenzie，2013）。例如 Baccarini（1996）提出结构复杂性（多样性和相互依赖性）可以由协调、沟通和控制进行集成管理。信息管理可以促进数据共享，从而解决许多项目前期生产复杂性问题（Cooke，2013）。例如 Marle and Lardeur（2003）开发出信息模型以更好地管理复杂项目；Antoniadis et al.（2006）提出一个概念方法来减少项目报告中的复杂性以实现更好的沟通。另外，Baccarini（1996）提出，那些基于常规项目而开发出来的传统管理方法已经越来越不适宜现代日益复杂的项目。因此，很多学者研究了复杂项目管理策略。例如 Pich et al.（2002）根据项目不同程度的复杂性和不确定性，提出了三种基本的管理策略：指令法（instructionism）、修正法（learning）和选择法（selectionism），并基于成本和价值分析了三种管理策略的适用性。其中，指令法属于传统的管理策略，而修正法和选择法则需要根据项目运行的复杂度和不确定性进行选择；Ireland（2009）与Koerner and Klein（2008）应用复杂性科学理论与方法进行复杂项目管理研究；Shane et al.（2012）基于分析交通项目的复杂性，开发出复杂项目指南；Dulam（2011）基于对不同项目管理方法的对比总结，选择项目复杂性框架分析复杂性在项目管理中的作用，从而提出了复杂项目管理改进策略；Metcalfe and Sastrowardoyo（2013）提出了复杂项目概念化模型，以管理各利益相关者的矛盾；Ahern et al.（2013）研究了不确定性复杂项目的知识管理，提出了分布式协作机制。

在国内，现有研究多将复杂性管理与复杂建设项目管理结合起来，采用集成、协同等方法进行管理（盛昭瀚等，2008；尹贻林和刘艳辉，2009）。钱学森的综合集成研究厅体系、顾基发的WSR方法论，均在复杂性研究和项目管理中建立了联系；包俊（2007）从系统科学的角度提出了工程项目复杂性管理的概念；姜琳（2006）用复杂性科学重新审视了大型工程建设项目集成化管理的必要性和科学性等，提出了通过信息集成、过程集成和参与方集成三个方面实现大型工程建设项目集成化管理的建议；齐二石和姜琳（2008）及盛昭瀚等（2008）都对大型工程系统复杂性进行分析，提出管理大型复杂工程的综合集成管理的方法论和方法，即信息集成、过程集成、参与方集成；晏永刚等（2009）基于复杂系统理论提出对大型工程项目复杂性管理的关键前提是构建专家体系、知识体系、机器体系三个核心体系；李慧等（2009）基于模块化思想提出了复杂项目系统复杂性管理的集成化方法；尤荻（2010）基于对TOT项目的复杂性研究，提出了管理对象、管理要素、管理目标和管理过程的集成管理模式；张哲等（2011）分析了穿越城区公路高架桥项目的系统复杂性，提出了基于多目标优化的目标管理体系、管理支持保障体系和项目全寿命周期的管理模式；乐云（2011）针对大型复杂群体项目的复杂性问题，创建了三维视角思想、标准化的制度与流程、“三位一体”信息集成化体系、多阶网络进度计划等方法。

另外，一些学者对复杂建设项目管理模式进行了研究。吴绍艳

(2006) 基于 Web 技术和中间件技术，建立了由客户层、应用层和数据层组成的包括各参与方和全过程的工程项目管理信息协同系统平台；王宇静和李永奎（2010）构建了包括建设过程子系统、范围子系统、资源管理子系统、目标子系统和项目表现子系统五个子系统的大型复杂建设项目计划模型；张宪（2011）基于 Agent 将复杂性系统建模方法与以项目管理成熟度为主的项目管理理论相结合研究了复杂建设工程项目集成管理；庞玉成（2013）从系统分析的角度论述了复杂建设项目实施业主方集成管理的四维模型，即全生命周期集成、组织集成、信息集成、风险集成；汪波和甄志禄（2013）从心理学视角分析了信息协同与沟通意愿，构建了信息共享平台，让建设工程项目各参与方能够进行有效沟通，以实现复杂建设工程项目各参与方的协同管理。

综上所述，项目复杂性管理研究不管是侧重于复杂性管理策略，还是侧重于方法和措施，其所提及的复杂性管理方法和措施都是建立在对项目复杂性定性分析基础上的。然而，定性的、思辨性的和描述性的复杂性分析使得复杂性管理策略的制定缺乏精确的量化依据，所提出的对策也大都是政策性的建议，难以应用于实践。因此，有必要对不同具体类型的复杂性进行定量分析，从而为制定复杂项目的复杂性管理策略提供依据。

五 综述小结

综上所述，复杂性理论为复杂建设项目管理提供了新的方向和视角。但国内外关于复杂建设项目的研究并不多，对复杂建设项目管理的指导作用不足。纵观项目复杂性相关研究文献，大都是侧重于复杂性因素识别、复杂性测度、影响作用、复杂性管理中的某一个方面，各部分相互之间的联系不够紧密，主要表现在以下几个方面：

（1）复杂建设项目的复杂性因素识别不够，缺乏定量与实证研究。目前国内外对复杂建设项目研究还是以界定概念、识别特征、归纳经验为主，且大部分文献的研究出发点还是立足于对一般项目复杂性进行识别，没有充分考虑复杂建设项目的独有特征。复杂建设项目管理研究文献较少，对复杂建设项目的复杂性进行定量研究的文献更为缺乏。

（2）现有项目复杂性测度方法未考虑复杂性要素间的相互作用，同时复杂性测度与复杂性因素识别之间联系不够紧密。一方面，现有测度方法未考虑各复杂性要素间的相互作用。实际上，项目复杂性是由若干具有差异性的部分相互作用的一种结果，孤立地对个别复杂性要素进行识别、管理和控制很难达到对项目复杂性的有效管理。另一方面，复杂性测度离不开测度指标体系。目前大多数文献的复杂性评估指标体系是通过定性分析而得，实际上，对复杂建设项目的复杂性因素进行实证识别提出的测度指标体系会更加科学。

（3）缺少复杂建设项目的复杂性对项目成功的影响作用分析，且指标不够全面。现有项目复杂性的影响作用研究都针对一般项目，其研究指标都局限于项目绩效。实现项目成功是复杂建设项目管理的最终目的，但现有研究未对复杂建设项目的复杂性与项目成功之间的影响关系进行实证。因此，有必要探讨复杂建设项目的复杂性对项目成功的影响作用。

（4）现有复杂性管理策略的提出较定性，缺乏充分的先期研究支持。复杂性管理的最终目的是实现复杂建设项目成功。复杂性管理策略的制定应建立在对复杂性特征全面刻画的基础上。现有复杂性研究对复杂建设项目的复杂性识别不够，现有研究对复杂性特征的分析不够，同时复杂性测度与识别之间联系不够紧密，缺少对复杂性影响作用的分析，因此现有复杂性管理研究所提出的管理策略和措施大都是建立在对项目复杂性定性分析基础上的政策性建议。

第四节　复杂建设项目的复杂性研究框架构建

本书研究对象为复杂建设项目，研究范围为复杂建设工程项目全生命期的复杂性。在对复杂建设项目的复杂性特征进行分析，以及对现有项目复杂性文献综述的基础上，借鉴系统分析的思想，结合项目复杂性管理过程中包含的核心内容，本书提出了基于输入—输出关系的复杂建设项目的复杂性研究框架，如图 2—6 所示。

该研究框架认为，复杂建设项目的复杂性研究应始于对复杂建设项目的复杂性特征进行分析；在系统刻画复杂建设项目复杂性特征的基础上，识别出复杂建设项目的复杂性关键因素，然后进行复杂性差异特征分析、复杂性的测度以及对项目成功的影响作用，最后基于其研究结果对复杂建设项目的复杂性进行集成管理以实现项目成功。因此，复杂建设项目的复杂性研究应包括三个主要阶段：复杂建设项目的复杂性识别、复杂性分析（包括复杂性差异特征分析、复杂性测度和影响作用分析）和复杂性管理。

该研究框架是一个连续的输入—输出过程，强调下一步的分析必须以上一步的结果为基础。也就是说，复杂性关键因素识别要以复杂建设项目的特征为基础；所识别出的复杂性关键因素还要作为复杂性差异特征分析的一部分输入，且其显著性差异特征变量以及复杂性因素也作为复杂性测度的一部分输入；复杂性对项目成功的影响分析要以所识别出的复杂性关键因素为输入对象；复杂性的管理要以复杂性关键因素识别、复杂性测度、复杂性影响作用为依据。该研究框架使复杂性研究过程的各部分之间形成了有机联系。

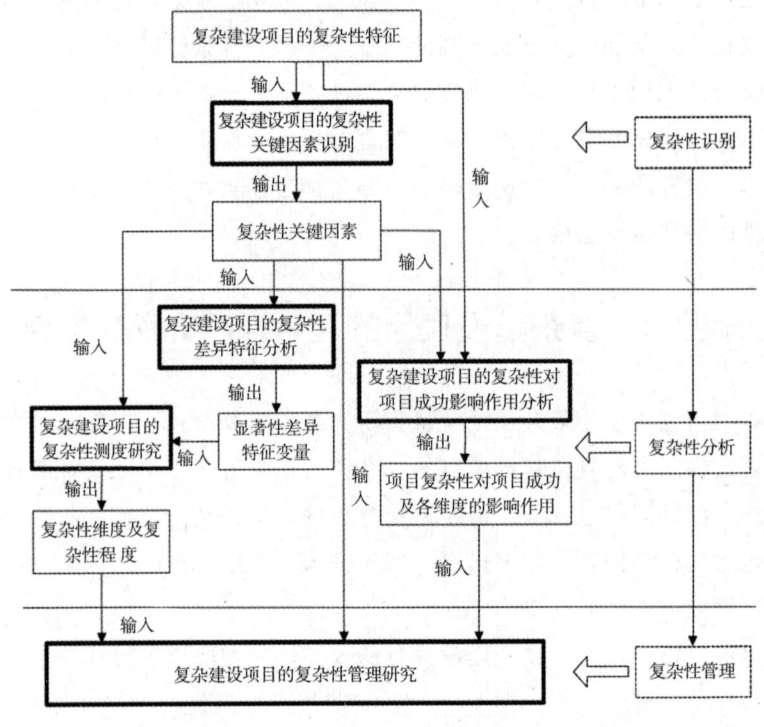

图 2—6　复杂建设项目的复杂性研究框架

一　复杂性识别

复杂性研究始于复杂性的识别，它是建立在对复杂建设项目特征认识和理解的基础上。如第二章所述，许多研究已经从一般项目复杂性因素进行了识别，但是正因为这些研究不是针对复杂建设项目，其对复杂建设项目的指导意义稍显不足。复杂建设项目是个复杂系统（Bertelsen，2003），其识别的指标不仅应包括建设项目的特有特征，还应反映复杂系统的特征（Xia and Chan，2012）。以复杂建设项目的复杂性特征为复杂性因素识别的输入，借鉴已有项目复杂性因素的研究成果，对复杂建设项目中的复杂性潜在因素进行全面分析，从而识别出复杂建设项目的复杂性关键因素。

二　复杂性分析

复杂性分析是基于复杂性识别，进一步研究复杂性差异特征分析、复杂性的测度、复杂性对项目成功的影响作用分析，具体如下：

（一）复杂性差异特征分析

复杂性关键因素识别只是复杂建设项目复杂性研究的开始，分析不同受访者特征以及项目特征的复杂性差异有助于更好地理解项目复杂性，另一方面也是复杂性测度模型构建的研究基础，其定量分析结果将作为复杂性测度模型构建的一个输入参数。

（二）复杂性的测度

项目总体复杂性不存在，而具体复杂建设项目的复杂性程度以及复杂性方面均不同。此外，由于项目复杂性是各因素相互作用的结果，复杂性测度的关键是选择一种合适的测度方法，从而构建出复杂性测度模型。但现有的方法对复杂性的测度大多为定性描述，且复杂性测度方法未考虑语言的模糊性以及各要素间的相互作用，因此采用 FANP 方法构建复杂性测度模型，以测度出具体项目的复杂性维度以及复杂性程度以便更好地管理复杂建设项目。

（三）复杂性对项目成功的影响作用分析

取得项目成功是项目管理的最终目的，项目复杂性对项目成功及各维度的影响作用并不一样，只有就复杂性与项目成功的影响关系进行定量分析，才能揭示复杂性因素对项目成功的影响作用，而该分析结果可为复杂建设项目的管理提供借鉴。

三 复杂性管理

复杂性管理是复杂性研究的最终目的。基于复杂性测度模型与复杂建设项目的复杂性对项目成功的影响作用，集成项目复杂性各维度，提出复杂建设项目管理模式。该模式对复杂建设项目的复杂性各维度进行集成管理，有利于复杂建设项目管理，从而增大项目成功的可能性。

第五节 本章小结

本章通过厘清复杂建设项目与项目复杂性的相关概念及相关研究现状，为后续研究提供理论基础。首先，就复杂建设项目与项目复杂性的内涵特征进行了论述。通过分析，可以看出复杂建设项目是一个复杂、动态的系统，其项目复杂性是项目的一种属性，是由若干具有差异性的部分相互作用的一种结果，具有结构性、动态性和不确定性的属性。然后，对项目复杂性已有文献进行了综述，发现已有研究主要聚焦于项目复杂性因素及分类、项目复杂性测度、项目复杂性影响作用和项目复杂性管理四个方面。最后，在现有项目复杂性研究基础上，结合项目复杂性管理过程，提出了复杂建设项目的复杂性研究框架，从而系统地进行项目复杂性的识别、分析及管理，可以克服以往各研究内容独立、分割的不足。

第三章

研究设计与分析

由于本书所需数据通过问卷调查为主的方式得到，问卷设计和数据收集过程的合理与否，所收集数据是否符合研究的基本要求等，直接关系到本书的质量。因此，在第二章提出复杂建设项目的复杂性研究框架以后，本章将从问卷设计、数据收集及数据的初步统计分析等几方面对本书的整体设计与分析进行阐述。

第一节　问卷设计

一　问卷设计过程

基于问卷设计原则①，本书问卷是在参考大量文献研究成果的基础上，结合实务界专家访谈与学术界深度访谈，并采用小样本预测试逐步形成的。在借鉴大量研究的基础上（Dunn et al.，1994；徐淑英等，2008），采用四阶段法设计了本书问卷，如图 3—1 所示。

---

①　本书问卷设计具体遵循的七个原则：（1）控制问卷的总长度，避免受访者要用过长的时间填写问卷，本书把问卷篇幅尽量控制在使受访者在正常情况下 30 分钟内完成；（2）问卷中的问题与研究目的直接相关；（3）条款简单易懂，包含的问题概念明确；（4）条款用词保持中性，避免对受访者形成诱导；（5）问题对于受访者容易回答；（6）不涉及个人隐私等敏感问题；（7）答案与问题协调一致（李怀祖，2004；李林梅，2000；马国庆，2002）。

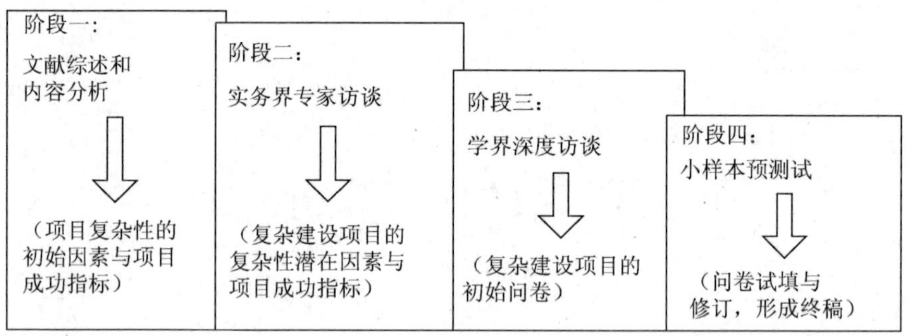

图 3—1 问卷设计过程

第一阶段：文献综述和内容分析

（一）项目复杂性指标分析

基于第二章文献综述，查阅关于复杂项目、项目复杂性因素等方面的研究文献，将相关文献已论证的复杂项目存在的复杂性问题、项目复杂性因素等进行归纳，采用内容分析法筛选出一般项目的复杂性因素。内容分析法是指利用客观、系统地识别指定的特征信息进行推论的一种技术（Holsti，1969），研究人员能够通过大量的数据排序、发现并描述个体、组织、机构或社会关注（CAMCI，2006；Fellows and Liu，2008；Weber，1990）。基于文献综述与内容分析法的项目复杂性因素分析如表 3—1 所示。

最终，形成了包括六类复杂性共 28 个复杂性因素的初始项目复杂性因素，如表 3—2 所示（He et al.，2015）。

（二）项目成功指标分析

对于项目成功的概念，学术界一直未达成共识。不仅如此，就是在工程项目实践中，各利益相关者对项目成功也不可能形成统一的观点（Lim and Mohamed，1999）。项目成功与项目绩效是两个相近但又有所不同的概念，项目成功的含义比项目绩效更广。项目绩效关注于项目执行过程中甚至是该过程中的某一段时间的各项指标，而项目成功关注的时间范围更长，可能一个工程项目建成后的影响都是项目成功关注的内容。

表 3—1 基于文献综述与内容分析法的项目复杂性因素分析

复杂性分类	复杂性因素	Baccarini (1996)	Williams (1999)	Maylor (2003)	Remingtonand Pollack (2007)	Brockmanand Girmscheid (2007)	Vidal and Marle (2008)	Maylor et al. (2008)	Qi and Jiang (2008)	Li et al. (2009)	Remington et al. (2009)	Bosch - Rekveldt et al. (2011)	Vidal et al. (2010, 2011)	Xia and Chan (2012)	计数
技术复杂性	项目中使用技术的多样性	√	√	√	√		√	√		√			√		8
	技术流程的依赖性	√	√	√	√		√			√			√		7
	技术体系与外部环境交互作用	√	√		√		√			√	√		√		7
	高难技术的风险				√		√	√			√	√		√	6
组织复杂性	组织结构层级数	√	√	√		√	√	√		√	√		√		9
	正规组织单位和职能部门数	√	√	√		√	√	√		√	√		√		9
	跨组织的相互依赖性			√			√	√			√	√	√		6
	组织成员经验和社会背景	√		√			√	√	√	√	√				7

续表

复杂性分类	复杂性因素	Baccarini (1996)	Williams (1999)	Maylor (2003)	Remingtonand Pollack (2007)	Brockmanand Girmscheid (2007)	Vidal and Marle (2008)	Maylor et al. (2008)	Qi and Jiang (2008)	Li et al. (2009)	Remington et al. (2009)	Bosch - Rekveldt et al. (2011)	Vidal et al. (2010, 2011)	Xia and Chan (2012)	计数
目标复杂性	目标的不明确性		√	√	√			√		√	√			√	7
	项目管理方法和工具能力不确定性		√	√	√		√	√				√	√		7
	资源和技能的可利用			√			√	√				√	√	√	6
	任务的多样性	√		√	√	√	√	√		√		√	√		9
	任务之间的关系依赖性	√		√	√		√			√		√	√		7
	任务活动动态性			√		√	√	√		√		√	√		7
环境复杂性	多个利益相关者		√		√	√	√	√	√		√	√	√		9
	变动的政策法规环境				√		√		√	√	√	√	√	√	8
	变动的技术环境				√		√		√	√	√		√	√	7
	变动的市场经济环境				√		√		√	√	√	√	√	√	8
	变动的自然环境				√		√		√	√	√	√	√	√	8

续表

复杂性分类	复杂性因素	Baccarini (1996)	Williams (1999)	Maylor (2003)	Remington and Pollack (2007)	Brockmann and Girmscheid (2007)	Vidal and Marle (2008)	Maylor et al. (2008)	Qi and Jiang (2008)	Li et al. (2009)	Remington et al. (2009)	Bosch – Rekveldt et al. (2011)	Vidal et al. (2010, 2011)	Xia and Chan (2012)	计数
文化复杂性	多个参与国家			√		√	√	√	√		√	√			7
	项目团队间的信任					√		√	√			√			4
	团队合作意识					√	√	√	√				√		5
	文化的差异性					√	√	√	√		√		√		6
信息复杂性	信息的不确定性													√	1
	信息处理水平							√		√					2
	信息传递能力							√		√					2
	信息获取程度						√	√		√					3
	多个系统或多个平台的集成						√						√		2
	计数	8	8	13	13	9	23	19	10	17	14	13	19	8	—

最早的项目成功标准采用“金三角”，包括时间、成本和质量（Atkinson，1999；Cooke-Davies，2002；Jugdev and Müller，2005；Jugdev et al.，2001）。虽然这些指标很重要，但未包括衡量现代项目成功所需的各种因素（Atkinson，1999；Ika，2009）。作为项目成功重新定义的一部分，项目经理的角色和职责远远超出了传统金三角，包括关系、文化和利益相关者问题的管理（Cleland and Ireland，2002）。Bosch-Rekveldt（2011）认为应从内部和外部的角度来衡量项目成功，成功标准除了保证项目在预算和时间内，还应考虑项目最终用户和项目结果的可用性。Marshall and Rousey（2009）认为成功项目管理包括三方面：范围、进度和预算平衡；质量符合标准和公众的期望；没有未解决的项目问题，如施工索赔悬而未决。

表 3—2　　项目复杂性的初始因素分析

构成	技术复杂性	组织复杂性	目标复杂性	环境复杂性	文化复杂性	信息复杂性
复杂性因素	项目中使用技术的多样性；技术流程的依赖性；技术体系与外部环境交互作用；高难技术的风险	组织结构层级数；正规组织单位和职能部门数；跨组织的相互依赖性；组织成员经验和社会背景	目标的不明确性；项目管理方法和工具能力不确定性；资源和技能的可利用；任务的多样性；任务之间的关系依赖性；任务活动动态性	多个利益相关者；变动的政策法规环境；变动的技术环境；变动的市场经济环境；变动的自然环境	多个参与国家；项目团队间的信任；团队合作意识；文化的差异性	信息的不确定性；信息处理水平；信息传递能力；信息获取程度；多个系统或多个平台的集成

资料来源：笔者根据相关文献整理。

对于建设工程项目成功研究方面，Lim and Mohamed（1999）从宏观视角和微观视角来分析建设工程项目的成功标准。宏观视角主要考虑项目与最初设想的关系以及最终用户的满意；而微观视角主要考虑项目建设阶段的时间、成本和质量。Bryde and Robinson（2005）指出，业主和承包商对于项目成功有不同的理解。业主更强调利益相关方的满意，而承包商更注重传统的衡量指标，例如时间、成本和质量。Chan and Chan（2004）总结了以往的研究，提出了建设项目成功评价标准体系包括质量、成本、时间、健康与安全、参与各方满意、使用者满意、环境影响、商业价值等。林鸣等（2005）从项目全生命周期的角度将项目成功标准分为预成功标准、建成成功标准和运营成功标准并考虑了项目各利益相关群体的视角。王进和许玉洁（2009）研究了大型工程项目成功的指标，将指标细分为投入使用时的成功标准和项目结果的成功标准。大型工程项目在交付投入使用时的成功标准主要考察项目的五大控制、各参建方的利益诉求、满意度、是否受到激励和实现各方和谐五项指标，并分别细化为24项判断标准，以衡量项目交付使用时的成功。项目结果的成功评价体系考虑大型工程项目所涉及的外部性影响公平度、可持续发展以及全过程的满意度等。

综上所述，项目成功的含义非常广泛，既可包含项目过程又可包括项目结束后所带来的效应；既可涉及项目各参与方，又可涉及项目的其他利益相关方。本书认为没有必要对项目成功进行统一的定义，而是根据主体的不同视角和需要，可以有不同的界定方式。由于本书针对整体复杂建设项目，因此将项目成功界定为整个建设项目的成功。采用综合已有研究，采用较成熟的Chan and Chan（2004）提出的建设项目成功评价标准体系，具体包括时间、成本、质量、健康与安全、环境影响、参与各方满意、使用者满意、商业价值。

第二阶段：实务界专家访谈

访谈对象是参与过复杂建设项目的专家。该阶段的访谈目的：结合具体复杂建设项目的实际情况，向被访谈者征询对复杂建设项目的复杂性和项目结果的看法，作为初始指标的补充。本书采用两轮德尔菲访谈法。德尔菲法（Delphi）是一种向专家发函、征求意见的调研方法。根据测度目标和对象的特征，在所设计的调查表中列出一系列的测度指标，分别征询专家对所设计的测度指标的意见，然后进行统计处理，并反馈咨询结果，直至专家意见趋于集中，由最后一次确定出项目复杂性因素（Linstone and Turoff，1975）。大多数的德尔菲研究不超过 20 人（Ludwig，1997）。因此，基于国外导师和国内导师的人脉关系，选取了来自实践界的 4 位国外专家和 5 位国内专家。

第一轮德尔菲采用开放式问卷（附录 A）对复杂建设项目的复杂性与项目成功进行了访谈。访谈完成后，根据第一轮访谈结果，对文献综述获得的复杂性因素进行了如下补充和完善：

（1）文化复杂性合并在组织复杂性内。访谈专家认为文化属于组织的一部分，应将其合并在组织复杂性之内。

（2）项目复杂性分类中增加了任务复杂性。通过访谈，专家一致认为复杂建设项目的任务多样且各任务流程间的依赖性强，对项目复杂性的影响作用大，因此增加了任务复杂性维度。

（3）增加了项目复杂性因素，并对相关指标进行了合并与调整。通过访谈，专家补充了项目复杂性因素，增加了如变更、业主方需求、参与方众多、项目周期长、工期紧张，建筑结构复杂性等方面因素。

（4）删除了技术体系与外部环境交互作用等表述不清等因素。

第二轮的德尔菲访谈，将修正后的复杂性因素反馈给专家们，专家们被要求评估第一轮的调查结果。结果表明，对修正后的复杂建设项目的复杂性因素基本达成了共识。最终，通过两轮的访谈，形成了包括六个方面共 41 个因素的项目复杂性潜在因素以及包括 8 个因素的项目成功指标，如表 3—3 所示。

表 3—3　访谈后的复杂建设项目的复杂性潜在因素及项目成功指标

类型	潜在因素及指标
目标复杂性	项目目标多样性；项目目标的不明确性；项目目标的不一致性；利益相关方需求变更数量；项目工期紧迫性；项目成本紧张性
组织复杂性	组织结构层级数；正规组织单位和职能部门数；跨组织的相互依赖性；项目参与方的经验；项目组织的变动；项目组织间的信任度；项目组织间合作意识；项目组织文化差异

续表

类型	潜在因素及指标
任务复杂性	任务的多样性；任务之间的关系依赖性；任务活动的动态变化；项目管理方法和工具不确定性；所需资源与技能的可获得性；资金来源途径；合同关系复杂
技术复杂性	项目中使用技术的多样性；技术流程的依赖性；高难技术的风险；新技术所需要的知识水平；建筑产品的新颖程度
环境复杂性	政策法规环境的变动；市场经济环境的变动；自然气候环境的变动；项目地质条件的复杂；项目施工环境的变动；项目地理位置的偏僻程度；外部利益相关者的影响
信息复杂性	信息的不确定性；信息处理水平；信息传递能力；信息获取程度；信息系统或平台数量；信息系统之间的依赖性；涉及语言种类数量；参与国家及种族数量
项目成功	时间、成本、质量、健康与安全、环境影响、参与各方满意、使用者满意、商业价值

资料来源：笔者根据文献研究与访谈结果整理。

第三阶段：学界深度访谈

学界深度访谈是根据第二阶段因素形成的初始量表中问题的表述方式和内容向学术界的专家征询意见。访谈的目的：一是就初始假设量表征询被访谈者的意见，以检验基本量表中指标设置和问题表述的合理性，并检查有无遗漏因素和题项。二是因为题项中的量表大都来自英文文献，需要对翻译后的题项在中国的适用和可理解性进行校核。

该阶段是在四名导师的帮助下进行的，这四名导师都是本专业领域资深研究者，都参与了许多与本专业相关的国家自然科学基金项目的研究工作，他们在科研的同时，还参与了诸如上海世博建设项目、上海迪士尼等复杂建设项目的咨询工作，在科研和实务两方面都有所建树、经验丰富。笔者就问卷初稿的量表选择、条款设计、问卷修订等方面都与他们进行了密切和深入的讨论，并在他们的指导下完成了问卷的修订。调整后的变量设置与描述如表 3—4 所示。

表 3—4 复杂建设项目的变量设置和量表描述

类型	变量	变量描述
目标复杂性	项目目标多样性	该项目各利益相关方追求的目标多样（PC1）
	项目目标的不明确性	该项目各参与方的项目目标不明确（PC2）
	项目目标的不一致性	该项目各目标随着项目阶段的不同而发生改变（PC3）
	利益相关方需求变更数量	该项目各利益相关方的需求变更多（PC4）
	项目工期紧迫性	该项目时间紧迫（PC5）
	项目成本紧张性	该项目成本目标控制紧张（PC6）
组织复杂性	组织结构层级数	您所在项目团队的组织结构层级数多（PC7）
	正规组织单位和职能部门数	您所在项目团队的组织职能部门多（PC8）
	跨组织的相互依赖性	该项目组织各部门之间依赖性强（PC9）
	项目参与方的经验	该项目各参与方的经验和能力不足（PC10）
	项目组织的变动	您所在项目组织的成员、结构等变动大（PC11）
	项目组织间的信任度	该项目组织间的信任程度低（PC12）
	项目组织间合作意识	该项目组织合作意识不足（PC13）
	项目组织文化差异	该项目的组织文化差异大（PC14）
任务复杂性	任务的多样性	该项目具有许多不同工作性质的工程任务活动（PC15）
	任务之间的关系依赖性	该项目各工程任务之间的关系依赖性强（PC16）
	任务活动的动态变化	在项目不同阶段，需要完成的工程任务不断发生变化（PC17）
	项目管理方法和工具不确定性	该项目管理方法和工具不确定（PC18）
	所需资源与技能的可获得性	该项目所需资源和技能不容易获得（PC19）
	资金来源途径	该项目资金来源途径（如自有资金、银行投资等）不多（PC20）
	合同关系复杂	该项目的合同关系复杂（PC21）
技术复杂性	项目中使用技术的多样性	该项目涉及的专业工程技术多样（PC22）
	技术流程的依赖性	该项目技术流程的依赖性强（下一个技术流程依赖于上一个技术流程的完成）（PC23）
	高难技术的风险	该项目高难技术的风险大（PC24）
	新技术所需要的知识水平	该项目使用新技术所需要的知识水平不足（PC25）
	建筑产品的新颖程度	该项目的建筑结构与功能新颖（PC26）

续表

类型	变量	变量描述
环境复杂性	政策法规环境的变动	该项目所在地的政策法规变动大（PC27）
	市场经济环境的变动	该项目所在地的市场经济环境（如汇率、供应商材料价格等）变动大（PC28）
	自然气候环境的变动	该项目所在地的自然气候条件变化大（PC29）
	项目地质条件的复杂	该项目所在地的地质条件复杂（PC30）
	项目施工环境的变动	该项目施工环境复杂（PC31）
	项目地理位置的偏僻程度	该项目所在地理位置偏僻（PC32）
	外部利益相关者的影响	该项目其他利益相关者（如社会公众、媒体等）对项目产生的影响大（PC33）
信息复杂性	信息的不确定性	该项目信息不确定性大（PC34）
	信息处理水平	该项目处理信息水平不够（PC35）
	信息传递能力	该项目传递信息能力不够（PC36）
	信息获取程度	该项目获取信息程度不够（PC37）
	信息系统或平台数量	该项目信息系统或平台数量多（PC38）
	信息系统之间的依赖性	该项目各信息系统之间的依赖性强（PC39）
	涉及语言种类数量	该项目涉及的语言种类多（PC40）
	参与国家及种族数量	该项目涉及的国家与民族多（PC41）
项目成功	时间	该项目很好地完成了工期目标（PS1）
	成本	该项目很好地完成了成本目标（PS2）
	质量	该项目满足预定的技术规格和功能需求（PS3）
	健康与安全	该项目很好地完成了安全目标（PS4）
	环境影响	该项目做到了环境友好，树立了良好的社会形象（PS5）
	参与各方满意	该项目参与各方对项目完成的流程和过程很满意（PS6）
	使用者满意	该项目最终用户对项目完成的建筑产品很满意（PS7）
	商业价值	该项目参与各方获得了期望的工程利润（PS8）

资料来源：笔者根据文献研究与访谈结果整理。

本问卷量表设计采用五点量表法，每一个测量项均采用 Likert 五点计分（1＝非常不符合，5＝非常符合）。项目复杂性描述方面，得分越高，表明该因素越复杂；项目成功评价方面，得分越高，表明该项目越成功。被采访人员根据所选项目的实际情况对项目描述与实际的吻合程度打分，分数越高，表示被采访人员越赞同题项内容。

第四阶段：小样本预测试

在经过了前述的修订过程后，笔者邀请了40位参与过复杂建设项目的人员进行了问卷试填，了解问卷在实际填写过程中可能出现的问题。根据试填的反馈意见，对问卷条款进行了进一步的修订；并对量表信度进行初始检验，检验结果表明，量表信度符合标准。经过第四阶段的问卷测试，形成最终调查问卷（附录B）。

二 问卷内容及可靠性分析

本书的问卷设计主要是为复杂建设项目的复杂性研究框架而展开的各部分研究内容服务的，要求问卷内容能为各部分研究内容提供所需的有效数据。围绕各部分研究的研究目的和研究内容，所设计的调查问卷共四页，由卷首语、基本信息与项目特征、项目复杂性描述以及对项目结果的评价四大部分构成。

（1）卷首语。该部分主要包括了：自我介绍、问卷调查的主旨、问卷填写说明、保密承诺、联系方式及对受访者的感谢。

（2）基本信息与项目特征。该部分主要包括受访者个人基本信息以及所选项目特征等。

（3）项目复杂性描述。该部分主要包括目标、组织、任务、技术、环境与信息六方面复杂性的测量量表。

（4）项目结果评价。该部分为项目成功的测量量表。

问卷设计的可靠性是指问卷设计的合理性和科学性。关于问卷中问题的表述方式，本书是在借鉴相关文献原有表述基础上，经过两轮的项目访谈，反复征询被访谈者的意见后修正的。修正后的问题表述方式同时考虑了问题表述的明确性、客观性、容易理解和能体现复杂建设项目特征的要求。为避免问卷设计中可能隐含某种对回答者有诱导性的假设，避免问卷回答过程中可能出现的一致性动机问题，本书在问卷设计中，没有说明研究的内容和逻辑，问卷中也没有出现项目复杂性因素假设量表和项目成功量表的题名，以防止回答者得到可能的因果关系暗示，进而在回答过程中受到这一暗示影响。

第二节　数据收集

一　样本的选择与数量确定

本书研究对象为复杂建设项目。根据第二章关于复杂建设项目的内涵界定，本书将复杂建设项目界定为：工期不少于3个月、成本不低于150万元，参与方众多，拥有大量相互作用的要素，动态不确定性大的建设项目，且符合：（1）民用建筑工程设计等级一级及一级以上的工程，即单体建筑面积2万平方米以上或建筑高度超过50米的一般公共建筑，20层以上的住宅、宿舍楼，10万平方米以上的住宅小区或工厂生活区，总建筑面积1万平方米以上地下空间和人防防护等级四级及以上的附建式人防地下工程；（2）因建筑设计需要或场地限制等原因造成体形复杂的工程项目，如综合技术要求高、采用不利抗震的不规则体形、建筑场地及周边条件复杂以及需要有关部门综合协调的工程；（3）涉及公众安全和功能复杂的重要公共建筑；（4）市政公用行业建设项目设计规模中型及以上的工程等。

关于被调查者的选择，徐淑英等（2008）认为有四个主要的原因可能会导致被调查者对问题做出不准确的回答：（1）被调查者不知道问题答案的信息；（2）被调查者不能回忆问题答案的信息；（3）被调查者虽然知道问题答案的信息，但被调查者不想回答这些问题；（4）被调查者不能理解问题内容。为避免在这些方面出现的信息失真，本书除了在问卷设计过程中对问题表述方式进行优化以外，在被调查对象选择方面也进行了控制。由于本书涉及整个复杂建设项目的复杂性以及项目成功情况，因此，确定被调查对象必须至少参与过一项已交付使用的复杂建设项目。

本书拟采用SPSS软件和AMOS软件对收集数据进行分析。但对于样本的数量多少，学者们尚未达成一致意见。Marsh et al.（1998）从模型收敛和拟合指数等角度认为样本数越大越好；Hair et al.（1998）认为样本数量需要大于200，但也不能太大，如超过了400，则会使很多的适合度指标变得很差；Gorsuch（1983）和吴明隆（2010）都认为预试样本数最好为量表题数的5倍。考虑本书问卷的测量题数以及可能的回收率，本次调研共计发放问卷314份。

二 问卷发放及回收

本书正式问卷调查历时半年。由于国外联合培养的客观原因，直接进行大规模的拜访式调研不现实。因此，本书绝大部分问卷调查是通过笔者多年来在学习和工作中建立的社会关系网以及导师所在团队的帮助，依靠同事、同学和朋友，并借助这些人再次转发问卷至他们的朋友、同学和同事等，尽可能扩大问卷发放范围。采用亲自回收问卷的方式，以提高其回答问卷的积极性和认真性。

本书共发放调查问卷314份，回收256份，回收率81.5%。对回收问卷进行编号，并筛选剔除不符合要求的问卷。剔除问卷的标准包括：（1）检查受访者是否认真地填写问卷，若整个问卷均为一个选项或呈明显规律性排列，可推断其填写时是应付心态，则将该问卷视为无效问卷；（2）剔除问卷中填答不完整、漏填者；（3）剔除来自同一项目存在明显雷同的问卷（梁欢，2006；史江涛，2008；汪杰，2009；徐碧祥，2007；赵卓嘉，2009；周坷，2006）。剔除11份无效问卷：No.15，No.98，No.99，No.114，No.125，No.150，No.151，No.181，No.183，No.197，No.220，得到有效问卷245份，有效回收率为78.0%，可见电子问卷在本次调查中效果良好。经过本书的问卷发放和回收及问卷剔除，最终获得用于统计分析用的调查问卷数量为245份，有效问卷和量表题数[①]比为6:1，满足本书后续统计分析的需要。

第三节 样本及变量描述性统计分析

描述统计是用数学语言表述一组样本的特征或者样本各变量间关联的特征，用来概括和解释样本数据（李怀祖，2004）。本书采用频率分布、

① 此处的量表题数非问卷的总题数，而是问卷中包含测量变量数最多的一份量表（吴明隆，2010）。本书测量变量最多的为项目复杂性量表，包含41个变量。

百分比、均值、标准差、偏度和峰度等对数据进行描述性统计分析。样本的性质主要包括采访者的基本信息和复杂建设项目情况等，测量变量包括项目复杂性和项目成功。

一 样本描述性统计分析

（一）受访者描述性统计分析

1. 性别

将有效样本的受访者性别进行分类统计，详细分布情况如表3—5所示。从有效样本受访者性别的分布状况来看，在245份有效问卷中，男和女分别为188位和57位，分别占样本总数76.7%和23.3%，男女比例接近于3:1。这种性别比例符合建筑行业中男性多于女性的行业特征。

表3—5 有效样本的受访者的性别分布

性别	样本数	所占百分比
男	188	76.7%
女	57	23.3%

2. 年龄

将有效样本的受访者年龄进行分类统计，详细分布情况如表3—6所示。从有效样本的受访者年龄分布状况来看，来自21—30岁年龄段的受访者最多，有145位，占样本总数的59.2%；其次是31—40岁年龄段，有77位，占样本总数的31.4%。

表3—6 有效样本的受访者的年龄分布

年龄	样本数	所占百分比
≤20岁	3	1.2%
21—30岁	145	59.2%
31—40岁	77	31.4%
41—50岁	16	6.5%
>50岁	4	1.6%

3. 教育背景

将有效样本的受访者教育背景按学历进行分类统计，详细分布如表3—7所示。从有效样本的受访者的学历的分布来看，有134位本科学历的受访者，占样本总数54.7%；硕士学历受访者有60位，占样本总数24.5%；其他依次为专科及以下学历和博士研究生学历，分别有42位和9位，占样本总数分别为17.1%和3.7%。

表3—7 有效样本的受访者的教育背景分布

教育背景	样本数	所占百分比
专科及以下	42	17.1%
本科	134	54.7%
硕士	60	24.5%
博士	9	3.7%

4. 工作年限

将有效样本的受访者在建筑业界或相关行业的工作年限进行分类统计，详细分布如表3—8所示。从有效样本的受访者工作年限分布状况来看，≤5年工作经验的受访者最多，有109位，占样本总数的44.5%；其他依次是6—10年、11—15年和>20年，样本数分别为77位、39位和12位，所占样本总数分别为31.4%、15.9%和4.9%。

表3—8 有效样本的受访者在建筑业界或相关行业的工作年限分布

工作年限	样本数	所占百分比
≤5年	109	44.5%
6—10年	77	31.4%
11—15年	39	15.9%
16—20年	8	3.3%
>20年	12	4.9%

5. 项目职位

将有效样本的受访者在项目中的职位进行分类统计，详细分布如表

3—9 所示。从有效样本的受访者在项目中的职位的分布状况来看，受访者来自不同的职位，其中项目工程师最多，有 73 位，占样本总数 29.8%；其次为项目中的专业主管，有 55 位，所占样本总数比例为 22.4%。

表 3—9　　有效样本的受访者在项目中的职位分布

项目职位	样本数	所占百分比
项目经理	41	16.7%
项目中的部门经理	25	10.2%
专业主管	55	22.4%
项目工程师	73	29.8%
其他	51	20.8%

（二）项目描述性统计分析

1. 项目类型

将有效样本的项目类型进行统计，详细分布如表 3—10 所示。从项目类型分布状况来看，住宅项目的样本数量最大，为 122 份，占样本总数 49.8%；其次为公共建筑，样本数为 81 份，所占样本总数比例为 33.1%。

表 3—10　　有效样本的项目类型分布

项目类型	样本数	所占比例
住宅项目	122	49.8%
公共建筑	81	33.1%
工业建筑	15	6.1%
其他	27	11.0%

2. 单位角色

将有效样本的受访者所在单位在项目中承担的角色进行分类统计，详细分布如表 3—11 所示。从承担的角色分布状况来看，所承担的承包商角色的样本数量最大，为 96 份，占样本总数 39.2%；其次为业主，样本数为75，所占样本总数比例为30.6%。

表3—11　　有效样本的受访者所在单位在项目中承担的角色分布

单位角色	样本数	所占比例
业主	75	30.6%
承包商	96	39.2%
供应商	4	1.6%
工程咨询单位	35	14.3%
勘察设计单位	24	9.8%
其他	11	4.5%

3. 参与阶段

将有效样本的受访者在项目中参与的阶段进行分类统计，详细分布如表3—12所示。由于该题项为复选题，故存在多选的情况。从参与阶段分布状况来看，参与建设项目其中一个阶段的最多，为201份，占样本总数82.0%；其中，参与施工阶段最多。其次为参与两个阶段，样本数分别为27，所占样本总数比例为11.0%。另外，参与三个阶段和四个阶段的样本数分别为7份和10份，所占样本总数比例分别为2.9%和4.1%。

4. 项目投资

将有效样本的项目投资进行分类统计，详细分布如表3—13所示。从项目投资分布状况来看，项目投资额为1亿—5亿元的样本数量最大，为98份，占样本总数40.0%；其次为5亿元以上，样本数为64份，所占样本总数比例为26.1%。这说明受访者反馈的主要为投资规模比较大的复杂建设项目的相关信息。

5. 项目工期

将有效样本的项目工期进行分类统计，详细分布如表3—14所示。从项目工期分布状况来看，项目工期为25—36个月的样本数量最大，为92份，占样本总数的37.6%；其后依次为13—24个月和>48个月，样本数分别为79份和33份，所占样本总数比例分别为32.2%和13.5%。

表 3—12　　有效样本的受访者在项目中参与阶段分布

参与阶段	具体阶段	样本数	所占比例
参与一个阶段	前期策划阶段	15	6.1%
	设计阶段	28	11.4%
	施工阶段	154	62.9%
	运营阶段	4	1.6%
	小计	201	82.0%
参与两个阶段	策划 + 设计	5	2.0%
	策划 + 施工	3	1.2%
	策划 + 运营	1	0.4%
	设计 + 施工	17	6.9%
	施工 + 运营	1	0.4%
	小计	27	11.0%
参与三个阶段	策划 + 设计 + 施工	5	2.0%
	策划 + 施工 + 运营	1	0.4%
	设计 + 施工 + 运营	1	0.4%
	小计	7	2.9%
参与四个阶段	策划 + 设计 + 施工 + 运营	10	4.1%
	小计	10	4.1%

表 3—13　　有效样本的项目投资分布

项目投资	样本数	所占比例
150 万—1000 万元	14	5.7%
1000 万—5000 万元	34	13.9%
5000 万—1 亿元	35	14.3%
1 亿—5 亿元	98	40.0%
>5 亿元	64	26.1%

表 3—14　　有效样本的项目工期分布

项目工期	样本数	所占比例
3—12 个月	20	8.2%
13—24 个月	79	32.2%
25—36 个月	92	37.6%
37—48 个月	21	8.6%
>48 个月	33	13.5%

二　变量描述性统计分析

为了总体把握变量的测量数据整体分布特征，对各测量条款的样本数据进行描述性统计分析，包括均值、标准差、偏度和峰度等，描述性统计见表 3—15。

表 3—15　　各测量题项的描述性统计

测量题项	N	均值	标准差	偏度		峰度	
	统计量	统计量	统计量	统计量	标准误	统计量	标准误
PC1	245	3.47	0.981	-0.283	0.156	-0.393	0.310
PC2	245	2.45	0.997	0.554	0.156	-0.226	0.310
PC3	245	3.07	1.042	-0.148	0.156	-0.534	0.310
PC4	245	3.40	0.977	-0.060	0.156	-0.493	0.310
PC5	245	3.73	0.991	-0.389	0.156	-0.230	0.310
PC6	245	3.71	0.921	-0.177	0.156	-0.537	0.310
PC7	245	3.27	1.068	0.015	0.156	-0.708	0.310
PC8	245	3.37	0.947	-0.036	0.156	-0.610	0.310
PC9	245	3.28	0.904	-0.185	0.156	-0.075	0.310
PC10	245	2.70	0.979	0.161	0.156	-0.499	0.310
PC11	245	2.78	1.019	0.211	0.156	-0.516	0.310
PC12	245	2.55	0.989	0.203	0.156	-0.547	0.310
PC13	245	2.65	1.008	0.144	0.156	-0.557	0.310
PC14	245	2.66	1.014	0.054	0.156	-0.553	0.310

续表

测量题项	N	均值	标准差	偏度		峰度	
	统计量	统计量	统计量	统计量	标准误	统计量	标准误
PC15	245	3.53	0.912	-0.369	0.156	-0.165	0.310
PC16	245	3.57	0.835	-0.378	0.156	0.184	0.310
PC17	245	3.50	0.867	-0.140	0.156	-0.293	0.310
PC18	245	2.66	0.998	0.357	0.156	-0.454	0.310
PC19	245	2.79	0.997	-0.023	0.156	-0.615	0.310
PC20	245	3.09	1.022	0.043	0.156	-0.729	0.310
PC21	245	3.18	1.003	0.108	0.156	-0.510	0.310
PC22	245	3.58	0.954	-0.204	0.156	-0.509	0.310
PC23	245	3.56	0.855	-0.258	0.156	-0.174	0.310
PC24	245	3.03	0.938	0.063	0.156	-0.324	0.310
PC25	245	2.82	0.937	0.034	0.156	-0.390	0.310
PC26	245	2.96	0.904	0.148	0.156	-0.411	0.310
PC27	245	2.73	0.955	0.259	0.156	-0.397	0.310
PC28	245	2.91	0.968	0.108	0.156	-0.402	0.310
PC29	245	2.81	0.974	0.143	0.156	-0.408	0.310
PC30	245	3.06	0.978	0.071	0.156	-0.399	0.310
PC31	245	3.13	1.026	0.133	0.156	-0.439	0.310
PC32	245	2.60	1.053	0.327	0.156	-0.459	0.310
PC33	245	3.20	1.096	-0.103	0.156	-0.819	0.310
PC34	245	2.76	0.989	0.345	0.156	-0.375	0.310
PC35	245	2.78	0.964	0.353	0.156	-0.474	0.310
PC36	245	2.80	0.935	0.227	0.156	-0.708	0.310
PC37	245	2.82	0.958	0.170	0.156	-0.356	0.310
PC38	245	2.96	0.913	-0.114	0.156	-0.392	0.310
PC39	245	3.04	0.889	0.034	0.156	-0.056	0.310
PC40	245	1.85	0.916	1.006	0.156	0.575	0.310
PC41	245	1.92	1.011	0.972	0.156	0.262	0.310
PS1	245	3.44	0.911	-0.660	0.156	0.342	0.310
PS2	245	3.46	0.894	-0.490	0.156	0.278	0.310
PS3	245	3.72	0.766	-1.302	0.156	2.788	0.310

续表

测量题项	N	均值	标准差	偏度		峰度	
	统计量	统计量	统计量	统计量	标准误	统计量	标准误
PS4	245	3.80	0.732	-0.817	0.156	1.551	0.310
PS5	245	3.65	0.809	-0.365	0.156	0.200	0.310
PS6	245	3.43	0.774	-0.321	0.156	0.055	0.310
PS7	245	3.58	0.768	-0.147	0.156	-0.315	0.310
PS8	245	3.49	0.857	-0.552	0.156	0.670	0.310

从表3—15可以看出，除了个别指标，绝大多数测度指标的均值都接近或超过3，初步表明样本项目整体上是有一定复杂性的，说明样本可用于复杂建设项目的复杂性分析。偏度的绝对值均小于3，峰度绝对值均小于10，表明本书的大样本问卷数据服从正态分布，满足进一步数据分析的条件。①

第四节　本章小结

本章从问卷设计、数据收集、样本描述性统计分析等方面对本书的整体设计与分析进行了阐述。首先，问卷设计经历文献综述与内容分析、实务界专家访谈、学界深度访谈以及小样本预测试四个不断修改和测试的阶段，同时根据专家观点在可靠性方面进行了深入考虑，保证了问卷的合理性和科学性；然后，数据收集过程中在样本与被调查对象选择以及样本发放及回收方面进行了严格限制，保证了收集数据的有效性；最后，对样本数据进行了初步统计分析，结果表明数据有效。

① 为了满足后续理论假设和模型检验需要，需要对问卷数据进行正态性检验。本书采用常用的偏度和峰度正态性检验法，检验标准如下：偏度绝对值小于3，峰度绝对值小于10，表明样本数据基本服从正态分布（吴明隆，2010）。

第四章

复杂建设项目的复杂性关键因素识别

复杂建设项目的复杂性关键因素识别是整个复杂性研究的基础。本章将系统分析复杂建设项目的复杂性潜在因素，识别出复杂建设项目的复杂性关键因素，探索出项目复杂性的来源，从而构建复杂建设项目的复杂性因素框架，为后续章节的复杂性测度与管理提供研究基础。

第一节　问题的描述

大量研究表明，项目复杂性是现行项目管理研究最重要的部分（Bosch-Rekveldt et al.，2011；Weaver，2007）。早在20世纪，项目复杂性已经作为工程项目分类的一个因素（Shenhar，1998；Shenhar and Dvir，1996）。但是在那些分类方法中，仍然将项目复杂性作为一个黑箱处理，具体哪些因素影响项目复杂性有待于进一步的研究。目前，已有很多学者尝试对项目复杂性因素进行研究，但都聚焦于一般项目，鲜有对复杂建设项目的研究，尤其是中国复杂建设项目具有其特有的复杂性特征，其项目复杂性来源不同。

传统对项目复杂性的研究通常是从项目复杂性的构成要素入手，通过分析项目复杂性要素，明确项目复杂性的产生根源，进而通过对这些要素的管理来实现对整个项目复杂性的有效控制（何清华等，2013）。因此，有必要系统梳理复杂建设项目的复杂性潜在因素，探索项目复杂性的来源，从而构建复杂建设项目的复杂性因素框架，为更好地管理复杂建设项目提供参考借鉴。

基于以上考虑，本章将重点解决两个问题：（1）在借鉴以往文献研究成果和专家访谈的基础上，对复杂建设项目的复杂性潜在因素做探索性的全面假设；（2）辨识复杂建设项目的复杂性关键因素，即通过对第三章收集的问卷进行分析，采用相关分析法辨识出复杂建设项目的复杂性关键因素，然后借用探索性因子分析构建复杂建设项目的复杂性因素框架。该研究结果将为复杂建设项目管理实践提供科学的决策支持，对复杂项目管理具有重要的理论指导意义。

第二节　复杂建设项目的复杂性因素构成

项目的总体复杂性不存在（Bosch-Rekveldt，2011），提到项目复杂性，应该明确复杂性的类型（Baccarini，1996）。从第二章对项目复杂性分类研究的文献综述来看，每个学者都以不同标准对项目复杂性进行了不同的分类，但诸如技术复杂性、组织复杂性、环境复杂性等都在上述研究中达成共识。基于已有项目复杂性文献研究和访谈结果，结合中国复杂建设项目的特征，将复杂建设项目的复杂性构成归纳为目标复杂性、组织复杂性、任务复杂性、技术复杂性、环境复杂性和信息复杂性。

一　目标复杂性（goal complexity）

目标复杂性通常是由各种项目参与者的需求、项目任务的复杂性和有限的资源造成。目标复杂性是一种结构复杂性，因为几乎所有的项目都具有多个相互冲突的目标。复杂建设项目涉及多个利益相关方的多重目标，必须考虑各目标的冲突与平衡，从而导致了项目复杂性的增加。Remington and Pollack（2007）指出，这种复杂性可能源于各种潜在目标的歧义，如非共享目标和目标路径。李慧等（2009）具体将目标复杂性中的目标划分为管理层面目标、功能层面目标与其他层面目标。

二　组织复杂性（organizational complexity）

组织是项目管理的载体。组织复杂性是构成组织的不同元素、不同层次之间的相互作用使组织整体表现出多样性、动态性、变异性、不可预见性等复杂性特征（吕鸿江和刘洪，2010）。组织复杂性是项目复杂性的最核心部分，在过去的20年组织复杂性已经受到越来越多的关注，主要包括组织成员、组织结构和项目团队等方面，如组织的成员经验不足、组织结构层级和职能部门数量增多都会增大组织复杂性（Baccarini，1996；Bosch-Rekveldt et al.，2011；Maylor et al.，2008；Xia and Lee，2004）。此外，文化被认为是组织思想的软因素，体现在团队信任、认知灵活性、情商和系统思考上（Brockmann and Girmscheid，2008）。复杂建设项目常常涉及多个不同文化和视角的国家参与，文化的多样性增大项目复杂性，从而影响项目的成功交付（Brockmann and Girmscheid，2008）。

三　任务复杂性（task complexity）

大量复杂建设项目往往由成百上千家单位共同参与，由成千上万项在时间和空间上相互影响、相互制约的任务活动共同构成（李慧等，2009）。此外，在项目系统中数以万计的任务活动涉及多个专业领域且跨度较大，既包含工程技术、资金融集、组织管理等方面，又可能包含生态保护、社会安定、能源节约等方面，这些任务之间并不是彼此孤立的，而是有着显性或隐性的多种联系，每一项任务的变化都会受到其他工作任务变化的影响，并引起其他工作任务的相应变化。任务复杂性增加了项目执行中的不可控性，使项目变得更加复杂。

四　技术复杂性（technological complexity）

复杂建设项目通常具有高度技术复杂性，如建筑类型、设计与施工的搭接、项目操作的相互依赖性。在施工中，创新技术和绿色技术逐渐增多，如三维技术、节能技术和新建筑材料等，也增加了复杂建设项目的技术复杂性（Hu et al.，2014）。一些学者研究了项目管理中各种技术复杂性，如王润良和郑晓齐（2001）从产品复杂性和过程复杂性两个维度探讨了技术复杂性。技术复杂性包括项目中技术的多样性、技术流程的相互依赖、技术系统和外部环境之间的交互作用和高难技术的风险等（Baccarini，1996；Bosch-Rekveldt et al.，2011；Maylor，2003）。

五 环境复杂性（environmental complexity）

项目管理者在决策时需要考虑环境复杂性。环境复杂性是指复杂建设项目运作环境的复杂程度，包括自然环境、市场经济环境、政策法规环境等的复杂性（李慧等，2009）。除此之外，还必须考虑所有项目利益相关者的复杂性。Bosch-Rekveldt（2011）补充说，由于各利益相关者的利益和需求都受环境的影响，从而导致环境复杂性。Brockmann and Girmscheid（2008）也提出了“社会复杂性”的概念来表示利益相关者的数量和多样性导致的复杂性。

六 信息复杂性（information complexity）

信息复杂性来源于各种复杂合同关系下，整个复杂建设项目管理过程中涉及的多个利益相关方之间的复杂沟通交流。由于复杂建设项目规模的不断，不同参与方之间、不同过程和流程之间的信息依赖度和相关度也逐渐增加，从而导致信息复杂性的增大（乐云等，2009）。信息复杂性的影响因素包括信息系统、信息获取程度、信息处理水平和信息传递能力等（李慧等，2009）。

根据以上分析，以下将基于项目复杂性的属性特征和构成，分别从目标复杂性、组织复杂性、任务复杂性、技术复杂性、环境复杂性和信息复杂性六个方面提出复杂建设项目的复杂性潜在因素假设。

第三节 复杂建设项目的复杂性潜在因素假设

《牛津简明英语词典》（第 11 版）中对“因素”一词的解释是“导致某种结果的环境，事实或影响”。因此，项目复杂性因素是指导致项目复杂性的各种环境或事实。现有文献从一般项目复杂性角度分析了项目复杂性的影响因素，这些因素也有可能是复杂建设项目的复杂性因素。因此，在综合已有文献研究结果、复杂建设项目的特征以及项目访谈结果的基础上，本章提出复杂建设项目的 41 个复杂性潜在因素假设。

一　目标复杂性因素

（一）项目目标的多样性

复杂建设项目既要在管理层面上实现质量、成本、资源、进度目标，又要在功能层面上实现技术、经济、安全等目标，同时还要满足国家或区域的经济发展、社会稳定、国防安全、生态保护等层面的目标，呈现出目标的多样性，从而增大项目复杂性。因此，提出假设：

H1：项目目标的多样性与复杂建设项目的复杂性显著相关。

（二）项目目标的不明确性

复杂建设项目的建设周期长，导致在长期内时时刻刻发生变化的影响目标实现的各因素在这期间会对外界环境敏感的目标施加持续不断的影响，如目标因素的增多、减少及指标水平的调整等都会导致设计方案的变化、合同的变更、实施方案的调整等（包俊，2007）。因此，复杂建设项目的目标处于一个动态的发展变化过程中，目标的不明确性成为项目复杂性的影响因素之一。因此，提出假设：

H2：项目目标的不明确性与复杂建设项目的复杂性显著相关。

（三）项目目标的不一致性

复杂建设项目往往涉及多个利益相关者，其建设主体一般是由不同利益干系人组成，如业主、设计者、承包商、供应商、监理方等，他们一方面因共同参与工程建设而具有共同的基本目标与利益诉求，另一方面在许多具体问题上，有各自不同的目标与利益，而使彼此的关系错综复杂，甚至产生冲突，这种出于自我效用最大化而引起的本位主义，增加了项目管理的复杂性（王茜和程书萍，2009）。因此，提出假设：

H3：项目目标的不一致性与复杂建设项目的复杂性显著相关。

（四）利益相关方需求变更数量

复杂建设项目往往涉及利益相关者众多，利益相关者需求变更数量增多。需求不明确会造成前期设计遗留大量问题，如设计的无休止变更、缺漏的事后补充、深度的不够细化等都会给现场进度和质量的控制增加难度，从而增大项目复杂性（乐云和蒋卫平，2010）。因此，提出假设：

H4：利益相关方需求变更数量与复杂建设项目的复杂性显著相关。

（五）项目工期紧迫性

我国目前经济高速发展，高节奏、高速度、高效率成为各项工作的现实要求。项目管理的三大目标中，工期目标往往成为压倒一切的首要目标（乐云，2011），复杂建设项目工期的紧迫性导致项目复杂性增大。因此，提出假设：

H5：项目工期紧迫性与复杂建设项目的复杂性显著相关。

（六）项目成本紧张性

成本控制是任何复杂建设项目的重要、关键任务之一，也是较困难的环节之一，项目成本控制的紧张性导致项目复杂性的增大。因此提出假设：

H6：项目成本控制紧张性与复杂建设项目的复杂性显著相关。

二 组织复杂性因素

（一）组织结构层级数

在复杂建设项目的复杂性方面，结构效应比规模效应更为重要。研究者几乎都强调等级层次结构是复杂性的主要根源之一，复杂性出现于等级层次结构的系统中，从中央直接领导的决策管理层延伸到最底层的操作层，层级越多，差异越大，从而导致项目复杂性的增大。因此提出假设：

H7：组织结构层级数与复杂建设项目的复杂性显著相关。

（二）正规组织单位和职能部门数

复杂建设项目的组织不仅涉及土建、市政、信息、环保、考古等众多专业，组织专业分工精细，也涉及资源开发、工程建设、项目融资、公共关系等职能，部门化现象明显（包俊，2007）。正规组织单位和职能部门数直接影响职位之间进行信息交换的方式及信息交换的频率，从而影响复杂建设项目的复杂性。因此，提出假设：

H8：正规组织单位和职能部门数与复杂建设项目的复杂性显著相关。

（三）跨组织的相互依赖性

许多复杂建设项目分别在不同的区域同时开展，相应地，需要对空间分布广泛的组织部门进行跨组织管理，因此项目管理的复杂性加剧。复杂建设项目跨组织的相互依赖性主要体现在组织结构类型上。组织结构类型的依赖关系分为联合型、连续型、交叉型三种。在复杂建设项目系统中，往往同时呈现三种类型相互依赖、相互联系、相互制约的共存格局，从而增加了项目管理复杂性程度（李慧等，2009）。因此，提出假设：

H9：跨组织的相互依赖性强与复杂建设项目的复杂性显著相关。

（四）项目参与方的经验

复杂建设项目参与方过去的工作经验在一定程度上反映了项目团队的工作能力和合作能力，是影响项目复杂性的一项重要因素。因此，提出假设：

H10：项目参与方的经验与复杂建设项目的复杂性显著相关。

（五）项目组织的变动

复杂建设项目全生命期的不同阶段涉及不同的项目参与方，因此复杂建设工程项目组织架构在项目不同实施阶段呈现出多变、各异的特性。另外，复杂建设项目涉及的参与方众多，导致组织变动加大，从而加大了项目管理的难度。因此，提出假设：

H11：项目组织的变动与复杂建设项目的复杂性显著相关。

（六）项目组织间的信任度

复杂建设项目因参与单位众多，又分属不同系统、部门，各单位对项目管理的理解和管理方式具有多样性和差异化，因此这些组织间的信任度会影响参建单位间能否在短时间内尽快相互配合、协同作战。因此，提出假设：

H12：项目组织间的信任度与复杂建设项目的复杂性显著相关。

（七）项目组织间合作意识

复杂建设项目往往涉及几十上百家承包商、成百上千家材料设备供应商合作共同参与工程项目建设，这些来自于不同地区的承包商或供应商，有着不同的文化和行为模式，使得各参与方具有不同的行为模式和行为偏好。由于项目的一次性特点，很多参与方第一次合作，缺乏必要的了解，这增加了组织管理的难度，从而增加了项目的复杂性（张哲等，2011）。因此，提出假设：

H13：项目组织间合作意识与复杂建设项目的复杂性显著相关。

（八）项目组织文化差异

复杂建设项目组织文化是指众多的参建主体在工程建设实践中形成的受到工程建设成员普遍认可、共享和遵循的价值观念、思维模式以及建设实践中的管理方式、员工行为等方面的总和（朱振涛，2012）。由于复杂建设项目的参与方众多，导致项目的组织文化差异显著，从而导致项目复杂性加大。因此，提出假设：

H14：项目组织文化差异与复杂建设项目的复杂性显著相关。

三 任务复杂性因素

（一）任务的多样性

复杂建设项目任务的多样性对复杂性的影响主要体现在任务数量众多引起的任务之间的差异性，这种差异性导致管理者针对不同任务需采用不同策略，进而造成项目管理的复杂性。因此，提出假设：

H15：任务的多样性与复杂建设项目的复杂性显著相关。

（二）任务之间的关系依赖性

复杂建设项目系统中数以万计的任务活动涉及多个专业领域且跨度较大，既可能包括工程技术、资金融集、组织管理等方面，又可能包括生态保护、社会安定、能源节约等方面，这些任务之间并不是彼此孤立的，而是有着显性或隐性的多种联系，每一项任务的变化都会受到其他工作任务变化的影响，并引起其他工作任务的相应变化，从而导致项目复杂性的增大。因此，提出假设：

H16：任务之间的关系依赖性与复杂建设项目的复杂性显著相关。

（三）任务活动的动态变化

复杂建设项目的各项任务活动始终处于动态变化之中。项目中的构成要素在不断受到外界环境影响的同时，其自身也在不断地发展变化，这种发展变化有时超出了最初的预期而无法控制，增加了项目执行中的不可控性，使项目变得更加复杂，因此任务活动实施过程中的动态变化是项目复杂性的重要影响要素之一。因此，提出假设：

H17：任务活动的动态变化与复杂建设项目的复杂性显著相关。

（四）项目管理方法和工具的不确定性

复杂建设项目往往周期较长，在项目的实施过程中不确定性因素多，导致项目管理方法和工具的不确定性增大，从而增加了项目管理难度。因此，提出假设：

H18：项目管理方法和工具的不确定性与复杂建设项目的复杂性显著相关。

（五）所需资源与技能的可获得性

复杂建设项目主体不具备完备的工程资源，工程主体需要首先通过各种方法获取所缺资源，再进行整合。如需要通过创新平台获得原本不具备的工程建设关键技术，再进一步与已有成熟技术进行整合以满足工程建设的技术需求，所需资源与技能的可获得性增加了项目复杂性（王茜和程书萍，2009）。因此，提出假设：

H19：所需资源与技能的可获得性与复杂建设项目的复杂性显著相关。

（六）资金来源途径

资金是复杂建设项目业主方关注的核心问题，其融资渠道是项目能否顺利进行的关键，资金来源途径的多样性会影响项目复杂性（Gransberg et al.，2012）。因此，提出假设：

H20：资金来源途径与复杂建设项目的复杂性显著相关。

（七）合同关系复杂

复杂建设项目因参与单位众多，各单位合同关系复杂，致使项目之间的指令关系、任务分工与协作、信息沟通和交流等具有极大的复杂性，从而导致项目复杂性增大（吴孝灵等，2010）。因此，提出假设：

H21：合同关系复杂与复杂建设项目的复杂性显著相关。

四　技术复杂性因素

（一）项目中使用技术的多样性

复杂建设项目涉及的技术多样，投入的资源种类众多，产出物的类型也多种多样，从而增大了项目的复杂性。因此，提出假设：

H22：项目中使用技术的多样性与复杂建设项目的复杂性显著相关。

（二）技术流程的依赖性

复杂建设项目众多的技术在发挥作用时不是彼此独立的，工程项目多元目标的实现需要技术间相互融合、互相借鉴，而且这种技术交叉尤为频繁，技术流程依赖性增强，技术间的边界变得更为模糊，这些都增加了项目复杂性。因此，提出假设：

H23：技术流程的依赖性与复杂建设项目的复杂性显著相关。

（三）高难技术的风险

不少建设项目特别是复杂建设项目在实施中会遇到前所未有的技术难

题，攻克这些难题不但需要团队协作、技术融合，而且还需要技术的创新。创新活动并不服从确定性的投入产出规律，创新思想的产生因个体、因环境、因时间地点而异，是在创造性思考过程中突现的结果，这些高难技术的风险会导致项目复杂性的增大。因此，提出假设：

H24：高难技术的风险与复杂建设项目的复杂性显著相关。

（四）新技术所需要的知识水平

一项新技术所包含的知识和技能越难以掌握、融合的学科越多，该项技术的复杂性程度就越高。复杂性程度较高的新技术往往不能被某一个专家甚至某一个团队完全掌握，而需要融合不同学科的专家、不同团队的知识和技能，这些都增加了项目复杂性。因此，提出假设：

H25：新技术所需要的知识水平与复杂建设项目的复杂性显著相关。

（五）建筑产品的新颖度

复杂建设项目的最终建筑产品往往具有很高的新颖度，因此也面临严峻的技术创新挑战，从而增大了项目复杂性。因此，提出假设：

H26：建筑产品的新颖度与复杂建设项目的复杂性显著相关。

五　环境复杂性因素

（一）政策法规环境的变动

政策法规环境的变动主要包括政府对复杂建设项目的支持力度、政策透明度、法律法规完善程度、政策执行程度、知识产权保护程度、税收政策等，这对复杂建设项目的复杂性具有重要的影响作用。因此，提出假设：

H27：政策法规环境的变动与复杂建设项目的复杂性显著相关。

（二）市场经济环境的变动

市场经济环境的变动主要包括国内外的当前经济形势以及未来几年内的发展走向、利率、税收等因素，这些因素都会增加复杂建设项目管理的难度，从而增大项目复杂性。因此，提出假设：

H28：市场经济环境的变动与复杂建设项目的复杂性显著相关。

（三）自然气候环境的变动

自然气候环境的变动主要包括复杂建设项目所在地的资源、气候等，这些都会影响项目实施的开展，从而影响项目复杂性。因此，提出假设：

H29：自然气候环境的变动与复杂建设项目的复杂性显著相关。

（四）项目地质条件的复杂

复杂建设项目的地质条件复杂，复杂的地质条件不仅对工程施工造成困难，而且对工程结构也产生深刻影响，同时还会引发工程系统可靠性、稳定性成本、人员安全等一系列新问题，充分体现了复杂系统的“问题倍增”现象（王茜和程书萍，2009）。因此，提出假设：

H30：项目地质条件的复杂与复杂建设项目的复杂性显著相关。

（五）项目施工环境的变动

复杂建设项目往往工期要求紧，施工环境复杂，项目规划阶段及勘察设计阶段的质量控制结果间接影响施工阶段质量、进度、成本及安全目标的实现。施工阶段每一施工工序的实施受紧前工序施工进度状况、项目环境、气候状况等的影响大，同时项目在施工过程中不确定性因素多、变动大，这些都加大了项目的复杂性（张哲等，2011）。因此，提出假设：

H31：项目施工环境的变动与复杂建设项目的复杂性显著相关。

（六）项目地理位置的偏僻度

一些复杂建设项目的地理位置较偏僻，交通运输不方便，信息沟通不发达，导致项目管理的复杂性增大。因此，提出假设：

H32：项目地理位置偏僻度与复杂建设项目的复杂性显著相关。

（七）外部利益相关者的影响

复杂建设项目涉及多个外部利益相关者，如拆迁腾地涉及复杂的社会问题，项目实施涉及城市中心区扰民问题，建设过程涉及扬尘、噪声、垃圾等环境污染问题，施工过程涉及保护农民工利益问题，还有反恐、防台风、防汛、人身安全、社会和谐等各类题，由于涉及以人为本的社会属性，因此增加了项目管理的复杂性（乐云，2011）。因此，提出假设：

H33：外部利益相关者的影响与复杂建设项目的复杂性显著相关。

六 信息复杂性因素

（一）信息的不确定性

复杂建设项目具有建设周期长、参与方多、技术工艺复杂等特点，因此在建设过程中会产生大量的不确定性信息，这些都会导致项目复杂性增大。因此，提出假设：

H34：信息的不确定性与复杂建设项目的复杂性显著相关。

（二）信息处理水平

由于复杂建设项目信息涉及面广、周期长，其针对某一事件产生的信息量较以前有了级数的增长，这就必然加大了信息分析处理的难度（姜琳，2006）。因此，确保指令的快速和通畅、信息的透明和共享、遇突发事件能快速响应和应急处置等加大了项目管理的复杂性。因此，提出假设：

H35：信息处理水平与复杂建设项目的复杂性显著相关。

（三）信息传递能力

由于复杂建设项目要受到各种外部因素的影响，项目及其任务与外界环境随时进行着物质、能量和信息的交换。项目在实施过程中不断受到外界因素的影响，信息传递能力会影响项目复杂性。因此，提出假设：

H36：信息传递能力与复杂建设项目的复杂性显著相关。

（四）信息获取程度

从复杂建设项目系统内部来讲，相关信息主要来自业主、设计单位、承包单位、施工单位、供应单位及监理组织等各个部门；来自可行性研究、设计、招标、施工及保修等各个阶段中的各个环节、各个专业，以及质量控制、成本控制、进度控制、合同管理等各个方面；从复杂项目系统外部来讲，信息主要来自政府、银行、税收、区域环境、社会文化、市场状况等各个方面。信息的获取在时空上具有不一致性，这样就必然加大了信息获取的难度，从而增加了项目复杂性（李慧等，2009）。因此，提出假设：

H37：信息获取程度与复杂建设项目的复杂性显著相关。

（五）信息系统或平台数量

复杂建设项目的建设是集团军作战，分属不同的系统、不同的单位、不同的部门，项目之间的信息沟通与交流，体现出前所未有的复杂性（乐云，2011）。信息系统或平台越多，越使得信息沟通变得更加复杂。因此，提出假设：

H38：信息系统或平台数量与复杂建设项目的复杂性显著相关。

（六）信息系统之间的依赖性

复杂建设项目的不同参与方之间、不同过程和流程之间的信息依赖度和相关度逐渐增加，从而导致项目复杂性增加。因此，提出假设：

H39：信息系统之间的依赖性与复杂建设项目的复杂性显著相关。

（七）涉及语言种类数量

一些复杂建设项目跨国跨地区，涉及语言种类多样，导致信息沟通难度加大，信息、文件等的传输也遇到了巨大的困难，这给项目建设中各单位、各参与者的相互沟通带来了巨大的障碍，也给不同地区间的衔接作业工作带来了巨大的风险和挑战。因此，提出假设：

H40：涉及语言种类数量与复杂建设项目的复杂性显著相关。

（八）参与国家及种族数量

复杂建设项目往往规模庞大，除了参建人员数量庞大之外，还有人员来自很多不同公司，甚至是不同的国家及种族。这种地理上、空间上的分布给沟通、组织、管理等都带来了巨大的困难，从而增大了项目复杂性（齐二石和姜琳，2008）。因此，提出假设：

H41：参与国家及种族数量与复杂建设项目的复杂性显著相关。

第四节　统计分析和研究结果

本节将利用 SPSS 软件，采用相关分析法验证复杂建设项目的复杂性因素假设，识别出复杂建设项目的复杂性关键因素，并采用探索性因子分析法构建复杂建设项目的复杂性因素框架。

一　项目复杂性量表信度和效度分析

（一）信度分析

信度是指由多次测量所获得的结果之间的一致性或稳定性（吴明隆，2010）。本书采用校正的项目总相关（Corrected-Item Total Correlation，CITC）和 Cronbach's α 信度系数进行信度分析。其中，CITC 作为净化条款的标准，[①] α 信度系数用于检验条款的内部一致性[②]。经分析，项目复杂性因素量表的总体 Cronbach's α 系数值为 0.895，大于 0.80，内部一致

① 本书采用卢纹岱（2002）的研究结论，以 0.3 作为利用 CITC 判别条款是否予以删除的临界值。因此，对于 CITC 值小于 0.3 且删除后可以增加 α 值的条款应予以删除（卢纹岱，2002）。

② 内部一致性系数指标判断原则：分层面最低的 α 系数要在 0.50 以上，最好能高于 0.60；而整份量表最低的 α 系数要在 0.70 以上，最好能高于 0.80（吴明隆，2010）。

性信度佳。项目复杂性量表各题项的信度分析结果如表 4—1 所示。从表 4—1 可以看出，“项已删除的 α 系数”列的数值除题项 PC3，PC5，PC20 稍大于 0.895 外（删除题项 PC3，PC5，PC20 后，其余题项的内部一致性 α 系数虽然变高，但其数值与原先的内部一致性 α 系数相差甚小），其余题项删除后的 α 系数均小于 0.895，表示项目复杂性量表的内部一致性信度佳。

表 4—1　　项目复杂性内部一致性信度分析结果

测量题项	CITC	项已删除的 α 系数	测量题项	CITC	项已删除的 α 系数
PC1	0.296	0.894	PC22	0.410	0.892
PC2	0.392	0.893	PC23	0.322	0.894
PC3	0.203	0.896	PC24	0.414	0.892
PC4	0.470	0.892	PC25	0.424	0.892
PC5	0.102	0.897	PC26	0.403	0.893
PC6	0.234	0.895	PC27	0.422	0.892
PC7	0.379	0.893	PC28	0.490	0.891
PC8	0.361	0.893	PC29	0.330	0.894
PC9	0.345	0.893	PC30	0.332	0.894
PC10	0.482	0.891	PC31	0.454	0.892
PC11	0.477	0.891	PC32	0.264	0.895
PC12	0.542	0.890	PC33	0.407	0.893
PC13	0.516	0.891	PC34	0.594	0.890
PC14	0.524	0.891	PC35	0.616	0.889
PC15	0.488	0.891	PC36	0.518	0.891
PC16	0.376	0.893	PC37	0.500	0.891
PC17	0.320	0.894	PC38	0.333	0.894
PC18	0.444	0.892	PC39	0.363	0.893
PC19	0.486	0.891	PC40	0.287	0.894
PC20	0.116	0.897	PC41	0.235	0.895
PC21	0.461	0.892			

(二) 效度分析

效度是指测量的有效性和正确性（吴明隆，2010）。由第三章的研究方法阐述可知，本书的问卷是经过相关文献研究、实务界专家访谈、学术界深度访谈以及问卷预测试四个阶段确定的（具体见第三章的问卷设计过程），问卷既概括了项目复杂性因素研究文献的已有成果，又结合了复杂建设项目的特征，因此认为量表具有较高的内容效度。接着采用探索性因子分析对项目复杂性量表的建构效度进行检验，其 KMO 值和 Bartlett 球体显著性结果如表 4—2 所示。从表 4—2 可以看出，KMO 值为 0.819，大于 0.8，Bartlett 统计值显著，表明适合进行探索性因子分析。因此，项目复杂性量表具有良好的建构效度。

表 4—2　　项目复杂性量表的 KMO 和 Bartlett 的检验

取样足够度的 KMO 度量		0.819
Bartlett 的球形度检验	近似卡方	4340.377
	df	820
	Sig.	0.000

二　复杂性潜在因素与项目复杂性相关分析

利用项目复杂性各题项与项目复杂性总分的相关分析来验证复杂建设项目的复杂性潜在因素假设。这里以 Pearson 相关分析研究项目复杂性因素与总体复杂性的相关系数，考察各研究变量之间是否有显著相关。进行项目复杂性因素与总体复杂性的相关系数分析时，题项与总分的相关不仅要达到显著，两者间的相关要呈现中高度关系，即相关系数至少要在 0.4 以上（吴明隆，2010）。

(一) 目标复杂性因素

目标复杂性因素与项目复杂性总分的相关性分析结果如表 4—3 所示。从表 4—3 中可以看出，PC2 和 PC4 与项目复杂性总分的相关系数分别为 0.440 和 0.513，说明 PC2，PC4 与项目复杂性呈中高度相关，且在 0.01 水平（双侧）上显著相关，故接受假设 H2，H4。而 PC1，PC3，PC5，PC6 与项目复杂性总分的相关系数分别为 0.347，0.260，0.158，0.283，都小于 0.4，故拒绝假设 H1，H3，H5，H6。

表 4—3　　目标复杂性因素与项目复杂性总分的相关性

测量题项		PC1	PC2	PC3	PC4	PC5	PC6	项目复杂性总分
PC1	Pearson 相关性	1	0.221**	0.219**	0.295**	0.229**	0.238**	0.347**
	显著性(双侧)		0.000	0.001	0.000	0.000	0.000	0.000
PC2	Pearson 相关性	0.221**	1	0.379**	0.162*	-0.090	-0.048	0.440**
	显著性(双侧)	0.000		0.000	0.011	0.158	0.458	0.000
PC3	Pearson 相关性	0.219**	0.379**	1	0.285**	0.051	0.074	0.260**
	显著性(双侧)	0.001	0.000		0.000	0.429	0.249	0.000
PC4	Pearson 相关性	0.295**	0.162*	0.285**	1	0.306**	0.260**	0.513**
	显著性(双侧)	0.000	0.011	0.000		0.000	0.000	0.000
PC5	Pearson 相关性	0.229**	-0.090	0.051	0.306**	1	0.399**	0.158*
	显著性(双侧)	0.000	0.158	0.429	0.000		0.000	0.013
PC6	Pearson 相关性	0.238**	-0.048	0.074	0.260**	0.399**	1	0.283**
	显著性(双侧)	0.000	0.458	0.249	0.000	0.000		0.000
项目复杂性总分	Pearson 相关性	0.347**	0.440**	0.260**	0.513**	0.158*	0.283**	1
	显著性(双侧)	0.000	0.000	0.000	0.000	0.013	0.000	

注：＊＊表示在 0.01 水平(双侧)上显著相关，＊表示在 0.05 水平(双侧)上显著相关。

（二）组织复杂性因素

组织复杂性因素与项目复杂性总分的相关性分析结果如表 4—4 所示。从表 4—4 中可以看出，除 PC9 与项目复杂性总分的相关系数为 0.390，小于 0.4 外，其余组织复杂性因素与项目复杂性总分的相关系数都中高度相关，且在 0.01 水平（双侧）上显著相关，故拒绝假设 H9，接受 H7，H8，H10，H11，H12，H13，H14。

（三）任务复杂性因素

任务复杂性因素与项目复杂性总分的相关性分析结果如表 4—5 所示。从表 4—5 中可以看出，除 PC17，PC20 与项目复杂性总分的相关系数为 0.364 与 0.174，小于 0.4 外，其余任务复杂性因素与项目复杂性总分的相关系数都中高度相关，且在 0.01 水平（双侧）上显著相关，故拒绝假设 H17 与 H20，接受 H15，H16，H18，H19，H21。

表 4—4　　　　　组织复杂性因素与项目复杂性总分的相关性

测量题项		PC7	PC8	PC9	PC10	PC11	PC12	PC13	PC14	项目复杂性总分
PC7	Pearson 相关性	1	0.700**	0.282**	0.090	0.167**	0.162*	0.195**	0.187**	0.431**
	显著性(双侧)		0.000	0.000	0.160	0.009	0.011	0.002	0.003	0.000
PC8	Pearson 相关性	0.700**	1	0.357**	0.133*	0.201**	0.098	0.157*	0.113	0.408**
	显著性(双侧)	0.000		0.000	0.037	0.002	0.126	0.014	0.077	0.000
PC9	Pearson 相关性	0.282**	0.357**	1	0.097	0.129*	0.110	0.091	0.149*	0.390**
	显著性(双侧)	0.000	0.000		0.132	0.044	0.086	0.156	0.019	0.000
PC10	Pearson 相关性	0.090	0.133*	0.097	1	0.444**	0.512**	0.528**	0.442**	0.525**
	显著性(双侧)	0.160	0.037	0.132		0.000	0.000	0.000	0.000	0.000
PC11	Pearson 相关性	0.167**	0.201**	0.129*	0.444**	1	0.444**	0.420**	0.325**	0.522**
	显著性(双侧)	0.009	0.002	0.044	0.000		0.000	0.000	0.000	0.000
PC12	Pearson 相关性	0.162*	0.098	0.110	0.512**	0.444**	1	0.697**	0.526**	0.582**
	显著性(双侧)	0.011	0.126	0.086	0.000	0.000		0.000	0.000	0.000
PC13	Pearson 相关性	0.195**	0.157*	0.091	0.528**	0.420**	0.697**	1	0.553**	0.558**
	显著性(双侧)	0.002	0.014	0.156	0.000	0.000	0.000		0.000	0.000
PC14	Pearson 相关性	0.187**	0.113	0.149*	0.442**	0.325**	0.526**	0.553**	1	0.566**
	显著性(双侧)	0.003	0.077	0.019	0.000	0.000	0.000	0.000		0.000
项目复杂性总分	Pearson 相关性	0.431**	0.408**	0.390**	0.525**	0.522**	0.582**	0.558**	0.566**	1
	显著性(双侧)	0.000	0.000	0.000	0.000	0.000	0.000	0.000	0.000	

注：**表示在 0.01 水平（双侧）上显著相关，*表示在 0.05 水平（双侧）上显著相关。

表 4—5　　　　　任务复杂性因素与项目复杂性总分的相关性

测量题项		PC15	PC16	PC17	PC18	PC19	PC20	PC21	项目复杂性总分
PC15	Pearson 相关性	1	0.483**	0.362**	0.129*	0.163*	0.025	0.305**	0.528**
	显著性(双侧)		0.000	0.000	0.044	0.011	0.691	0.000	0.000
PC16	Pearson 相关性	0.483**	1	0.440**	0.015	0.030	0.028	0.247**	0.417**
	显著性(双侧)	0.000		0.000	0.818	0.637	0.661	0.000	0.000

续表

测量题项		PC15	PC16	PC17	PC18	PC19	PC20	PC21	项目复杂性总分
PC17	Pearson 相关性	0.362**	0.440**	1	0.162*	0.060	0.016	0.242**	0.364**
	显著性(双侧)	0.000	0.000		0.011	0.351	0.803	0.000	0.000
PC18	Pearson 相关性	0.129*	0.015	0.162*	1	0.414**	0.020	0.249**	0.489**
	显著性(双侧)	0.044	0.818	0.011		0.000	0.760	0.000	0.000
PC19	Pearson 相关性	0.163*	0.030	0.060	0.414**	1	0.112	0.180**	0.529**
	显著性(双侧)	0.011	0.637	0.351	0.000		0.081	0.005	0.000
PC20	Pearson 相关性	0.025	0.028	0.016	0.020	0.112	1	0.196**	0.174**
	显著性(双侧)	0.691	0.661	0.803	0.760	0.081		0.002	0.006
PC21	Pearson 相关性	0.305**	0.247**	0.242**	0.249**	0.180**	0.196**	1	0.505**
	显著性(双侧)	0.000	0.000	0.000	0.000	0.005	0.002		0.000
项目复杂性总分	Pearson 相关性	0.528**	0.417**	0.364**	0.489**	0.529**	0.174**	0.505**	1
	显著性(双侧)	0.000	0.000	0.000	0.000	0.000	0.006	0.000	

注：**表示在0.01水平（双侧）上显著相关，*表示在0.05水平（双侧）上显著相关。

（四）技术复杂性因素

技术复杂性因素与项目复杂性总分的相关性分析结果如表4—6所示。从表4—6中可以看出，除PC23与项目复杂性总分的相关系数为0.365，小于0.4外，其余技术复杂性因素与项目复杂性总分的相关系数都中高度相关，且在0.01水平（双侧）上显著相关，故拒绝假设H23，接受H22，H24，H25，H26。

（五）环境复杂性因素

环境复杂性因素与项目复杂性总分的相关性分析结果如表4—7所示。从表4—7中可以看出，除PC29，PC30，PC32与项目复杂性总分的相关系数为0.379，0.382与0.320，小于0.4外，其余环境复杂性因素与项目复杂性总分的相关系数都中高度相关，且在0.01水平（双侧）上显著相关，故拒绝假设H29，H30，H32，接受H27，H28，H31，H33。

（六）信息复杂性因素

信息复杂性因素与项目复杂性总分的相关性分析结果如表4—8所示。从表4—8中可以看出，除PC38，PC40，PC41与项目复杂性总分的相关系数为0.380，0.335与0.290，小于0.4外，其余信息复杂性因素与项目复杂性总分的相关系数都中高度相关，且在0.01水平（双侧）上显著相关，故拒绝假设H38，H40，H41，接受H34，H35，H36，H37，H39。

表4—6　　技术复杂性因素与项目复杂性总分的相关性

测量题项		PC22	PC23	PC24	PC25	PC26	项目复杂性总分
PC22	Pearson 相关性	1	0.516**	0.513**	0.176**	0.322**	0.455**
	显著性（双侧）		0.000	0.000	0.006	0.000	0.000
PC23	Pearson 相关性	0.516**	1	0.501**	0.163*	0.242**	0.365**
	显著性（双侧）	0.000		0.000	0.011	0.000	0.000
PC24	Pearson 相关性	0.513**	0.501**	1	0.300**	0.388**	0.458**
	显著性（双侧）	0.000	0.000		0.000	0.000	0.000
PC25	Pearson 相关性	0.176**	0.163*	0.300**	1	0.286**	0.467**
	显著性（双侧）	0.006	0.011	0.000		0.000	0.000
PC26	Pearson 相关性	0.322**	0.242**	0.388**	0.286**	1	0.446**
	显著性（双侧）	0.000	0.000	0.000	0.000		0.000
项目复杂性总分	Pearson 相关性	0.455**	0.365**	0.458**	0.467**	0.446**	1
	显著性（双侧）	0.000	0.000	0.000	0.000	0.000	

注：＊＊表示在0.01水平（双侧）上显著相关，＊表示在0.05水平（双侧）上显著相关。

表4—7　　环境复杂性因素与项目复杂性总分的相关性

测量题项		PC27	PC28	PC29	PC30	PC31	PC32	PC33	项目复杂性总分
PC27	Pearson 相关性	1	0.504**	0.394**	0.162*	0.274**	0.209**	0.369**	0.466**
	显著性(双侧)		0.000	0.000	0.011	0.000	0.001	0.000	0.000
PC28	Pearson 相关性	0.504**	1	0.277**	0.322**	0.338**	0.248**	0.203**	0.532**
	显著性(双侧)	0.000		0.000	0.000	0.000	0.000	0.001	0.000
PC29	Pearson 相关性	0.394**	0.277**	1	0.330**	0.327**	0.326**	0.181**	0.379**
	显著性(双侧)	0.000	0.000		0.000	0.000	0.000	0.004	0.000
PC30	Pearson 相关性	0.162*	0.322**	0.330**	1	0.528**	0.233**	0.299**	0.382**
	显著性(双侧)	0.011	0.000	0.000		0.000	0.000	0.000	0.000
PC31	Pearson 相关性	0.274**	0.338**	0.327**	0.528**	1	0.199**	0.323**	0.500**
	显著性(双侧)	0.000	0.000	0.000	0.000		0.002	0.000	0.000

续表

测量题项		PC27	PC28	PC29	PC30	PC31	PC32	PC33	项目复杂性总分
PC32	Pearson 相关性	0.209**	0.248**	0.326**	0.233**	0.199**	1	0.098	0.320**
	显著性(双侧)	0.001	0.000	0.000	0.000	0.002		0.126	0.000
PC33	Pearson 相关性	0.369**	0.203**	0.181**	0.299**	0.323**	0.098	1	0.459**
	显著性(双侧)	0.000	0.001	0.004	0.000	0.000	0.126		0.000
项目复杂性总分	Pearson 相关性	0.466**	0.532**	0.379**	0.382**	0.500**	0.320**	0.459**	1
	显著性(双侧)	0.000	0.000	0.000	0.000	0.000	0.000	0.000	

注：**表示在0.01水平（双侧）上显著相关，*表示在0.05水平（双侧）上显著相关。

表4—8　　信息复杂性因素与项目复杂性总分的相关性

测量题项		PC34	PC35	PC36	PC37	PC38	PC39	PC40	PC41	项目复杂性总分
PC34	Pearson 相关性	1	0.579**	0.422**	0.417**	0.275**	0.234**	0.223**	0.166**	0.630**
	显著性(双侧)		0.000	0.000	0.000	0.000	0.000	0.000	0.009	0.000
PC35	Pearson 相关性	0.579**	1	0.732**	0.693**	0.236**	0.311**	0.190**	0.146*	0.649**
	显著性(双侧)	0.000		0.000	0.000	0.000	0.000	0.003	0.022	0.000
PC36	Pearson 相关性	0.422**	0.732**	1	0.802**	0.288**	0.300**	0.171**	0.140*	0.556**
	显著性(双侧)	0.000	0.000		0.000	0.000	0.000	0.007	0.029	0.000
PC37	Pearson 相关性	0.417**	0.693**	0.802**	1	0.244**	0.325**	0.245**	0.277**	0.541**
	显著性(双侧)	0.000	0.000	0.000		0.000	0.000	0.000	0.000	0.000
PC38	Pearson 相关性	0.275**	0.236**	0.288**	0.244**	1	0.370**	0.203**	0.192**	0.380**
	显著性(双侧)	0.000	0.000	0.000	0.000		0.000	0.001	0.003	0.000
PC39	Pearson 相关性	0.234**	0.311**	0.300**	0.325**	0.370**	1	0.228**	0.163*	0.406**
	显著性(双侧)	0.000	0.000	0.000	0.000	0.000		0.000	0.011	0.000
PC40	Pearson 相关性	0.223**	0.190**	0.171**	0.245**	0.203**	0.228**	1	0.766**	0.335**
	显著性(双侧)	0.000	0.003	0.007	0.000	0.001	0.000		0.000	0.000
PC41	Pearson 相关性	0.166**	0.146*	0.140*	0.277**	0.192**	0.163*	0.766**	1	0.290**
	显著性(双侧)	0.009	0.022	0.029	0.000	0.003	0.011	0.000		0.000

注：**表示在0.01水平（双侧）上显著相关，*表示在0.05水平（双侧）上显著相关。

通过以上的相关分析可得，上文提出的复杂建设项目复杂性因素41

个理论假设中有27个得到了支持，14个不支持，假设检验结果汇总如表4—9所示。从表4—9可以看出，复杂建设项目的复杂性因素显示了其复杂性因素有其独特性，许多一般项目复杂性的研究结论对复杂建设项目来说并不成立。

表4—9　　复杂建设项目的复杂性因素的假设检验汇总

假　设	检验结果
H1：项目目标的多样性与复杂建设项目的复杂性显著相关	不支持
H2：项目目标的不明确性与复杂建设项目的复杂性显著相关	支持
H3：项目目标的不一致性与复杂建设项目的复杂性显著相关	不支持
H4：利益相关方需求变更数量与复杂建设项目的复杂性显著相关	支持
H5：项目工期紧迫性与复杂建设项目的复杂性显著相关	不支持
H6：项目成本控制紧张性与复杂建设项目的复杂性显著相关	不支持
H7：组织结构层级数与复杂建设项目的复杂性显著相关	支持
H8：正规组织单位和职能部门数与复杂建设项目的复杂性显著相关	支持
H9：跨组织的相互依赖性强与复杂建设项目的复杂性显著相关	不支持
H10：项目参与方的经验与复杂建设项目的复杂性显著相关	支持
H11：项目组织的变动与复杂建设项目的复杂性显著相关	支持
H12：项目组织间的信任度与复杂建设项目的复杂性显著相关	支持
H13：项目组织间合作意识与复杂建设项目的复杂性显著相关	支持
H14：项目组织文化差异与复杂建设项目的复杂性显著相关	支持
H15：任务的多样性与复杂建设项目的复杂性显著相关	支持
H16：任务之间的关系依赖性与复杂建设项目的复杂性显著相关	支持
H17：任务活动的动态变化与复杂建设项目的复杂性显著相关	不支持
H18：项目管理方法和工具的不确定性与复杂建设项目的复杂性显著相关	支持
H19：所需资源与技能的可获得性与复杂建设项目的复杂性显著相关	支持
H20：资金来源途径与复杂建设项目的复杂性显著相关	不支持
H21：合同关系复杂与复杂建设项目的复杂性显著相关	支持
H22：项目中使用技术的多样性与复杂建设项目的复杂性显著相关	支持
H23：技术流程的依赖性与复杂建设项目的复杂性显著相关	不支持
H24：高难技术的风险与复杂建设项目的复杂性显著相关	支持
H25：新技术所需要的知识水平与复杂建设项目的复杂性显著相关	支持
H26：建筑产品的新颖度与复杂建设项目的复杂性显著相关	支持

续表

假　设	检验结果
H27：政策法规环境的变动与复杂建设项目的复杂性显著相关	支持
H28：市场经济环境的变动与复杂建设项目的复杂性显著相关	支持
H29：自然气候环境的变动与复杂建设项目的复杂性显著相关	不支持
H30：项目地质条件的复杂与复杂建设项目的复杂性显著相关	不支持
H31：项目施工环境的变动与复杂建设项目的复杂性显著相关	支持
H32：项目地理位置偏僻度与复杂建设项目的复杂性显著相关	不支持
H33：外部利益相关者的影响与复杂建设项目的复杂性显著相关	支持
H34：信息的不确定性与复杂建设项目的复杂性显著相关	支持
H35：信息处理水平与复杂建设项目的复杂性显著相关	支持
H36：信息传递能力与复杂建设项目的复杂性显著相关	支持
H37：信息获取程度与复杂建设项目的复杂性显著相关	支持
H38：信息系统或平台数量与复杂建设项目的复杂性显著相关	不支持
H39：信息系统之间的依赖性与复杂建设项目的复杂性显著相关	支持
H40：涉及语言种类数量与复杂建设项目的复杂性显著相关	不支持
H41：参与国家及种族数量与复杂建设项目的复杂性显著相关	不支持

三　项目复杂性探索性因子分析

考虑到项目复杂性某些因素间可能存在较强的相关关系，因此采用探索性因子分析法将识别出的 27 个复杂建设项目的复杂性关键因素进行归类。对项目复杂性进行因子分析时，提取公因子的方法采用主成分方法，因子旋转方法采用最大变异法，抽取因子仍然根据特征值大于 1 的标准，当特征值小于 1 时停止因子抽取。

在因子分析前，先对项目复杂性的关键因素进行 KMO 和 Bartlett 的检验，结果如表 4—10 所示。从表 4—10 可以看出，KMO 值为 0.870，大于 0.8；Bartlett 的球形检验的 X^2 值显著水平小于 0.05，表明量表适合进行因子分析。

表 4—10　　项目复杂性关键因素的 KMO 和 Bartlett 的检验

取样足够度的 KMO 度量		0.870
Bartlett 的球形度检验	近似卡方	2739.226
	df	351
	Sig.	0.000

因子分析结果如表 4—11 和 4—12 所示。从表 4—11 与 4—12 中可以看出，项目复杂性的 27 个题项共抽取 6 个因子，因子的特征根累计解释总体方差的 59.231%，接近 60%。题项的因子荷载量均在 0.400 以上，表示抽取出的 6 个共同因子可以有效反映 27 个指标变量。

其中，因子 1 对项目组织间合作意识、项目组织间的信任度、信息传递能力、信息获取程度、项目组织文化差异、信息处理水平、项目参与方的经验、信息的不确定性、项目管理方法和工具不确定性等九个变量影响较大，而这几个变量都反映了信息沟通方面的复杂性，因此可将它们组成的因子 1 命名为信息复杂性因子。

表 4—11　　项目复杂性关键因素的解释总方差

成分	初始特征值			提取平方和载入			旋转平方和载入		
	合计	方差的%	累积%	合计	方差的%	累积%	合计	方差的%	累积%
1	7.504	27.794	27.794	7.504	27.794	27.794	5.244	19.422	19.422
2	3.245	12.018	39.812	3.245	12.018	39.812	2.410	8.927	28.349
3	1.613	5.972	45.784	1.613	5.972	45.784	2.233	8.271	36.620
4	1.476	5.468	51.252	1.476	5.468	51.252	2.194	8.127	44.747
5	1.126	4.170	55.422	1.126	4.170	55.422	2.186	8.096	52.843
6	1.028	3.808	59.230	1.028	3.808	59.230	1.725	6.388	59.231
7	0.984	3.644	62.874						
8	0.874	3.236	66.110						

注：省略成分大于 8 的部分。

表 4—12　　项目复杂性关键因素的旋转成分矩阵

题项	成分					
	1	2	3	4	5	6
PC13	0.821	0.048	0.015	0.231	0.024	0.012
PC12	0.784	0.034	0.034	0.190	0.081	0.054
PC36	0.743	0.114	0.064	-0.251	0.152	0.223
PC37	0.726	0.051	0.110	-0.296	0.182	0.165
PC14	0.725	0.211	0.077	0.118	0.020	-0.020
PC35	0.701	0.160	0.167	-0.220	0.317	0.190
PC10	0.665	0.049	0.053	0.127	0.056	0.192
PC34	0.464	0.097	0.379	0.038	0.370	0.121
PC18	0.460	-0.221	0.383	-0.067	0.248	0.221
PC16	0.087	0.738	0.062	0.141	0.039	-0.045
PC22	-0.028	0.638	0.342	0.267	-0.114	0.286
PC15	0.177	0.580	0.163	0.406	0.080	0.084
PC39	0.257	0.510	-0.123	-0.271	0.268	0.158
PC26	-0.045	0.160	0.668	0.160	0.207	0.104
PC24	0.007	0.435	0.622	-0.041	-0.020	0.275
PC25	0.450	0.055	0.594	0.009	0.012	-0.134
PC19	0.367	-0.085	0.511	0.026	0.317	0.033
PC7	0.050	0.171	0.084	0.803	0.184	0.095
PC8	0.020	0.185	0.045	0.745	0.135	0.218
PC27	0.169	-0.099	0.174	0.148	0.785	0.019
PC28	0.202	0.108	-0.008	0.063	0.675	0.322
PC31	-0.013	0.376	0.279	0.217	0.457	0.085
PC33	0.107	0.267	0.343	0.193	0.453	-0.189
PC4	0.090	0.311	0.044	0.224	0.116	0.583
PC11	0.452	-0.147	0.028	0.250	0.106	0.536
PC2	0.452	-0.113	0.174	-0.198	0.007	0.483
PC21	0.208	0.245	0.103	0.224	0.137	0.472

注：采用主成分提取方法与具有 Kaiser 标准化的正交旋转法，旋转在 14 次迭代后收敛。

因子 2 对任务之间的关系依赖性、项目中使用技术的多样性、任务的多样性、信息系统之间的依赖性等四个变量影响较大，而这几个变量都反映了任务方面的复杂性，因此，可将它们组成的因子 2 命名为任务复杂性因子。

因子 3 对高难技术的风险、新技术所需要的知识水平、建筑产品的新颖程度、所需资源与技能的可获得性四个变量影响较大，而这几个变量都反映了技术方面的复杂性，因此，可将它们组成的因子 3 命名为技术复杂性因子。

因子 4 对组织结构层级数、正规组织单位和职能部门数两个变量影响较大，而这几个变量都反映了组织方面的复杂性，因此，可将它们组成的因子 4 命名为组织复杂性因子。

因子 5 对政策法规环境的变动、市场经济环境的变动、项目施工环境的变动、外部利益相关者的影响四个变量影响较大，而这几个变量都反映了环境方面的复杂性，因此，可将它们组成的因子 5 命名为环境复杂性因子。

因子 6 对利益相关方需求变更数量、项目组织的变动、项目目标的不明确性、合同关系复杂四个变量影响较大，而这几个变量都反映了目标方面的复杂性，因此，可将它们组成的因子 6 命名为目标复杂性因子。

因此，最终构建了包括信息复杂性（information complexity，IC）、任务复杂性（task complexity，TAC）、技术复杂性（technological complexity，TEC）、组织复杂性（organizational complexity，OC）、环境复杂性（environmental complexity，EC）、目标复杂性（goal complexity，GC）六个维度 27 个因素的复杂建设项目的复杂性因素六维框架（I，TA，TE，O，E，G），如表 4—13 所示。

表 4—13　　复杂建设项目复杂性因素六维框架

复杂性构成	复杂性因素
信息复杂性（IC）	项目组织间合作意识（IC1）；项目组织间的信任度（IC2）；信息传递能力（IC3）；信息获取程度（IC4）；项目组织文化差异（IC5）；信息处理水平（IC6）；项目参与方的经验（IC7）；信息的不确定性（IC8）；项目管理方法和工具不确定性（IC9）

续表

复杂性构成	复杂性因素
任务复杂性（TAC）	任务之间的关系依赖性（TAC1）；项目中使用技术的多样性（TAC2）；任务的多样性（TAC3）；信息系统之间的依赖性（TAC4）
技术复杂性（TEC）	高难技术的风险（TEC1）；新技术所需要的知识水平（TEC2）；建筑产品的新颖程度（TEC3）；所需资源与技能的可获得性（TEC4）
组织复杂性（OC）	组织结构层级数（OC1）；正规组织单位和职能部门数（OC2）
环境复杂性（EC）	政策法规环境的变动（EC1）；市场经济环境的变动（EC2）；项目施工环境的变动（EC3）；外部利益相关者的影响（EC4）
目标复杂性（GC）	利益相关方需求变更数量（GC1）；项目组织的变动（GC2）；项目目标的不明确性（GC3）；合同关系复杂（GC4）

第五节 本章小结

基于以往文献研究成果，结合复杂建设项目特征与项目访谈结果，本章假设了复杂建设项目的 41 个复杂性潜在因素。通过相关分析识别出复杂建设项目的 27 个复杂性关键因素；然后通过探索性因子分析，提取出六个共同因子——信息复杂性、任务复杂性、技术复杂性、组织复杂性、环境复杂性、目标复杂性，从而构建了包括 27 个复杂性关键因素的复杂建设项目复杂性因素六维框架（I，TA，TE，O，E，G）。本章所识别复杂建设项目的复杂性关键因素，一方面可作为后续研究的基础，另一方面可为项目经理进行复杂性管理和风险管理等提供借鉴参考。

第五章

复杂建设项目的复杂性差异特征分析

基于上一章将复杂建设项目的复杂性分为信息复杂性、任务复杂性、技术复杂性、组织复杂性、环境复杂性、目标复杂性六个维度，进一步验证项目复杂性各分量表的信度与效度，然后分别分析受访者特征（包括性别、年龄、教育背景、工作年限、项目职位）以及项目特征（包括项目类型、单位角色、参与阶段、项目投资、项目工期）在复杂建设项目的复杂性及各维度的差异性特征，从而为下一章的项目复杂性测度提供理论支撑。

第一节　问题的描述

调查问卷受访者特征和项目特征的不同组别有可能在复杂建设项目的复杂性及各维度中存在显著性差异。在项目复杂性的同一维度内，对不同组别间的均值差异进行显著性检验，可以探索受访者特征和项目特征对复杂建设项目的不同复杂性维度的差异性特征。本书中的受访者特征与项目特征包括性别、年龄、教育背景、工作年限、项目职位、项目类型、单位角色、参与阶段、项目投资及项目工期等。通过对上述特征变量不同组别在复杂建设项目的复杂性及各维度的均值差异分析，了解其对复杂建设项目的复杂性差异特征，可以为项目管理者的针对性管理措施提供实证依据。

因此，本章拟解决以下两个问题：

不同受访者特征在项目复杂性以及各维度中是否有显著差异？

不同项目特征在项目复杂性以及各维度中是否有显著差异？

本章研究方法：针对复杂建设项目的复杂性及不同维度，首先利用项目复杂性各维度的均值绘制雷达图，从而分析不同受访者特征与项目特征在项目复杂性各维度的差异；然后进一步采用独立样本T检验分析或单因素方差分析法分析其差异是否达到显著（因性别仅分为男女两类，故采用独立样本T检验分析方法，对其他特征变量的分析则采用单因素方差分析法）；最后根据项目复杂性中的折线图分析不同特征在整体项目复杂性中的差异。

第二节 项目复杂性子量表信度与效度分析

上一章已对复杂建设项目的复杂性整体量表的信度进行了分析。但是，由于要分别分析复杂建设项目的复杂性各维度的差异特征，因此，需要对项目复杂性各维度的子量表再次进行信度分析，以确定其内部结构的一致性程度。

一 信度分析

项目复杂性各维度子量表的信度分析结果如表5—1所示。

表5—1 信息复杂性内部一致性信度分析结果

项目复杂性维度	测量变量	CITC	项已删除的α系数	α系数
信息复杂性	IC1	0.671	0.877	0.891
	IC2	0.689	0.876	
	IC3	0.738	0.872	
	IC4	0.722	0.873	
	IC5	0.611	0.882	
	IC6	0.767	0.869	
	IC7	0.575	0.885	
	IC8	0.559	0.886	
	IC9	0.512	0.890	

续表

项目复杂性维度	测量变量	CITC	项已删除的 α 系数	α 系数
任务复杂性	TAC1	0.496	0.559	0.660
	TAC2	0.517	0.537	
	TAC3	0.551	0.513	
	TAC4	0.227	0.726	
技术复杂性	TEC1	0.422	0.579	0.645
	TEC2	0.418	0.581	
	TEC3	0.453	0.558	
	TEC4	0.408	0.590	
组织复杂性	OC1	0.700		0.820
	OC2	0.700		
环境复杂性	EC1	0.524	0.547	0.664
	EC2	0.460	0.587	
	EC3	0.414	0.618	
	EC4	0.393	0.636	
目标复杂性	GC1	0.357	0.518	0.664
	GC2	0.471	0.424	
	GC3	0.313	0.552	
	GC4	0.324	0.545	

从表5—1可以看出，项目复杂性各维度子量表的 α 系数值均大于0.60，内部一致性信度尚佳。除了任务复杂性外，表中其他 CITC 值均大于0.300，表示每个题项与其余题项加总的一致性高；“项已删除的 α 系数”列的数值均小于其 α 系数，表示信息复杂性量表的内部一致性信度佳。

任务复杂性因素量表的 α 系数值为0.660，大于0.60，内部一致性信度尚佳。测量变量 TAC4 的 CITC 值为0.227，小于0.300，且“项已删除的 α 系数”列的值为0.726，大于0.660，因此，删除题项 TAC4。删除后的信度分析结果如表5—2所示。从表5—2可以看出，删除 TAC4 后的任务复杂性因素量表的 α 系数值为0.726，大于0.70，内部一致性信度佳。表中 CITC 值介于0.511至0.598之间，大于0.300，表示每个题项与其余题项加总的一致性高；“项已删除的 α 系数”列的值均小于 0.726，表示任务复杂性量表的内部一致性信度佳。

表 5—2 删除 TAC4 后的任务复杂性内部一致性信度分析结果

测量变量	CITC	项已删除的 α 系数	α 系数
TAC1	0.511	0.683	0.726
TAC2	0.542	0.650	
TAC3	0.598	0.577	

项目复杂性总量表的总体 Cronbach's α 系数值为 0.894，大于 0.80，内部一致性信度佳。因此，项目复杂性总量表以及各子量表的信度均满足要求。

二 效度分析

由第四章的探索性因子分析可知，项目复杂性各量表是通过探索性因子分析得出，从而保证了项目复杂性子量表的效度。

第三节 受访者特征在项目复杂性中的差异比较分析

一 不同性别在项目复杂性中的差异特征分析

本书将性别分为男、女两组，分析不同性别在复杂建设项目的复杂性各维度的差异，其差异雷达图如图 5—1 所示。从图 5—1 中可以看出，除了组织复杂性，男性受访者感知的复杂性比女性受访者略低外，男性受访者感知的其他复杂性均比女性受访者高。

进一步采用独立样本 T 检验分析法来判断性别在项目复杂性及各维度的感知是否存在显著性差异，分析结果见表 5—3。从表 5—3 中可以看出，受访者的性别在技术复杂性、组织复杂性的感知没有显著差异，在信息复杂性、任务复杂性、环境复杂性、目标复杂性以及项目复杂性的感知均有显著的不同，且男性受访者所感知的信息复杂性、任务复杂性、环境复杂性、目标复杂性以及项目复杂性都显著高于女性。

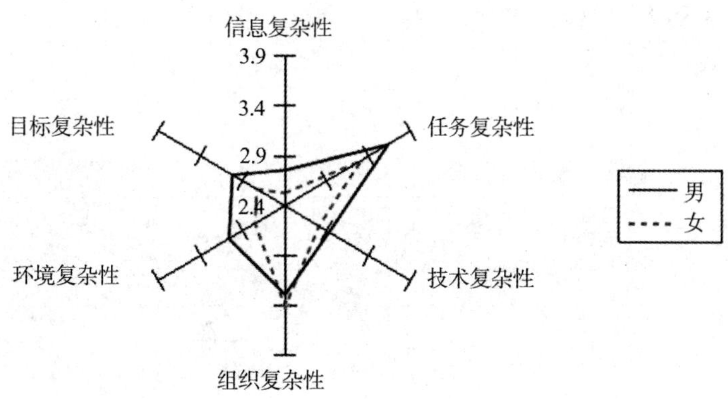

图 5—1　不同性别在项目复杂性各维度中的差异雷达图

表 5—3　　不同性别受访者在项目复杂性各维度的差异比较

检验变量	性别	N	均值	标准差	均值的标准误	T 值	显著性
信息复杂性	男	188	2.7618	0.73385	0.05352	2.150*	0.033
	女	57	2.5302	0.63517	0.08413		
任务复杂性	男	188	3.6348	0.71245	0.05196	3.013**	0.003
	女	57	3.3099	0.71509	0.09472		
技术复杂性	男	188	2.9282	0.67333	0.04911	1.220	0.223
	女	57	2.8070	0.59765	0.07916		
组织复杂性	男	188	3.2899	0.95473	0.06963	-0.871	0.385
	女	57	3.4123	0.84051	0.11133		
环境复杂性	男	188	3.0612	0.71946	0.05247	2.880**	0.004
	女	57	2.7544	0.65208	0.08637		
目标复杂性	男	188	3.0199	0.66567	0.04855	2.896**	0.004
	女	57	2.7325	0.62475	0.08275		
项目复杂性	男	188	3.0145	0.51782	0.03777	2.867**	0.005
	女	57	2.7962	0.45240	0.05992		

注：＊＊表示 $p<0.01$，＊表示 $P<0.05$。

不同性别在复杂建设项目中的复杂性均值折线图如图 5—2 所示。

从图 5—2 中可以看出，男性采访者感知的复杂性程度（M = 3. 0145）比女性采访者（M = 2. 7962）高。总体上，性别对于项目复杂性存在一定的影响。

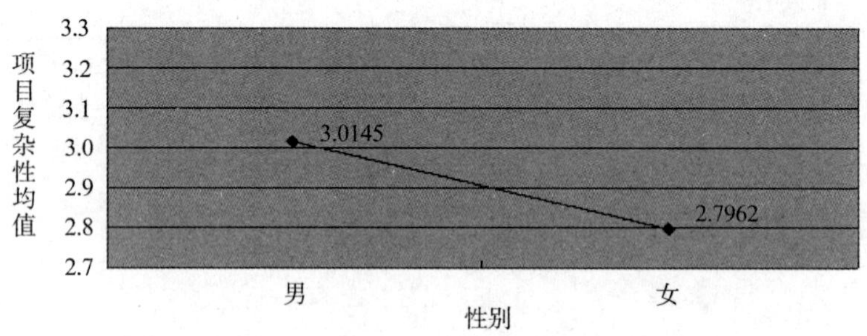

图 5—2　不同性别在项目复杂性中的均值折线图

二　不同年龄在项目复杂性中的差异特征分析

本书将问卷受访者的年龄按≤20 岁（A）、21—30 岁（B）、31—40 岁（C）、41—50 岁（D）和 >50 岁（E）分为五大类，分析不同年龄在复杂建设项目的复杂性各维度中的差异，其差异雷达图如图 5—3 所示。从图 5—3 可以看出，在信息复杂性方面，不同年龄五个组别群体中以“31—40 岁”组均值最高，最低是“>50 岁”；在任务复杂性方面，不同年龄五个组别群体中以“>50 岁”组均值最高，最低是“≤20 岁”；在技术复杂性方面，不同年龄五个组别群体中以“31—40 岁”组均值最高，最低是“21—30 岁”；在组织复杂性方面，不同年龄五个组别群体中以“≤20 岁”组均值最高，最低是“21—30 岁”；在环境复杂性方面，不同年龄五个组别群体中以“41—50 岁”组均值最高，最低是“>50 岁”；在目标复杂性方面，不同年龄五个组别群体中以“31—40 岁”组均值最高，最低是“41—50 岁”。

进一步采用单因素方差分析法检验不同受访者年龄在项目复杂性及各维度中是否存在显著性差异，检验结果如表 5—4 所示。从表 5—4 可以看出，不同受访者年龄在组织复杂性、环境复杂性和目标复杂性的感知没有显著差异，但在信息复杂性、任务复杂性、技术复杂性以及项目复杂性的感知均有显著的不同。因此，本书继续采用事后比较方法中最严格的

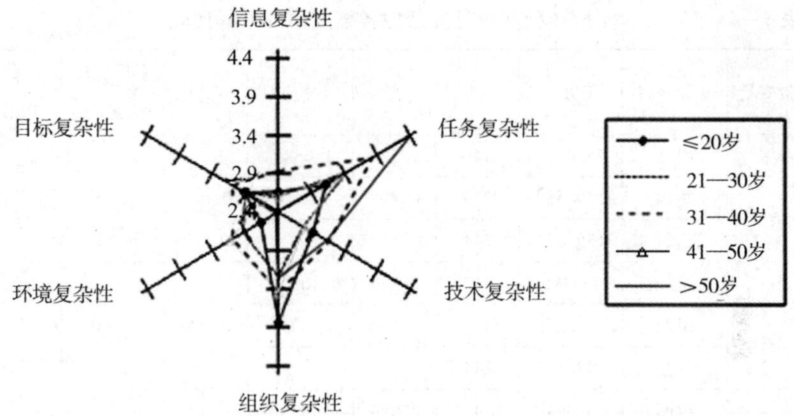

图 5—3　不同年龄在项目复杂性各维度中的差异雷达图

Scheffe 法将受访者的年龄对项目复杂性各维度的影响进行两两分析（吴明隆，2010）。从表中可以看出，就“信息复杂性”依变量而言：“31—40 岁”组群体显著高于“21—30 岁”组群体；就“任务复杂性”依变量而言：“31—40 岁”组群体显著高于“21—30 岁”组群体；就“技术复杂性”依变量而言：“31—40 岁”组群体显著高于“21—30 岁”组群体；就“项目复杂性”依变量而言：“31—40 岁”组群体显著高于“21—30 岁”组群体。

但由于 Scheffe 法是各种事后比较方法中最严格的方法，其事后比较较为保守，有时会发生整体检验的 F 值达到显著，但事后比较均不显著的情形，此时，使用者改用实在显著差异法（honestly significant difference，HSD 法）作为事后比较方法，以便和整体检验 F 值的显著性相呼应（吴明隆，2010）。根据 HSD 法的结果可知，除了任务复杂性，其他的结果均与 Scheffe 法一致。就“任务复杂性”依变量而言：“31—40 岁”组群体显著高于“21—30 岁”组群体；“>50 岁”组群体显著高于“21—30 岁”组群体；“>50 岁”组群体显著高于“41—50 岁”组群体。

表 5—4　　不同年龄在项目复杂性各维度中的差异比较

<table>
<tr><th>检验变量</th><th>变异来源</th><th>平方和</th><th>df</th><th>均方</th><th>F 检验</th><th>显著性</th><th>事后比较 Scheffe 法</th><th>事后比较 HSD 法</th></tr>
<tr><td rowspan="3">信息复杂性</td><td>组间</td><td>6.093</td><td>4</td><td>1.523</td><td>3.058*</td><td rowspan="3">0.017</td><td rowspan="3">C > B</td><td rowspan="3">C > B</td></tr>
<tr><td>组内</td><td>119.551</td><td>240</td><td>0.498</td><td></td></tr>
<tr><td>总数</td><td>125.644</td><td>244</td><td></td><td></td></tr>
<tr><td rowspan="3">任务复杂性</td><td>组间</td><td>12.195</td><td>4</td><td>3.049</td><td>6.309***</td><td rowspan="3">0.000</td><td rowspan="3">C > B</td><td>C > B</td></tr>
<tr><td>组内</td><td>115.975</td><td>240</td><td>0.483</td><td></td><td>E > B</td></tr>
<tr><td>总数</td><td>128.170</td><td>244</td><td></td><td></td><td>E > D</td></tr>
<tr><td rowspan="3">技术复杂性</td><td>组间</td><td>8.098</td><td>4</td><td>2.024</td><td>4.992***</td><td rowspan="3">0.001</td><td rowspan="3">C > B</td><td rowspan="3">C > B</td></tr>
<tr><td>组内</td><td>97.327</td><td>240</td><td>0.406</td><td></td></tr>
<tr><td>总数</td><td>105.425</td><td>244</td><td></td><td></td></tr>
<tr><td rowspan="3">组织复杂性</td><td>组间</td><td>3.110</td><td>4</td><td>0.778</td><td>0.899</td><td rowspan="3">0.465</td><td rowspan="3">n. s.</td><td rowspan="3">n. s.</td></tr>
<tr><td>组内</td><td>207.557</td><td>240</td><td>0.865</td><td></td></tr>
<tr><td>总数</td><td>210.667</td><td>244</td><td></td><td></td></tr>
<tr><td rowspan="3">环境复杂性</td><td>组间</td><td>3.101</td><td>4</td><td>0.775</td><td>1.530</td><td rowspan="3">0.194</td><td rowspan="3">n. s.</td><td rowspan="3">n. s.</td></tr>
<tr><td>组内</td><td>121.624</td><td>240</td><td>0.507</td><td></td></tr>
<tr><td>总数</td><td>124.725</td><td>244</td><td></td><td></td></tr>
<tr><td rowspan="3">目标复杂性</td><td>组间</td><td>3.254</td><td>4</td><td>0.813</td><td>1.858</td><td rowspan="3">0.119</td><td rowspan="3">n. s.</td><td rowspan="3">n. s.</td></tr>
<tr><td>组内</td><td>105.081</td><td>240</td><td>0.438</td><td></td></tr>
<tr><td>总数</td><td>108.335</td><td>244</td><td></td><td></td></tr>
<tr><td rowspan="3">项目复杂性</td><td>组间</td><td>4.373</td><td>4</td><td>1.093</td><td>4.424**</td><td rowspan="3">0.002</td><td rowspan="3">C > B</td><td rowspan="3">C > B</td></tr>
<tr><td>组内</td><td>59.315</td><td>240</td><td>0.247</td><td></td></tr>
<tr><td>总数</td><td>63.688</td><td>244</td><td></td><td></td></tr>
</table>

注：＊＊＊表示 $p<0.001$，＊＊表示 $p<0.01$，＊表示 $p<0.05$，n. s. 表示 $p>0.05$。

不同年龄在复杂建设项目的复杂性均值折线图如图 5—4 所示。从图 5—4 可以看出，不同年龄五个组别群体在项目复杂性的感知以“31—40 岁”组均值（M = 3.1608）最高，最低是“21—30 岁”（M = 2.8719）。总体上，随着年龄的增长，项目复杂性水平上升，在“31—40 岁”达到峰值，随后项目复杂性出现下降。这说明年龄对于项目复杂性存在一定的影响。

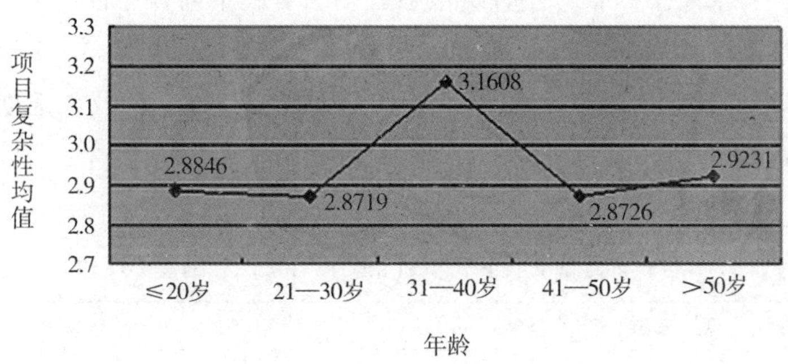

图 5—4　不同年龄在项目复杂性中的均值折线图

三　不同教育背景在项目复杂性中的差异特征分析

本书将问卷受访者的教育背景按专科及以下、本科、硕士、博士分为四大类，分析不同教育背景在复杂建设项目的复杂性各维度的差异，其差异雷达图如图 5—5 所示。从图 5—5 中可以看出，在信息复杂性方面，不同教育背景四个组别群体中以"硕士"组均值最高，最低是"博士"；在任务复杂性方面，不同教育背景四个组别群体中以"博士"组均值最高，最低是"本科"；在技术复杂性方面，不同教育背景四个组别群体中以"博士"组均值最高，最低是"硕士"；在组织复杂性方面，不同教育背景四个组别群体中以"博士"组均值最高，最低是"硕士"；在环境复杂性方面，不同教育背景四个组别群体中以"专科及以下"组均值最高，最低是"博士"；在目标复杂性方面，不同教育背景四个组别群体中以"本科"组均值最高，最低是"博士"。

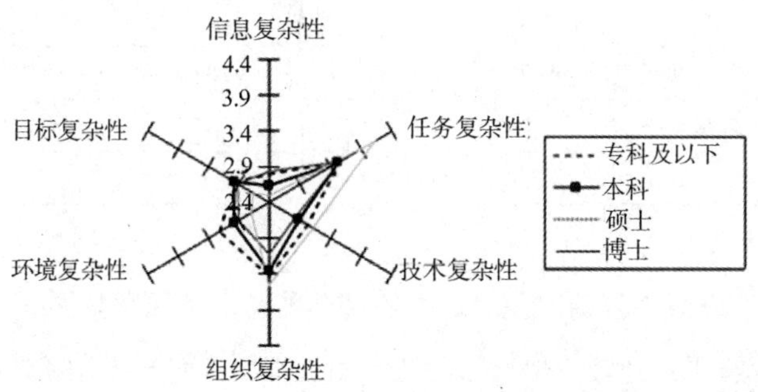

图 5—5　不同教育背景在项目复杂性各维度中的差异雷达图

进一步采用单因素方差分析法检验受访者的不同教育背景在项目复杂性及各维度中的感知是否存在显著性差异，检验结果如表5—5所示。从表5—5可以看出，受访者的不同教育背景在项目复杂性及各维度中的感知均不存在显著差异。

表5—5　　不同教育背景受访者在项目复杂性各维度中的差异比较

检验变量	变异来源	平方和	df	均方	F	显著性
信息复杂性	组间	2.339	3	0.780	1.524	0.209
	组内	123.305	241	0.512		
	总数	125.644	244			
任务复杂性	组间	2.884	3	0.961	1.849	0.139
	组内	125.286	241	0.520		
	总数	128.170	244			
技术复杂性	组间	1.462	3	0.487	1.130	0.338
	组内	103.963	241	0.431		
	总数	105.425	244			
组织复杂性	组间	3.670	3	1.223	1.424	0.236
	组内	206.997	241	0.859		
	总数	210.667	244			
环境复杂性	组间	3.400	3	1.133	2.251	0.083
	组内	121.325	241	0.503		
	总数	124.725	244			
目标复杂性	组间	0.916	3	0.305	0.685	0.562
	组内	107.419	241	0.446		
	总数	108.335	244			
项目复杂性	组间	0.476	3	0.159	0.605	0.612
	组内	63.212	241	0.262		
	总数	63.688	244			

不同教育背景在复杂建设项目中的复杂性均值折线图如图5—6所示。从图5—6可以看出，在整体项目复杂性方面，不同教育背景四个组别群体中以“专科及以下”组均值（M = 3.0577）最高，最低是“博士”（M = 2.9145）。

总体上，项目复杂性整体趋势是随着教育背景升高，项目复杂性下降。

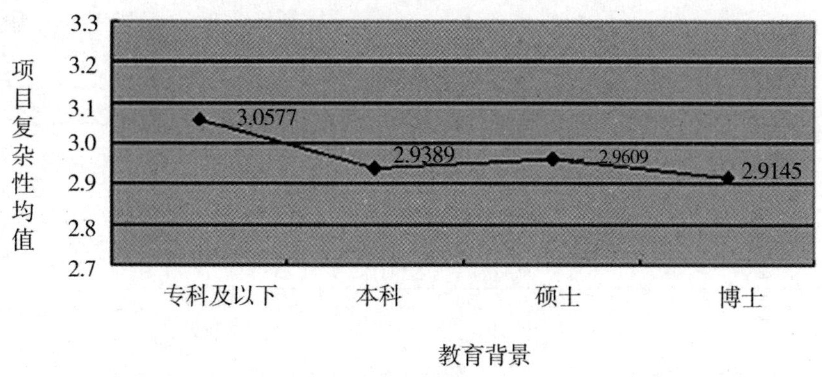

图 5—6　不同教育背景在项目复杂性中的均值折线图

四　不同工作年限在项目复杂性中的差异特征分析

本书将问卷受访者的工作年限按≤5 年（A）、6—10 年（B）、11—15 年（C）、16—20 年（D）与 >20 年（E）分为五大类，分析不同工作年限在复杂建设项目中的复杂性各维度的差异，其差异雷达图如图 5—7 所示。从图 5—7 中可以看出，在信息复杂性方面，不同工作年限五个组别群体中以“11—15 年”组均值最高，最低是“6—10 年”；在任务复杂性方面，不同工作年限五个组别群体中以“ >20 年”组均值最高，最低是“≤5 年”；在技术复杂性方面，不同工作年限五个组别群体中以“11—15 年”组均值最高，最低是“16—20 年”；在组织复杂性方面，不

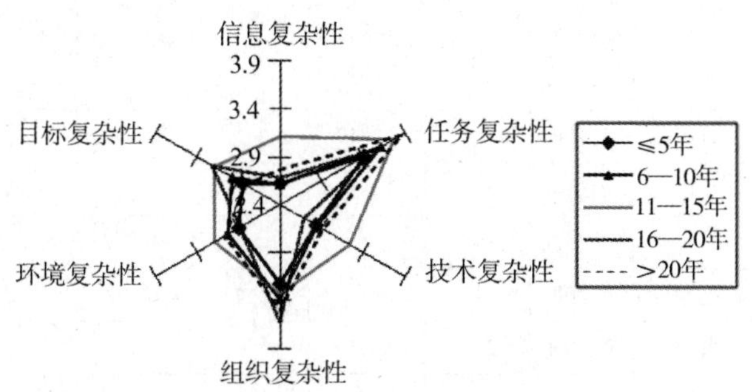

图 5—7　不同工作年限在项目复杂性各维度中的差异雷达图

同工作年限五个组别群体中以“16—20 年”组均值最高，最低是“≤5 年”；在环境复杂性方面，不同工作年限五个组别群体中以“11—15 年”组均值最高，最低是“16—20 年”；在目标复杂性方面，不同工作年限五个组别群体中以“16—20 年”组均值最高，最低是“>20 年”。

进一步采用单因素方差分析法检验受访者的不同工作年限在项目复杂性及各维度中的感知是否存在显著性差异，检验结果如表 5—6 所示。

表 5—6　　不同工作年限受访者在项目复杂性各维度差异比较

检验变量	变异来源	平方和	df	均方	F	显著性	事后比较 Scheffe 法	事后比较 HSD 法
信息复杂性	组间	7.919	4	1.980	4.036**	0.003	C>A C>B	C>A C>B
	组内	117.725	240	0.491				
	总数	125.644	244					
任务复杂性	组间	5.355	4	1.339	2.616*	0.036	n. s.	n. s.
	组内	122.814	240	0.512				
	总数	128.169	244					
技术复杂性	组间	5.534	4	1.384	3.324*	0.011	C>A	C>A C>B
	组内	99.891	240	0.416				
	总数	105.425	244					
组织复杂性	组间	2.435	4	0.609	0.701	0.592	n. s.	n. s.
	组内	208.233	240	0.868				
	总数	210.668	244					
环境复杂性	组间	2.759	4	0.690	1.357	0.249	n. s.	n. s.
	组内	121.965	240	0.508				
	总数	124.724	244					
目标复杂性	组间	4.196	4	1.049	2.417*	0.049	n. s.	C>A
	组内	104.140	240	0.434				
	总数	108.336	244					
项目复杂性	组间	4.208	4	1.052	4.244**	0.002	C>A C>B	C>A C>B
	组内	59.481	240	0.248				
	总数	63.689	244					

注：**表示 $p<0.01$，*表示 $p<0.05$，n. s. 表示 $p>0.05$。

从表5—6可以看出，受访者的不同工作年限在组织复杂性和环境复杂性中的感知没有显著差异，但在信息复杂性、任务复杂性、技术复杂性、目标复杂性以及项目复杂性中的感知均有显著差异。因此，本书继续采用事后比较方法中最严格的Scheffe法将受访者的年龄对项目复杂性各维度的影响进行两两分析。从表5—6中可以看出，就“信息复杂性”依变量而言：“11—15年”组群体显著高于“≤5年”组群体，“11—15年”组群体显著高于“6—10年”组群体；就“任务复杂性”依变量而言：未出现显著差异的组别；就“技术复杂性”依变量而言：“11—15年”组群体显著高于“≤5年”组群体；就“目标复杂性”依变量而言：未出现显著差异的组别；就“项目复杂性”依变量而言：“11—15年”组群体显著高于“≤5年”组群体，“11—15年”组群体显著高于“6—10年”组群体。但由于Scheffe法是各种事后比较方法中最严格的方法，任务复杂性与目标复杂性整体检验的F值达到显著，但事后比较均不显著，因此改用HSD法作为事后比较方法。根据HSD法的结果可知，任务复杂性仍未出现显著差异的组别；目标复杂性的“11—15年”组群体显著高于“≤5年”组群体。

不同工作年限在复杂建设项目中的复杂性均值折线图如图5—8所示。从图5—8中可以看出，在整体项目复杂性方面，不同工作年限五个组别群体中以“11—15年”组均值（M = 3.2485）最高，最低是“≤5年”（M =2.8698）。可以看出，随着工作年限的增长，项目复杂性水平上升，在11—15年达到峰值，随后项目复杂性出现下降。这说明工作年限对于项目复杂性存在一定的影响。

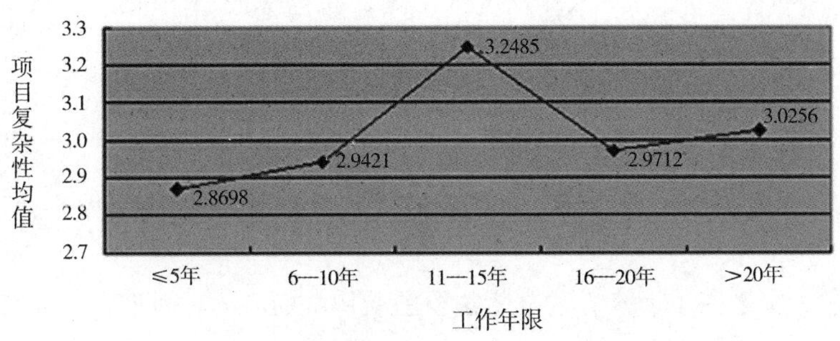

图5—8　不同工作年限在项目复杂性中的均值折线图

五 不同项目职位在项目复杂性中的差异特征分析

本书将问卷受访者的项目职位按项目经理、项目中的部门经理、专业主管、项目工程师与其他分为五大类，分析不同项目职位在复杂建设项目的复杂性各维度中的差异，其差异雷达图如图5—9所示。从图5—9中可以看出，在信息复杂性方面，不同项目职位五个组别群体中以“专业主管”组均值最高，最低是“项目中的部门经理”；在任务复杂性方面，不同项目职位五个组别群体中以“项目经理”组均值最高，最低是“其他”；在技术复杂性方面，不同项目职位五个组别群体中以“项目中的部门经理”组均值最高，最低是“项目工程师”；在组织复杂性方面，不同项目职位五个组别群体中以“项目中的部门经理”组均值最高，最低是“项目工程师”；在环境复杂性方面，不同项目职位五个组别群体中以“项目经理”组均值最高，最低是“其他”；在目标复杂性方面，不同项目职位五个组别群体中以“专业主管”组均值最高，最低是“其他”。

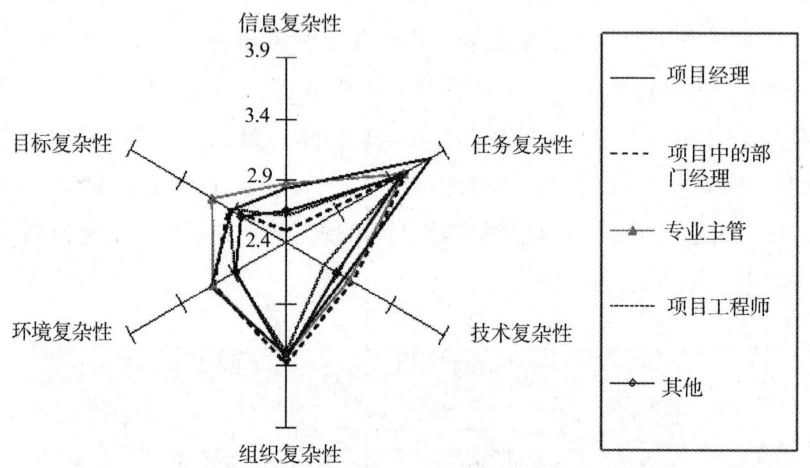

图5—9 不同项目职位在项目复杂性各维度中的差异雷达图

进一步采用单因素方差分析法检验受访者的不同项目职位在项目复杂性及各维度中的感知是否存在显著性差异，检验结果如表5—7所示。从

表 5—7 可以看出，受访者的不同项目职位对项目复杂性及各维度的感知均不存在显著差异。

表 5—7　　不同项目职位受访者在项目复杂性各维度中的差异比较

检验变量	变异来源	平方和	df	均方	F	显著性
信息复杂性	组间	4.052	4	1.013	1.999	0.095
	组内	121.593	240	0.507		
	总数	125.644	244			
任务复杂性	组间	2.328	4	0.582	1.110	0.352
	组内	125.841	240	0.524		
	总数	128.170	244			
技术复杂性	组间	2.548	4	0.637	1.486	0.207
	组内	102.877	240	0.429		
	总数	105.425	244			
组织复杂性	组间	0.203	4	0.051	0.058	0.994
	组内	210.465	240	0.877		
	总数	210.667	244			
环境复杂性	组间	2.984	4	0.746	1.471	0.212
	组内	121.740	240	0.507		
	总数	124.724	244			
目标复杂性	组间	2.242	4	0.561	1.268	0.283
	组内	106.093	240	0.442		
	总数	108.335	244			
项目复杂性	组间	1.654	4	0.414	1.600	0.175
	组内	62.034	240	0.258		
	总数	63.688	244			

不同项目职位在复杂建设项目中的复杂性均值折线图如图 5—10 所示。从图 5—10 可以看出，在整个项目复杂性方面，不同项目职位五个组别群体中以“专业主管”组均值（M = 3.0720）最高，最低是“项目工程师”（M = 2.8878）。

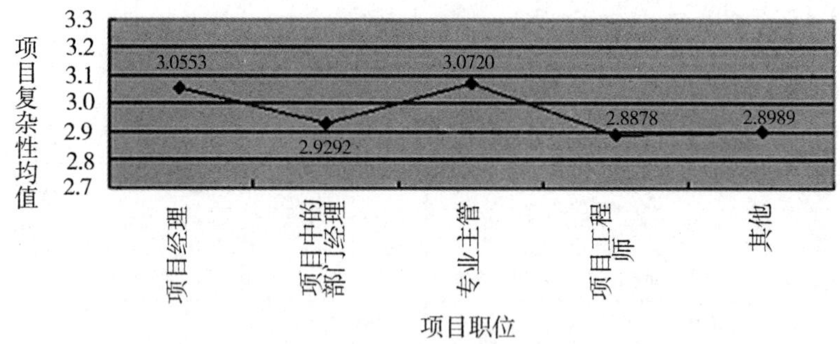

图 5—10 不同项目职位在项目复杂性中的均值折线图

第四节 项目特征在项目复杂性中的差异比较分析

一 不同项目类型在项目复杂性中的差异特征分析

本书将项目类型按住宅项目（A）、公共建筑（B）、工业建筑（C）、其他（D）分为四大类，分析不同项目类型在复杂建设项目的复杂性各维度中的差异，其差异雷达图如图 5—11 所示。从图 5—11 中可以看出，在信息复杂性方面，不同项目类型四个组别群体中以“其他”组均值最高，最低是“工业建筑”；在任务复杂性方面，不同项目类型四个组别群体中以“公共建筑”组均值最高，最低是“住宅建筑”；在技术复杂性方面，不同项目类型四个组别群体中以“公共建筑”组均值最高，最低是“住宅建筑”；在组织复杂性方面，不同项目类型四个组别群体中以“工业建筑”组均值最高，最低是“住宅建筑”；在环境复杂性方面，不同项目类型四个组别群体中以“公共建筑”组均值最高，最低是“工业建筑”；在目标复杂性方面，不同项目类型四个组别群体中以“其他”组均值最高，最低是“工业建筑”。

进一步采用单因素方差分析法检验不同项目类型在项目复杂性及各维度中是否存在显著性差异，检验结果如表 5—8 所示。从表 5—8 可以看出，不同项目类型在信息复杂性、组织复杂性和环境复杂性、目标复杂性以及项目复杂性中均没有显著差异，但在任务复杂性与技术复杂性中均有显著差异。因此，本书继续采用事后比较方法 Scheffe 法与 HSD 法将项目类型对项目复杂性各维度的影响进行两两分析。结果显示，就任务复杂性依变量

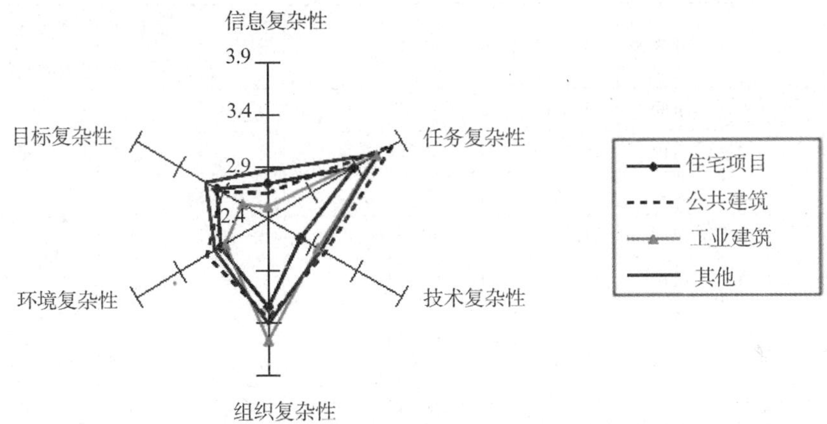

图 5—11　不同项目类型在项目复杂性各维度中的差异雷达图

而言："公共建筑"组群体显著高于"住宅项目"组群体；就技术复杂性依变量而言："公共建筑"组群体显著高于"住宅项目"组群体。

不同项目类型在复杂建设项中目的复杂性均值折线图如图 5—12 所示。从图 5—12 可以看出，在整体项目复杂性方面，不同项目类型四个组别群体中以"其他"组均值（M = 3.0741）最高，最低是"工业建筑"（M = 2.8769）。

表 5—8　不同项目类型在项目复杂性各维度中的差异比较

检验变量	变异来源	平方和	df	均方	F	显著性	事后比较 Scheffe 法	事后比较 HSD 法
信息复杂性	组间	1.615	3	0.538	1.046	0.373	n. s.	n. s.
	组内	124.029	241	0.515				
	总数	125.644	244					
任务复杂性	组间	9.332	3	3.111	6.309***	0.000	B > A	B > A
	组内	118.837	241	0.493				
	总数	128.169	244					
技术复杂性	组间	4.052	3	1.351	3.211*	0.024	B > A	B > A
	组内	101.373	241	0.421				
	总数	105.425	244					

续表

检验变量	变异来源	平方和	df	均方	F	显著性	事后比较 Scheffe 法	事后比较 HSD 法
组织复杂性	组间	1.870	3	0.623	0.720	0.541	n. s.	n. s.
	组内	208.797	241	0.866				
	总数	210.667	244					
环境复杂性	组间	1.431	3	0.477	0.932	0.426	n. s.	n. s.
	组内	123.293	241	0.512				
	总数	124.724	244					
目标复杂性	组间	1.840	3	0.613	1.388	0.247	n. s.	n. s.
	组内	106.495	241	0.442				
	总数	108.335	244					
项目复杂性	组间	0.802	3	0.267	1.025	0.382	n. s.	n. s.
	组内	62.886	241	0.261				
	总数	63.688	244					

注：＊＊＊表示 $p<0.001$，＊表示 $p<0.05$，n. s. 表示 $p>0.05$。

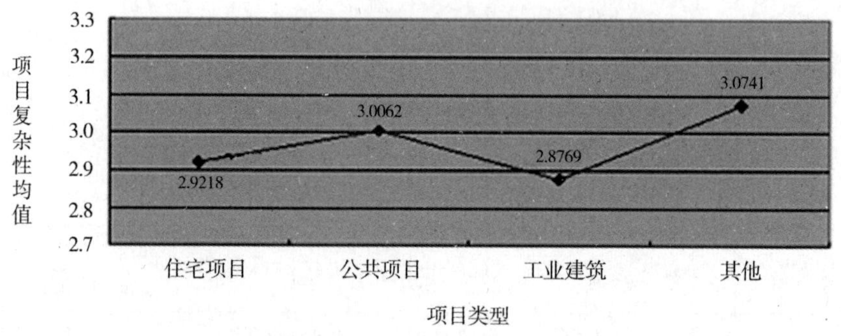

图 5—12 不同项目类型在项目复杂性中的均值折线图

二 不同单位角色在项目复杂性中的差异特征分析

本书将单位角色按业主、承包商、供应商、工程咨询单位、勘察设计单位、其他分为六大类，分析不同单位角色在复杂建设项目中的复杂性各维度中的差异，其差异雷达图如图 5—13 所示。从图 5—13 中可以看出，在信息复杂性方面，不同单位角色六个组别群体中以“工程咨询单位”组均值最高，最低是“承包商”与“供应商”；在任务复杂性方面，不同单位角色六个组别群体中以“其他”组均值最高，最低是“供应商”；在技术复杂性方面，不同单位角色六个组别群体中以“勘察设计单位”组均值最高，最低是“其他”；在组织复杂性方面，不同单位角色六个组别群体中以“业主”组均值最高，最低是“供应商”；在环境复杂性方面，不同单位角色六个组别群体中以“业主”组均值最高，最低是“供应商”；在目标复杂性方面，不同单位角色六个组别群体中以“业主”组均值最高，最低是“供应商”。

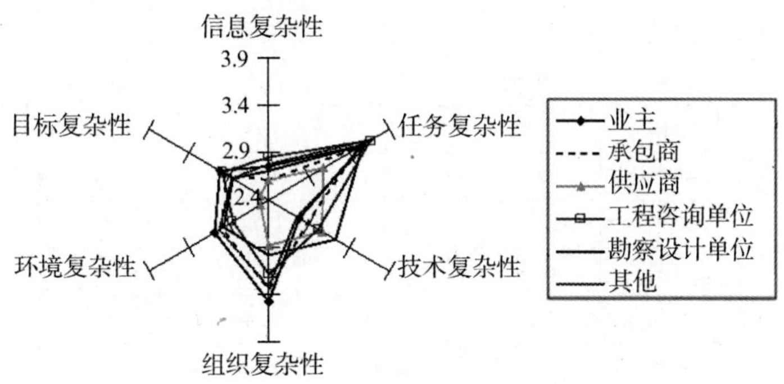

图 5—13　不同单位角色在项目复杂性各维度中的差异雷达图

进一步采用单因素方差分析法检验不同单位角色在项目复杂性及各维度中是否存在显著性差异，检验结果如表 5—9 所示。从表 5—9 可以看出，不同单位角色在项目复杂性各维度中均没有显著差异。

不同单位角色在复杂建设项目中的复杂性均值折线图如图 5—14 所示。从图 5—14 中可以看出，在整体项目复杂性方面，不同单位角色六个组别群体中以“工程咨询单位”组均值（M = 3.0176）最高，最低是“供应商”（M =2.7212）。

表 5—9　不同单位角色在项目复杂性各维度中的差异比较

检验变量	变异来源	平方和	df	均方	F	显著性
信息复杂性	组间	1.929	5	0.386	0.745	0.590
	组内	123.715	239	0.518		
	总数	125.644	244			

续表

检验变量	变异来源	平方和	df	均方	F	显著性
任务复杂性	组间	1.725	5	0.345	0.652	0.660
	组内	126.444	239	0.529		
	总数	128.169	244			
技术复杂性	组间	4.528	5	0.906	2.145	0.061
	组内	100.897	239	0.422		
	总数	105.425	244			
组织复杂性	组间	6.054	5	1.211	1.414	0.220
	组内	204.613	239	0.856		
	总数	210.667	244			
环境复杂性	组间	2.322	5	0.464	0.907	0.477
	组内	122.402	239	0.512		
	总数	124.725	244			
目标复杂性	组间	1.490	5	0.298	0.667	0.649
	组内	106.845	239	0.447		
	总数	108.335	244			
项目复杂性	组间	0.596	5	0.119	0.452	0.812
	组内	63.092	239	0.264		
	总数	63.688	244			

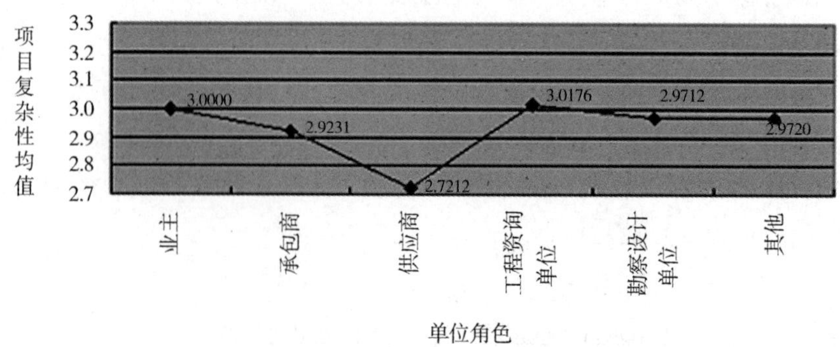

图 5—14 不同单位角色在项目复杂性中的均值折线图

三 不同参与阶段在项目复杂性中的差异特征分析

由于该题项为复选题，故将参与阶段按前期策划阶段、设计阶段、施工阶段、运营阶段、参与两个阶段、参与三个阶段、参与四个阶段分为七类，分析不同参与阶段在复杂建设项目的复杂性各维度中的差异，其差异雷达图如图 5—15 所示。从图 5—15 中可以看出，在信息复杂性方面，不同参与阶段七个组别群体中以“参与两个阶段”组均值最高，最低是“参与三个阶段”；在任务复杂性方面，不同参与阶段七个组别群体中以“参与四个阶段”组均值最高，最低是“施工阶段”；在技术复杂性方面，不同参与阶段七个组别群体中以“设计阶段”组均值最高，最低是“参与三个阶段”；在组织复杂性方面，不同参与阶段七个组别群体中以“参与两个阶段”组均值最高，最低是“运营阶段”；在环境复杂性方面，不同参与阶段七个组别群体中以“参与四个阶段”组均值最高，最低是“前期策划阶段”；在目标复杂性方面，不同参与阶段七个组别群体中以“运营阶段”组均值最高，最低是“前期策划阶段”。

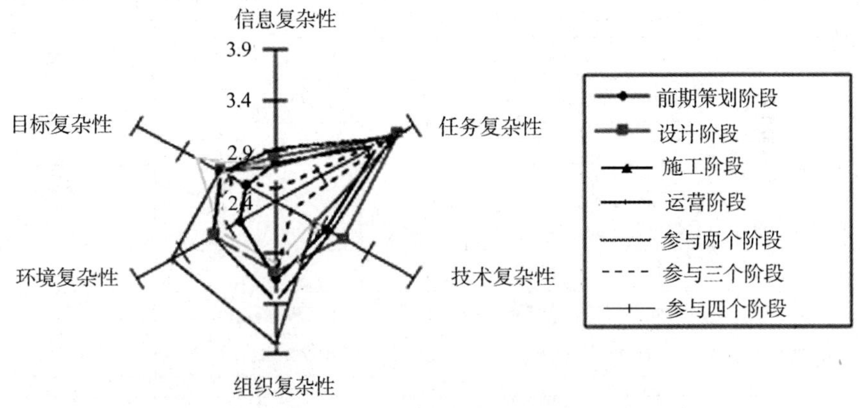

图 5—15　不同参与阶段在项目复杂性各维度中的差异雷达图

进一步采用单因素方差分析法检验不同参与阶段在项目复杂性及各维度是否存在显著性差异，检验结果如表 5—10 所示。从表 5—10 可以看出，不同参与阶段在项目复杂性及各维度均没有显著差异。

不同参与阶段在复杂建设项目中的复杂性均值折线图如图 5—16 所示。从图 5—16 可以看出，在整体项目复杂性方面，不同参与阶段七个组别群体中以“参与四个阶段”组均值（M = 3. 1154）最高，最低是“参与三个阶段”（M = 2. 8132）。

表 5—10 不同参与阶段在项目复杂性各维度中的差异比较

检验变量	变异来源	平方和	df	均方	F	显著性
信息复杂性	组间	2.644	6	0.441	0.853	0.531
	组内	123.000	238	0.517		
	总数	125.644	244			
任务复杂性	组间	2.627	6	0.438	0.830	0.548
	组内	125.543	238	0.527		
	总数	128.170	244			
技术复杂性	组间	2.965	6	0.494	1.148	0.335
	组内	102.460	238	0.431		
	总数	105.425	244			
组织复杂性	组间	5.019	6	0.837	0.968	0.447
	组内	205.648	238	0.864		
	总数	210.667	244			
环境复杂性	组间	4.366	6	0.728	1.439	0.200
	组内	120.359	238	0.506		
	总数	124.725	244			
目标复杂性	组间	1.302	6	0.217	0.483	0.821
	组内	107.033	238	0.450		
	总数	108.335	244			
项目复杂性	组间	1.380	6	0.230	0.878	0.511
	组内	62.308	238	0.262		
	总数	63.688	244			

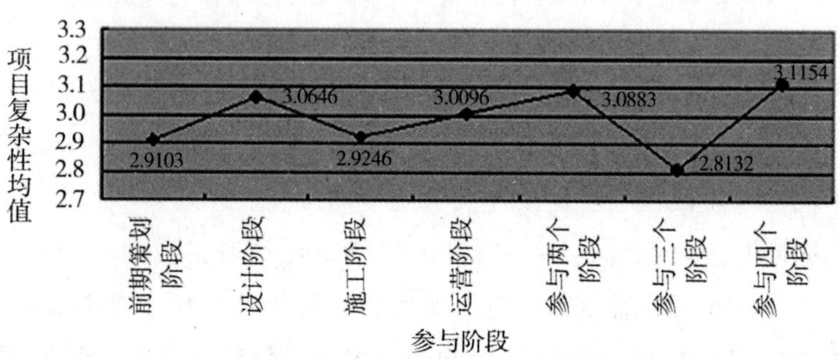

图 5—16 不同参与阶段在项目复杂性中的均值折线图

四　不同项目投资在项目复杂性中的差异特征分析

本书将项目投资按 150 万—1000 万元（A）、1000 万—5000 万元（B）、5000 万—1 亿元（C）、1 亿—5 亿元（D）、>5 亿元（E）分为五大类，分析不同项目投资在复杂建设项目的复杂性各维度中的差异，其差异雷达图如图 5—17 所示。从图 5—17 中可以看出，在信息复杂性方面，不同项目投资五个组别群体中以“>5 亿元”组均值最高，最低是“5000 万—1 亿元”；在任务复杂性方面，不同项目投资五个组别群体中以“>5 亿元”组均值最高，最低是“5000 万—1 亿元”；在技术复杂性方面，不同项目投资五个组别群体中以“>5 亿元”组均值最高，最低是“1000 万—5000 万元”；在组织复杂性方面，不同项目投资五个组别群体中以“>5 亿元”组均值最高，最低是“1000 万—5000 万元”；在环境复杂性方面，不同项目投资五个组别群体中以“>5 亿元”组均值最高，最低是“5000 万—1 亿元”；在目标复杂性方面，不同项目投资五个组别群体中以“>5 亿元”组均值最高，最低是“5000 万—1 亿元”。

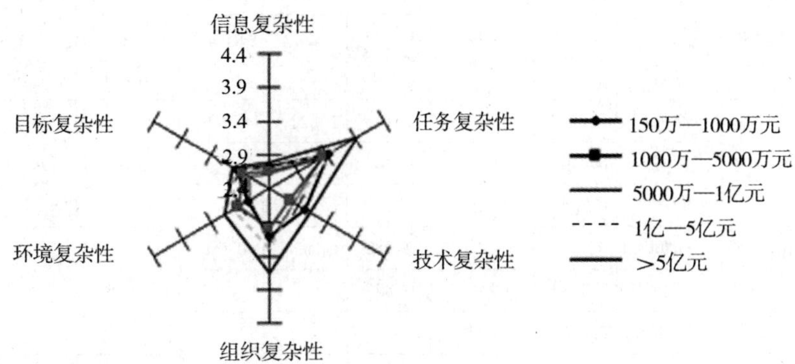

图 5—17　不同项目投资在项目复杂性各维度中的差异雷达图

进一步采用单因素方差分析法检验不同项目投资在项目复杂性及各维度中的影响是否存在显著性差异，检验结果如表 5—11 所示。从表 5—11 可以看出，不同项目投资在信息复杂性和目标复杂性中没有显著差异，但在任务复杂性、技术复杂性、组织复杂性、环境复杂性以及项目复杂性中均有显著差异。因此，本书继续采用事后比较方法中最严格的 Scheffe 法将项目投资对项目复杂性各维度的影响进行两两分析。可以看出，就任务复杂性依变量而言：“>5 亿元”组群体显著高于“1000 万—5000 万元”组群体，“>5 亿元”组群体显著高于“5000 万—1 亿元”组群体，“>5 亿元”组群体显著高于“1 亿—5 亿元”组群体；就技术复杂性依变量而言：未出现显著差异的组别；就组织复杂性依变量而言：“>5 亿元”组群体显著高于“1000 万—5000 万元”组群体；就环境复杂性依变量而言：未出现显著差异的组别；就项目复杂性依变量而言：未出现显著差异的组别。

表 5—11　　不同项目投资在项目复杂性各维度中的差异比较

检验变量	变异来源	平方和	df	均方	F	显著性	事后比较 Scheffe 法	事后比较 HSD 法
信息复杂性	组间	0.762	4	0.190	0.366	0.833	n. s.	n. s.
	组内	124.883	240	0.520				
	总数	125.645	244					
任务复杂性	组间	13.590	4	3.397	7.116***	0.000	E > B	E > B
	组内	114.580	240	0.477			E > C	E > C
	总数	128.170	244				E > D	E > D
技术复杂性	组间	4.412	4	1.103	2.621*	0.036	n. s.	n. s.
	组内	101.013	240	0.421				
	总数	105.425	244					
组织复杂性	组间	11.934	4	2.983	3.603**	0.007	E > B	E > B
	组内	198.734	240	0.828				
	总数	210.668	244					
环境复杂性	组间	5.121	4	1.280	2.569*	0.039	n. s.	E > C
	组内	119.604	240	0.498				
	总数	124.725	244					
目标复杂性	组间	2.600	4	0.650	1.476	0.210	n. s.	n. s.
	组内	105.735	240	0.441				
	总数	108.335	244					

续表

检验变量	变异来源	平方和	df	均方	F	显著性	事后比较 Scheffe 法	事后比较 HSD 法
项目复杂性	组间	3.095	4	0.774	3.065*	0.017	n. s.	E > C
	组内	60.593	240	0.252				
	总数	63.688	244					

注：＊＊＊表示 $p<0.001$，＊＊表示 $p<0.01$，＊表示 $p<0.05$，n. s. 表示 $p>0.05$。

但由于 Scheffe 法是各种事后比较方法中最严格的方法，技术复杂性、环境复杂性与项目复杂性整体检验的 F 值达到显著，但事后比较均不显著，因此改用 HSD 法作为事后比较方法。根据 HSD 法的结果可知，技术复杂性仍未出现显著差异的组别；环境复杂性与项目复杂性的“>5 亿元”组群体显著高于“5000 万—1 亿元”组群体。

不同项目投资在复杂建设项目中的复杂性均值折线图如图 5—18 所示。从图 5—18 可以看出，在整体项目复杂性方面，不同项目投资五个组别群体中以“>5 亿元”组均值（M = 3.1298）最高，最低是“5000 万—1 亿元”（M = 2.8110）。总体上，随着项目投资的增长，项目复杂性水平先升后降。这说明项目投资对于项目复杂性存在一定的影响，但复杂性并不是随着项目投资的增大而增大。

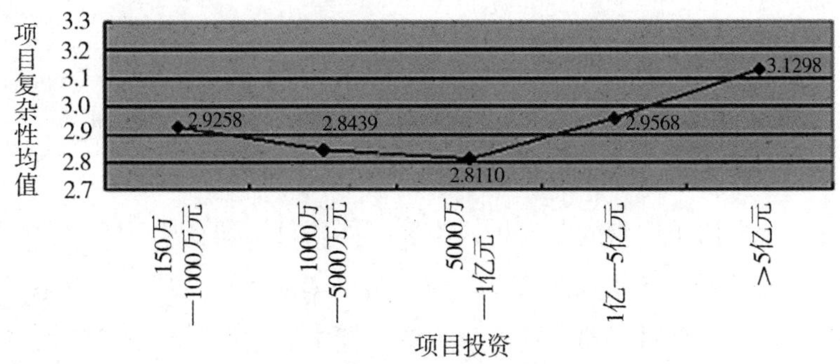

图 5—18　不同项目投资在项目复杂性中的均值折线图

五　不同项目工期在项目复杂性中的差异特征分析

本书将项目工期按 3—12 个月（A）、13—24 个月（B）、25—36 个月（C）、37—48 个月（D）、>48 个月（E）分为五大类，分析不同项目工期在复杂建设项目的复杂性各维度中的差异，其差异雷达图如图 5—19 所示。从图 5—19 中可以看出，在信息复杂性方面，不同项目工期五个组别群体中以“>48 个月”组均值最高，最低是“13—24 个月”；在任务复杂性方面，不同项目工期五个组别群体中以“>48 个月”组均值最高，最低是“3—12 个月”；在技术复杂性方面，不同项目工期五个组别群体中以“>48 个月”组均值最高，最低是“13—24 个月”；在组织复杂性方面，不同项目工期五个组别群体中以“25—36 个月”组均值最高，最低是“13—24 个月”；在环境复杂性方面，不同项目工期五个组别群体中以“37—48 个月”组均值最高，最低是“13—24 个月”；在目标复杂性方面，不同项目工期五个组别群体中以“>48 个月”组均值最高，最低是“37—48 个月”。

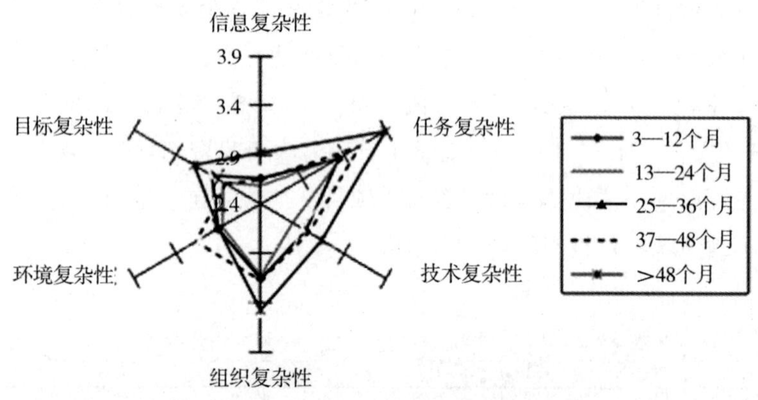

图 5—19　不同项目工期在项目复杂性各维度中的差异雷达图

进一步采用单因素方差分析法检验不同项目工期在项目复杂性及各维度中的影响是否存在显著性差异，检验结果如表 5—12 所示。从表 5—12 可以看出，不同项目工期在信息复杂性、技术复杂性、环境复杂性、目标复杂性中没有显著差异，但在任务复杂性、组织复杂性以及项目复杂性中均有显著差异。因此，本书继续采用事后比较方法中最严格的 Scheffe 法将项目工期对项目复杂性各维度的影响进行两两分析。从表 5—12 中可以看出，就任务复杂性依变量而言：“>48 个月”组群体显著高于“13—24

个月”组群体；就组织复杂性依变量而言：未出现显著差异的组别；就项目复杂性依变量而言：未出现显著差异的组别。

但由于 Scheffe 法是各种事后比较方法中最严格的方法，组织复杂性与项目复杂性整体检验的 F 值达到显著，但事后比较均不显著，因此改用 HSD 法作为事后比较方法。根据 HSD 法的结果可知，组织复杂性仍未出现显著差异的组别；项目复杂性的“>48 个月”组群体显著高于“13—24 个月”组群体。

不同项目工期在复杂建设项目中的复杂性均值折线图如图 5—20 所示。从图 5—20 可以看出，在整体项目复杂性方面，不同项目工期五个组别群体中以“>48 个月”组均值（M = 3.1457）最高，最低是“13—24 个月”（M = 2.8296）。总体上，从整个项目复杂性曲线可以看出，随着项目工期的增长，项目复杂性水平先降后升，再降再升。这说明项目工期对于项目复杂性存在一定的影响，但复杂性并不是随着项目工期的增大而增大。

表 5—12　　不同项目工期在项目复杂性各维度中的差异比较

检验变量	变异来源	平方和	df	均方	F	显著性	事后比较 Scheffe 法	事后比较 HSD 法
信息复杂性	组间	3.018	4	0.755	1.477	0.210	n. s.	n. s.
	组内	122.626	240	0.511				
	总数	125.644	244					
任务复杂性	组间	7.735	4	1.934	3.853**	0.005	E > B	E > A E > B
	组内	120.435	240	0.502				
	总数	128.170	244					
技术复杂性	组间	3.045	4	0.761	1.784	0.133	n. s.	n. s.
	组内	102.380	240	0.427				
	总数	105.425	244					
组织复杂性	组间	8.126	4	2.032	2.407*	0.050	n. s.	n. s.
	组内	202.541	240	0.844				
	总数	210.667	244					
环境复杂性	组间	4.118	4	1.030	2.049	0.088	n. s.	n. s.
	组内	120.606	240	0.503				
	总数	124.724	244					

续表

检验变量	变异来源	平方和	df	均方	F	显著性	事后比较 Scheffe 法	事后比较 HSD 法
目标复杂性	组间	3.479	4	0.870	1.991	0.097	n. s.	n. s.
	组内	104.856	240	0.437				
	总数	108.335	244					
项目复杂性	组间	2.989	4	0.747	2.955 *	0.021	n. s.	E > B
	组内	60.699	240	0.253				
	总数	63.688	244					

注：＊＊表示 p < 0.01，＊表示 p < 0.05，n. s. 表示 p > 0.05。

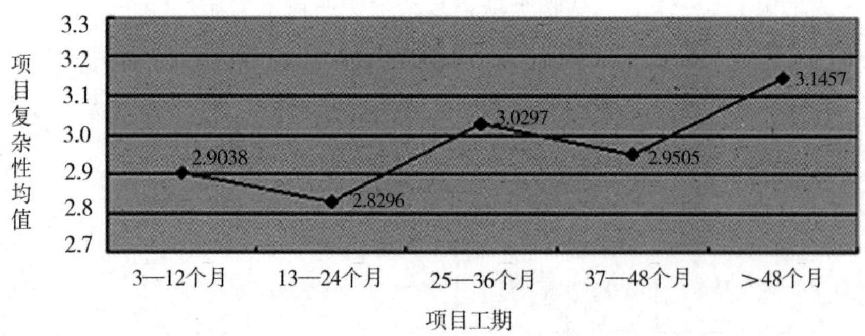

图 5—20　不同项目工期在项目复杂性中的均值折线图

第五节　项目复杂性的差异性特征分析结论

通过独立样本 T 检验与单因素方差分析法进行分析，检验问卷调查受访者特征与项目特征在复杂建设项目的复杂性及各维度中是否存在显著性差异，研究结果总结如表 5—13 所示。

表 5—13　　特征变量对项目复杂性的影响差异分析总结

变量	信息复杂性	任务复杂性	技术复杂性	组织复杂性	环境复杂性	目标复杂性	项目复杂性
性别	√	√	×	×	√	√	√
年龄	√	√	√	×	×	×	√
教育背景	×	×	×	×	×	×	×

续表

变量	信息复杂性	任务复杂性	技术复杂性	组织复杂性	环境复杂性	目标复杂性	项目复杂性
工作年限	√	√	√	×	×	√	√
项目职位	×	×	×	×	×	×	×
项目类型	×	√	√	×	×	×	×
单位角色	×	×	×	×	×	×	×
参与阶段	×	×	×	×	×	×	×
项目投资	×	√	√	√	√	×	√
项目工期	×	√	×	√	×	×	√

注：√表示差异显著，×表示差异不显著。

从表5—13中可以看出，受访者特征与项目类型在复杂建设项目的复杂性各维度中的差异性为：

（1）不同性别的受访者在复杂建设项目的技术复杂性、组织复杂性中的感知均无显著差异，但对信息复杂性、任务复杂性、环境复杂性、目标复杂性以及项目复杂性中的感知均有显著差异。

（2）不同年龄的受访者在复杂建设项目的组织复杂性、环境复杂性和目标复杂性中的感知均无显著差异，但在信息复杂性、任务复杂性、技术复杂性以及项目复杂性中的感知均有显著差异。

（3）不同教育背景的受访者在复杂建设项目的复杂性及各维度中的感知均无显著差异。

（4）不同工作年限的受访者在复杂建设项目的组织复杂性和环境复杂性中的感知均无显著差异，但在信息复杂性、任务复杂性、技术复杂性、目标复杂性以及项目复杂性中的感知均有显著差异。

（5）不同项目职位的受访者在复杂建设项目的复杂性及各维度中的感知均无显著差异。

（6）不同项目类型在复杂建设项目的信息复杂性、组织复杂性和环境复杂性、目标复杂性以及项目复杂性中均无显著差异，但在任务复杂性与技术复杂性中有显著差异。

（7）项目的不同单位角色在复杂建设项目的复杂性及各维度中均无显著差异。

（8）项目的不同参与阶段在复杂建设项目的复杂性及各维度中均无显著差异。

（9）不同项目投资在复杂建设项目的信息复杂性和目标复杂性中均无显著差异，但在任务复杂性、技术复杂性、组织复杂性、环境复杂性以及项目复杂性中均有显著差异。

（10）不同项目工期在复杂建设项目的信息复杂性、技术复杂性、环境复杂性、目标复杂性中均无显著差异，但在任务复杂性、组织复杂性以及项目复杂性中均有显著差异。

从复杂建设项目的整体项目复杂性来看，受访者的不同性别、年龄、工作年限以及项目的不同投资、项目工期都在复杂建设项目的复杂性中存在显著差异。因此，在后续的复杂建设项目的复杂性测度与管理方面应考虑这些变量的影响。

第六节　本章小结

基于第四章将复杂建设项目的复杂性分为信息复杂性、任务复杂性、技术复杂性、组织复杂性、环境复杂性、目标复杂性六类，本章继续分析了受访者特征如性别、年龄、教育背景、工作年限、项目职位以及项目特征如项目类型、单位角色、参与阶段、项目投资、项目工期分别在复杂建设项目的复杂性及各维度中的差异性特征。研究结果表明，除了受访者的教育背景、项目职位、单位角色、参与阶段在复杂建设项目的复杂性及各维度中均不存在显著差异外，其余各变量如受访者的性别、年龄、工作年限、项目类型、项目投资、项目工期均在复杂建设项目的复杂性及不同维度中存在显著差异。

第六章

复杂建设项目的复杂性测度研究

第四章和第五章识别了复杂建设项目的复杂性关键因素并进行了差异性特征分析，系统分析了复杂建设项目的复杂性。每个具体复杂建设项目均有一定的复杂性，只是复杂性程度和复杂性体现的方面不同。因此，有必要构建复杂建设项目的复杂性测度模型，从而测度出具体复杂建设项目的关键复杂性维度及整体项目复杂性程度，从而针对不同复杂性采取相应的管理策略。

第一节　问题的描述

第二章中关于项目复杂性的测度文献综述表明，现有研究主要聚焦于一般项目复杂性的测度，鲜有对复杂建设项目的复杂性测度。虽然已有的测度方法在系统科学的基础上进行了很多有益的探索，但同时也存在以下不足：(1) 已有的测度方法大都仅仅聚焦于项目复杂性的定性描述，定量研究的不多。(2) 已有的测度方法未考虑各复杂性要素间的相互作用。而实际上，项目复杂性是由若干具有差异性的部分相互作用的一种结果，孤立地对个别复杂性要素进行识别、管理和控制很难达到对项目复杂性的有效管理。(3) 数学模型本身具有局限性，已有的实证方法衡量项目复杂性掺杂了太多人为因素，未考虑语言的模糊性，因而难以真实有效地反映项目的复杂性。

模糊网络分析法 (FANP) 是基于网络分析法和模糊集的决策原理，利用三角模糊数将传统的网络分析法和模糊综合评价法有机结合起来形成的一种新的系统分析方法，既能反映要素间的相互作用和变化，也能对不确定性和语言的模糊性进行处理，是一种将定性与定量相结合的方法（Tseng et al.，2008）。一些学者在许多领域尝试采用 FANP 解决复杂问题，如工作系统的故障行为风险识别（Dağdeviren and Yüksel，2008），制造企业敏捷概念的选择（Vinodh et al.，2011），供应商评估和订单分配（Lin，2009），竞争优先权的选择（Tseng et al.，2008），位置选择的环境评估（Wu et al.，2009）等。由于复杂建设项目的复杂性，FANP 是解决多目标决策问题和相互依赖关系最合适和有效的方法（Wu et al.，2009）。

因此，为了克服已有项目复杂性测度方法的局限，本章拟基于模糊网络分析法构建复杂建设项目的复杂性测度模型（complex construction project complexity measurement model，CCPCMM），从而评估具体复杂建设项目的关键复杂性维度及整体项目复杂性程度。

第二节 复杂性测度方法的选择

一 项目复杂性因素的相关分析

根据第四章识别出的复杂建设项目的复杂性因素，分析复杂建设项目的复杂性各因素之间的相互关系。由于项目复杂性的六个维度是由探索性因子分析得出，因此可知项目复杂性各维度内的因素之间具有高度相关性，现对复杂建设项目的复杂性各维度之间的关系进行相关分析，结果如表 6—1 所示。从表 6—1 可以看出，复杂建设项目的复杂性各维度之间的相关系数均达到了显著相关，说明复杂建设项目的复杂性各因素之间是相互作用的，在项目复杂性测度时应考虑各因素间的这种相互作用。

表 6—1　　项目复杂性各维度的相关性

维度		信息复杂性	任务复杂性	技术复杂性	组织复杂性	环境复杂性	目标复杂性
信息复杂性	Pearson 相关性	1	0.301**	0.484**	0.131*	0.402**	0.592**
	显著性（双侧）		0.000	0.000	0.040	0.000	0.000
任务复杂性	Pearson 相关性	0.301**	1	0.401**	0.372**	0.389**	0.379**
	显著性（双侧）	0.000		0.000	0.000	0.000	0.000

续表

维度		信息复杂性	任务复杂性	技术复杂性	组织复杂性	环境复杂性	目标复杂性
技术复杂性	Pearson 相关性	0.484 **	0.401 **	1	0.221 **	0.497 **	0.357 **
	显著性（双侧）	0.000	0.000		0.000	0.000	0.000
组织复杂性	Pearson 相关性	0.131 *	0.372 **	0.221 **	1	0.361 **	0.291 **
	显著性（双侧）	0.040	0.000	0.000		0.000	0.000
环境复杂性	Pearson 相关性	0.402 **	0.389 **	0.497 **	0.361 **	1	0.383 **
	显著性（双侧）	0.000	0.000	0.000	0.000		0.000
目标复杂性	Pearson 相关性	0.592 **	0.379 **	0.357 **	0.291 **	0.383 **	1
	显著性（双侧）	0.000	0.000	0.000	0.000	0.000	

注：**表示在0.01水平（双侧）上显著相关，*表示在0.05水平（双侧）上显著相关。

二　测度方法的选择

复杂建设项目是一个复杂系统，其项目复杂性的指标结构不仅仅是层次关系，更类似于相互影响的网络关系，每一个元素都有可能影响其他元素，同时也被其他元素所影响（Vidal et al.，2011）。层次分析法（AHP）是我们常用的评价方法，它假定内部元素之间不存在相互影响作用，层次之间也不存在反馈支配作用；而由AHP延伸发展得到的系统决策方法——网络分析法（analytical network process，ANP）克服了这种缺陷，用矩阵形式定量表示影响或者反馈作用程度的大小（Saaty，1996）。

专家对复杂性的评估总是主观和不连续的，使用语言上的术语来表达他们的感觉或者判断较含糊。用1到9离散刻度有一定的缺憾，因为它没有考虑评估的不确定性和含糊性，而且项目复杂性指标具有一定的模糊性，很难对其进行精确的现实数字描述。在项目复杂性测度实践中，有许多事件的复杂性程度不可能精确描述，如“较复杂”“极度复杂”等均属于边界不清晰的概念，即模糊概念。诸如此类的概念或者事件，既难以有客观上的确切含义，也难以用数字准确地表述出来。因此，对于这些模糊事件的综合测度，必须借助于模糊数学原理。

综上所述，由于项目复杂性测度涉及的因素较多，结构复杂，而且因素间相互影响；再加上测度的模糊性，需要建立一种将这种模糊信息转化为确定信息的方法。因此，本章将模糊数学理论与ANP结合起来，即采用模糊网络分析法来测量复杂建设项目的复杂性。模糊网络分析法是网络分析法在不确定性和含糊性问题中的延伸，是一种能处理不确定性和含糊性复杂问题的定量化方法。

三　FANP的原理

（一）网络分析法（ANP）

ANP是由美国匹兹堡大学的Saaty（1996）提出的一种适用于非独立反馈系统的决策方法。ANP拓展了AHP，它允许难以量化的多个指标并存，同时考虑了不同层次的元素组及元素组内部元素之间具有关联或反馈关系的情况。基于此，ANP比AHP更贴近现实地反映和描述决策问题（Taslicali and Ercan，2006）。

1. ANP结构原理

ANP系统元素分为两个部分：第一部分为控制因素层，包括问题目标及决策准则；第二部分为网络层，由控制层所支配的所有元素组成，其内部是互相影响的网络结构（Saaty，1996）。ANP结构如图6—1所示。

2. 优势度原理

AHP的一个重要步骤就是在一个准则下，受支配元素进行两两比较，由此获得判断矩阵。但在ANP中被比较元素之间可能并非独立，而是相互依存，因而这种比较将以两种方式进行（Meade and Sarkis，1999）：（1）直接优势度：给定一个准则，两个元素对于该准则的重要程度进行比较；（2）间接优势度：给出一个准则，两个元素在准则下对第三个元素（称为次准则）的影响程度进行比较。例如，要比较甲、乙两成员对商品营销能力的优势度，可通过他们对董事长所取的营销策略的影响力比较而间接获得。

总体上，第一种方法比较适用于元素间相互独立的情形，也是传统AHP的判断比较方式；第二种方法比较适用于元素间互相依存的情形，这也正是ANP与AHP的区别所在。

（二）模糊综合评价法（FCE）

在客观世界中，存在着许多不确定性现象，这种不确定性主要表现在两个方面：一是随机性，二是模糊性。随机性造成的不确定性是由于对事

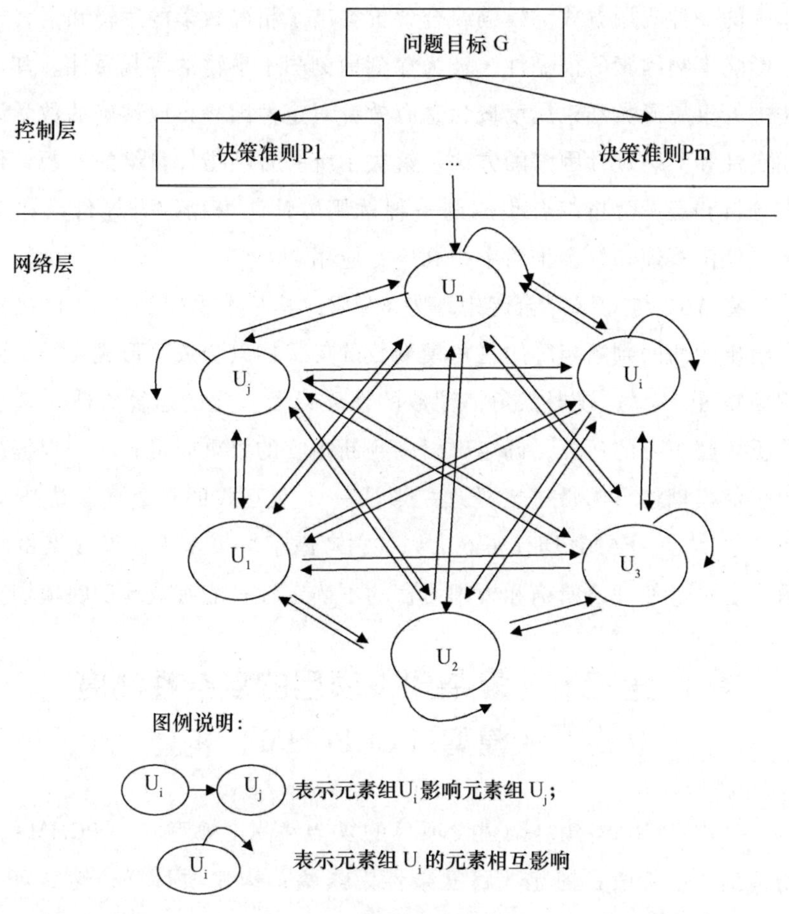

图 6—1　ANP 结构图

物的因果规律掌握不够，也就是说对事物发生的条件无法严格控制，以致一些偶然因素使结果产生了不确定性；模糊性是指某些事物的概念的边界不清楚，这种边界不清的模糊概念，是事物的差异之间存在着中间过渡的结果。模糊集理论由 Zadeh（1965）提出，用以处理语言不精确和模糊性带来的不确定性。该理论克服了精确数学逻辑和语言的缺点，并强调应用于综合评价因素的模糊性，可以有效地反映模糊数据，专家语言水平采用三角模糊数来构造模糊两两比较矩阵（Tseng et al.，2008）。

模糊综合评价法（fuzzy comprehensive evaluation，FCE）是对受多个

因素影响的事物做出全面有效的一种综合评价方法，是模糊数学在实际工作中的一种应用方式。模糊综合评价突破了精确数学的逻辑和语言，强调了影响事物因素的模糊性，较为深刻地刻画了事物的客观属性。其评价方法中的隶属函数和隶属度概念是有效针对定性因素，以精确的数学语言描述定性和不确定性因素的方法，解决了统一各项指标量纲的问题。作为定性分析和定量分析综合集成的一种常用方法，模糊综合评价已在工程技术、经济管理和社会生活中得到广泛应用。

将 ANP 与 FCE 结合起来即为 FANP，其基本思想是：（1）将各个专家给出的两两判断矩阵用三角模糊数的形式加以合成，形成一个两两模糊判断矩阵；（2）根据三角模糊数的性质以及一定的运算方法，基于网络分析法超矩阵的运算，确定出模糊判断矩阵的权重向量，然后根据决策的思想对模糊权重向量进行处理，形成一个交互式的权重向量决策分析过程。总体上，FANP 具有如下优势：它考虑了决策水平之间复杂的相互关系；它可以处理不精确和模糊语言的不确定性；能有效地反映模糊数据。

第三节　复杂建设项目的复杂性测度模型（CCPCMM）构建

采用 FANP 构建复杂建设项目的复杂性测度模型（CCPCMM），该模型包括五个阶段：构建项目复杂性因素集；构建项目复杂性 ANP 结构；建立单因素评判矩阵；计算 FANP 权重；综合评价。

一　构建项目复杂性因素集

构建项目复杂性因素集是综合测度复杂建设项目复杂性的基础，因素集表示为 $U = \{U_1, U_2, \cdots, U_i, \cdots, U_N\}$，$i = 1, 2, \cdots, N$，其中 N 表示项目复杂性构成部分的数量。另外，每个构成部分 U_i 包括多个因素 $U_i = \{U_{i1}, U_{i2}, \cdots, U_{in_i}\}$，$n_i$ 表示每个构成部分因素的数量。

根据第四章复杂建设项目的复杂性因素六维框架构建项目复杂性测度因素集。复杂建设项目的复杂性包括 27 个因素，由六部分构成：信息复杂性（U_1）、任务复杂性（U_2）、技术复杂性（U_3）、组织复杂性

（U_4）、环境复杂性（U_5）、目标复杂性（U_6）。每个项目复杂性构成部分又包括多个因素，具体如下：

$U_1 = \{U_{11}, U_{12}, U_{13}, U_{14}, U_{15}, U_{16}, U_{17}, U_{18}, U_{19}\}$ = {项目组织间合作意识，项目组织间的信任度，信息传递能力，信息获取程度，项目组织文化差异，信息处理水平，项目参与方的经验，信息的不确定性，项目管理方法和工具不确定性}；

$U_2 = \{U_{21}, U_{22}, U_{23}, U_{24}\}$ = {任务之间的关系依赖性，项目中使用技术的多样性，任务的多样性，信息系统之间的依赖性}；

$U_3 = \{U_{31}, U_{32}, U_{33}, U_{34}\}$ = {高难技术的风险，新技术所需要的知识水平，建筑产品的新颖程度，所需资源与技能的可获得性}；

$U_4 = \{U_{41}, U_{42}\}$ = {组织结构层级数，正规组织单位和职能部门数}；

$U_5 = \{U_{51}, U_{52}, U_{53}, U_{54}\}$ = {政策法规环境的变动，市场经济环境的变动，项目施工环境的变动，外部利益相关者的影响}；

$U_6 = \{U_{61}, U_{62}, U_{63}, U_{64}\}$ = {利益相关方需求变更数量，项目组织的变动，项目目标的不明确性，合同关系复杂}。

二　构建项目复杂性 ANP 结构

ANP 结构包括两个部分：第一部分是控制因素层，包括问题目标及决策准则；第二部分为网络层，由控制层所支配的所有元素组成，其内部是互相影响的网络结构（Saaty，1996）。ANP 结构等级根据项目复杂性的元素组及因素构建（Dağdeviren and Yüksel，2008），ANP 确定权重时考虑决策水平之间的复杂相互关系和属性。

复杂建设项目的复杂性包括信息复杂性、任务复杂性、技术复杂性、组织复杂性、环境复杂性、目标复杂性六个构成部分，各个构成部分又进一步包括多个子因素，且各部分相互作用。因此，根据复杂建设项目的复杂性因素集及项目复杂性因素之间的相互关系构建复杂建设项目的项目复杂性 ANP 结构如图 6—2 所示。

三　建立单因素评判矩阵

评价集是对各层次评价指标的一种语言描述，它是专家对各评价指标

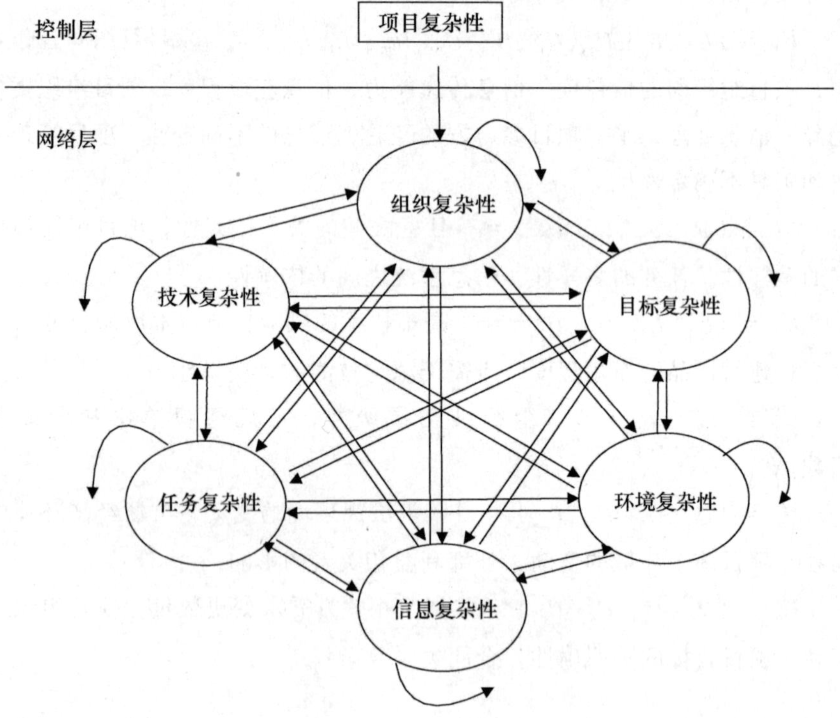

图 6—2 复杂建设项目的复杂性 ANP 结构

所给出的评语集合，为 $V = \{V_1, V_2, ..., V_m\}$。复杂建设项目各复杂性因素的复杂性程度通过问卷调查获得。本模型从各种复杂性因素对整个项目复杂性影响程度的大小考虑，最终将评语分为五个等级。具体的评语集为：$V = \{V_1, V_2, V_3, V_4, V_5\}$ = {简单化，轻度复杂，中度复杂，高度复杂，极度复杂}。因此，根据专家问卷调查结果，从 U 到 V 的单因素评判矩阵 R 为

$$R = \begin{bmatrix} r_{11} & r_{12} & \cdots & r_{1m} \\ r_{21} & r_{22} & \cdots & r_{2m} \\ \cdots & \cdots & \cdots & \cdots \\ r_{n1} & r_{n2} & \cdots & r_{nm} \end{bmatrix}$$

四　计算 FANP 权重

在传统的 ANP 里，用确定的比例尺度进行成对比较。但用 1 到 9 的离散刻度有一定的缺陷，因为它没有考虑评估的不确定性和语言的含糊性，Zadeh（1965）对此提出了用模糊集理论处理不精确与模糊带来的不确定性。因此，本书利用三角模糊数的理论来弥补 ANP 这一缺点并引入如表 6—2 给出的三角模糊转化标度（Tseng et al.，2008）。

表 6—2　　　　重要性语言标度

重要语言标度	三角模糊标度	三角模糊倒数标度
EI	(1/2 1 3/2)	(2/3 1 2)
WMI	(5/2 3 7/2)	(2/7 1/3 2/5)
SMI	(9/2 5 11/2)	(2/11 1/5 2/9)
VSMI	(13/2 7 15/2)	(2/15 1/7 2/13)
AMI	(17/2 9 19/2)	(2/19 1/9 2/17)
另外，(3/2 2 5/2)（7/2 4 9/2）（11/2 6 13/2）（15/2 8 17/2）为三角模糊标度的中间值，(2/5 1/2 2/3)（2/9 1/4 2/7）（2/13 1/6 2/11）（2/17 1/8 2/15）为相应的三角模糊倒数标度。		

注：EI（equally important）表示同等重要，WMI（weakly more important）表示稍微重要，SMI（strongly more important）表示强烈重要，VSMI（very strongly more important）表示非常强烈重要，AMI（absolutely more important）表示绝对重要。

假定有 k 个专家参与调查，确定出 k 个专家在某一准则下对其影响层次中第 U_i 以及 U_j 两个要素之间的相对重要程度的判断为 B_{ijk}，形成的两两比较判断矩阵为 $B(k) = (B_{ijk})$。假设有 n 个评价指标，目的是要确定这 n 个评价指标关于该决策准则的决策权重。具体步骤如下：

（一）建立两两比较判断矩阵

两两比较判断矩阵包含了参与决策专家的意见，其中的相对重要程度判断具有不确定性，本方法采用三角模糊数来整合专家的意见，以求在决策者主观意见的基础上建立一个较为客观的模糊判断矩阵（Tseng et al.，2008；Wu et al.，2009）。三角模糊数描述如下：

$B = (B_{ij})$ 。其中，B_{ij} 为三角模糊数，通过如下方法确定：$B_{ij} = (L_{ij}, M_{ij}, U_{ij})$ ，$L_{ij} \leqslant M_{ij} \leqslant U_{ij}$ ，$L_{ij} = \min_k(B_{ijk})$ ，$M_{ij} = Geomean_k(B_{ijk})$ ，$U_{ij} = \max_k(B_{ijk})$ 。

（二）确定模糊权重向量

基于模糊判断矩阵 $B = (B_{ij})$ ，采用列向量几何平均法确定出相应的模糊权重向量如下：

对任意 j ，$j = 1, 2, \cdots, n_i$ ，计算 $r_j = (B_{1j} \cdot B_{2j} \cdot \cdots \cdot B_{n_ij})1/n_i$ ，其中，“·”表示模糊三角数之间的乘积运算关系，进一步可以将 r_j 标准化为 $w_j = r_j/(r_1 + r_2 + \cdots + r_{n_i})$ 。

（三）权重决策分析

首先用模糊分析中的截集概念进行权重的反模糊化分析，令 $\alpha \in [0, 1]$ 表示截值参数，假设

$w_i = (w_i^L, w_i^M, w_i^U)$ ，其中，

$w_i^L(\alpha) = (w_i^M - w_i^L)\alpha + w_i^L$ ，

$W_i^U(\alpha) = (w_i^U - w_i^M)\alpha + w_i^M$ ，

$w_i(\alpha, \lambda) = \lambda w_i^U(\alpha) + (1 - \lambda)w_i^L(\alpha)$ 。

然后进一步将 $w_i(\alpha, \lambda)$ 规范化，得到归一化权重向量 $W_i(\alpha, \lambda) = w_i(\alpha, \lambda)/(\sum_i w_i(\alpha, \lambda))$ 。

现在的决策权重依赖于两个参数 α 和 λ 。其中，α 反映权重关于决策专家判断意见的变动程度，是决策环境参数。$\alpha = 0$ 时，表示综合权重包含了各位专家的决策权重信息，决策的变动范围最大；$\alpha = 1$ 时，表示综合权重包含了各位专家最少的决策权重信息，实际上就等于不进行模糊化处理时专家决策权重的合成办法。λ 代表着整合决策者决策权重的一种参数（Hsu and Yang，2000），是决策乐观系数。当 $\lambda = 0$ 时，专家的意见都取权重的上限，表示最乐观。当 $\lambda = 1$ 时，专家都采取保守的态度，取各自权重的下限，表示最悲观。

（四）确定超矩阵局部权重向量矩阵 W_{ij}

确定元素组 U_1 中各元素的权重向量矩阵 W_{11} ：

$$W_{11}=(W^{(11)},W^{(12)},\cdots,W^{(1n_1)})=\begin{bmatrix} w_{11}^{(11)} & w_{21}^{(12)} & \cdots & w_{n_11}^{(1n_1)} \\ w_{12}^{(11)} & w_{22}^{(12)} & \cdots & w_{n_12}^{(1n_1)} \\ \cdots & \cdots & \cdots & \cdots \\ w_{1n_1}^{(11)} & w_{2n_1}^{(12)} & \cdots & w_{n_1n_1}^{(1n_1)} \end{bmatrix}$$

重复（一）（二）（三）的步骤，可以分别求出 $W_{22},W_{33},\cdots,W_{n_in_i}$，在 $W_{ij}(i\neq j)$ 的计算中，在某一准则下，以对 $U_i(i=1,2,\cdots,N)$ 中各元素的影响程度为次准则，将 $U_j(j=1,2,\cdots,N)$ 中的元素两两比较得出三角模糊数判断矩阵，然后进行一致性检验和模糊综合评价值的计算，即可得出局部权重向量矩阵 $W_{ij}(i\neq j)$。

（五）计算超矩阵 W 和加权超矩阵 $\underline{W}$

求得所有 $W_{ij}(i,j=1,2,\cdots,N)$，就可得出超矩阵 W：

$$W=\begin{bmatrix} W_{11} & W_{12} & \cdots & W_{1N} \\ W_{21} & W_{22} & \cdots & W_{2N} \\ \cdots & \cdots & \cdots & \cdots \\ W_{N1} & W_{N2} & \cdots & W_{NN} \end{bmatrix}$$

将元素组的相对重要性进行两两比较，具体方法与元素组内部各元素两两比较确定权重的方法相同，可得出元素组的相对权重矩阵 A：

$$A=\begin{bmatrix} a_{11} & a_{12} & \cdots & a_{1N} \\ a_{21} & a_{22} & \cdots & a_{2N} \\ \cdots & \cdots & \cdots & \cdots \\ a_{N1} & a_{N2} & \cdots & a_{NN} \end{bmatrix}$$

将相对加权矩阵 A 与超矩阵 W 相“乘”就可得出加权超矩阵 $\underline{W}$：

$$\underline{W}=\begin{bmatrix} a_{11}W_{11} & a_{12}W_{12} & \cdots & a_{1N}W_{1N} \\ a_{21}W_{21} & a_{22}W_{22} & \cdots & a_{2N}W_{2N} \\ \cdots & \cdots & \cdots & \cdots \\ a_{N1}W_{N1} & a_{N2}W_{N2} & \cdots & a_{NN}W_{NN} \end{bmatrix}$$

（六）求解超矩阵 $\underline{W}$

上述 $\underline{W}$ 是在某一准则下求得的加权超矩阵，需要在每个准则 $P_t(t=1,2,\cdots,m)$ 下重复计算，求得所有加权超矩阵，然后将所有超矩阵按照一定的规则进行合成就可得出最终加权超矩阵 $\underline{W}$ 。利用 Excel 计算 $\underline{W}^{\infty} = \lim_{n\to\infty} \underline{W}^{n}$ ，其列向量就是极限相对权重向量 C 。

五　综合评价

根据计算出的极限相对权重向量 C ，计算出复杂建设项目的复杂性各元素组的权重 C_{in_i} ： $C_{in_i} = C_n / \sum_{i=1}^{n_i} C_n(n_i)$ ，然后乘以各因素均值得到各元素集内各元素加权后的值 X_n'，从而最终可计算出复杂建设项目的复杂性各维度的复杂性程度 $X_i = \sum_{i=1}^{n_i} X_n'\ (n_i)$。

项目复杂性的综合评价采用综合评价合成算子选择 $M(\cdot, \oplus)$ 型，即加权平均型算子，因为加权平均型算子适用于兼顾考虑整体因素的综合评价。将极限相对权重向量 C 与单因素评价矩阵 R 相乘得到模糊综合评价集 $B = C \cdot R = (b_1, b_2, \cdots, b_m)$ 。按照隶属度最大的原则对项目复杂性程度给出最后的评价，即根据项目复杂性评语集将项目复杂性程度划分的五个等级——简单化、轻度复杂、中度复杂、高度复杂、极度复杂来确定复杂建设项目的最终复杂性程度。

第四节　实证分析

本节以 2010 年上海世博建设项目进行 CCPCMM 测度模型的验证。世博会是由一个国家的政府主办，由多个国家或国际组织参加，以展现人类在社会、经济、文化和科技领域取得成就的超大型国际性展会。2010 年世博建设项目总投资 280 亿元，占地 240 万平方米，被认为是一项复杂的系统工程（Expo Shanghai China，2010）。复杂建设项目的建设周期长达 37 个月，包括超过 400 个单体项目。其工程建设总部由 11 个职能管理部门和 11 个现场项目管理团队构成。该项目涉及的工程建设单位包括 50 多个主要设计公司，60 多个建筑承包商和 60 多个工程监理单位，加上协调组织如组织委员会和执行委员会等共 40 个参与国家和企业。选取的原因如下：一是世博建设项目参与方众多，各国文化差异大，协调难度大，世博项目建设任务的特殊性、复杂性和艰巨性，对项目管理提出了创新需求。世博项目是复杂建设项目的典型代表，反映了该类项目的所有特征，分析该项目的复杂性具有一定的普适性，同时也可为复杂建设项目管理提供借鉴参考；二是笔者所在研究团队参与了世博项目的咨询工作，故为数据的收集提供了便捷性和可行性。

一　世博项目复杂性关键指标的识别

由于复杂建设项目的复杂性因素较多，计算较复杂，故首先采用德尔菲问卷调查简化世博项目复杂性因素。德尔菲问卷调查法是通过多轮采访获得最终的一致结果（Linstone and Turoff，1975）。本书采用两轮德尔菲法。第一轮德尔菲问卷的目的是对世博项目复杂性因素进行排序。采用五点李克特量表，分数从 1 到 5（1 = 简单化，2 = 轻度复杂，3 = 中度复杂，4 = 高度复杂，5 = 极度复杂）。其中第四章复杂建设项目的复杂性因素框架为采访问卷提供了基础，世博项目复杂性测度调查问卷见附录 C。第二轮的德尔菲调查要求专家们结合第一轮的结果进行再度评估。

大多数的德尔菲研究需要 15—20 名专家进行调查（Ludwig，1997），因此，选择了曾参与世博项目的 20 名专家进行调查。需要注意的是，由于第五章的研究结果表明，受访者的不同性别、年龄、工作年限在项目复杂性中存在显著差异，因此，在选择专家时采用分层次选择，即保证专家在性别、年龄、工作年限三方面的均匀分布。受访专家的背景信息如表 6—3 所示。从表 6—3 可以看出，通过分层抽样保证了专家在性别、年龄、工作年限上的均匀分布，这些参与者大多数持有中级及以上专业职称，且来自业主方、施工方、咨询方、政府部门与学校等不同单位。

表 6—3　　受访专家的背景信息

类型	分类	百分比	类型	分类	百分比
性别	男	50%	年龄	≤20 岁	20%
	女	50%		21—30 岁	20%
工作职称	高级	25%		31—40 岁	20%
	中级	40%		41—50 岁	20%
	初级	35%		>50 岁	20%

续表

类型	分类	百分比	类型	分类	百分比
公司类型	业主方	5%	工作年限	<1 年	20%
	施工方	15%		1—5 年	20%
	咨询方	50%		6—10 年	20%
	政府部门	10%		10—20 年	20%
	学校	20%		>20 年	20%

在第一轮的德尔菲问卷调查中，让20名调查者对27个复杂性因素进行打分，并对调查结果进行归一化处理进行排序，结果如表6—4所示。在第二轮的德尔菲调查中，参与者被要求结合第一轮的调查结果对复杂性进行再次评估。在这个阶段，小组成员对项目复杂性的排序达成了一致共识。选择项目复杂性因素的归一化值等于或大于0.30的因素进行作为FANP模型的关键测度指标。从表6—4可以看出，12个项目复杂性因素的归一化值在0.30以上，且包括了项目复杂性的六个层面。因此，筛选出世博项目复杂性的12个关键因素进行ANP模型的构建，如表6—5所示。

表6—4　　　　世博项目复杂性因素的排序

编号	因素	均值	归一化	排序
1	利益相关方需求变更数量	3.90	1.00	1
2	合同关系复杂	3.85	0.94	2
3	项目参与方的经验	3.80	0.89	3
4	外部利益相关者的影响	3.75	0.83	4
5	项目组织间的信任度	3.70	0.78	5
6	项目组织间合作意识	3.70	0.78	5
7	高难技术的风险	3.45	0.50	7
8	项目组织文化差异	3.40	0.44	8
9	正规组织单位和职能部门数	3.40	0.44	8
10	项目组织的变动	3.30	0.33	10
11	任务之间的关系依赖性	3.30	0.33	10
12	政策法规环境的变动	3.30	0.33	10
13	新技术所需要的知识水平	3.20	0.22	13

续表

编号	因素	均值	归一化	排序
14	信息系统之间的依赖性	3.20	0.22	13
15	项目中使用技术的多样性	3.15	0.17	15
16	项目施工环境的变动	3.15	0.17	15
17	信息的不确定性	3.15	0.17	15
18	建筑产品的新颖程度	3.10	0.11	18
19	项目目标的不明确性	3.10	0.11	18
20	项目管理方法和工具不确定性	3.10	0.11	18
21	所需资源与技能的可获得性	3.10	0.11	18
22	市场经济环境的变动	3.10	0.11	18
23	信息传递能力	3.10	0.11	18
24	信息获取程度	3.05	0.06	24
25	任务的多样性	3.05	0.06	24
26	信息处理水平	3.05	0.06	24
27	组织结构层级数	3.00	0.00	27

表 6—5　　筛选出的世博项目复杂性关键因素

构成	目标复杂性（U_1）	信息复杂性（U_2）	环境复杂性（U_3）	技术复杂性（U_4）	组织复杂性（U_5）	任务复杂性（U_6）
因素	利益相关方需求变更数量（U_{11}）；合同关系复杂（U_{12}）；项目组织的变动（U_{13}）	项目参与方的经验（U_{21}）；项目组织间的信任度（U_{22}）；项目组织间合作意识（U_{23}）；项目组织文化差异（U_{24}）	外部利益相关者的影响（U_{31}）；政策法规环境的变动（U_{32}）	高难技术的风险（U_{41}）	正规组织单位和职能部门数（U_{51}）	任务之间的关系依赖性（U_{61}）

二 项目复杂性 ANP 结构的构建

根据筛选出的世博项目复杂性关键指标构建 ANP 结构模型。世博项目的复杂性因素包括目标复杂性（U_1），信息复杂性（U_2），环境复杂性（U_3），技术复杂性（U_4），组织复杂性（U_5）与任务复杂性（U_6）。每个项目复杂性构成部分又包括多个因素，$U_1 = \{U_{11}, U_{12}, U_{13}\}$ = {利益相关方需求变更数量，合同关系复杂，项目组织的变动}；$U_2 = \{U_{21}, U_{22}, U_{23}, U_{24}\}$ = {项目参与方的经验，项目组织间的信任度，项目组织间合作意识，项目组织文化差异}；$U_3 = \{U_{31}, U_{32}\}$ = {外部利益相关者的影响，政策法规环境的变动}；$U_4 = \{U_{41}\}$ = {高难技术的风险}；$U_5 = \{U_{51}\}$ = {正规组织单位和职能部门数}；$U_6 = \{U_{61}\}$ = {任务之间的关系依赖性}。

三 单因素评判矩阵的建立

根据项目复杂性的评语集 V = {简单化，轻度复杂，中度复杂，高度复杂，极度复杂} $= \{V_1, V_2, V_3, V_4, V_5\}$，以问卷调查的形式进行单因素评价，得出各因素的复杂性程度。然后通过对调查问卷的回收、整理与统计，建立从 U 到 V 的单因素评判矩阵 R 为：

$$R = \begin{bmatrix} 0.05 & 0.10 & 0.20 & 0.20 & 0.45 \\ 0.05 & 0.10 & 0.25 & 0.15 & 0.45 \\ 0.05 & 0.20 & 0.40 & 0.10 & 0.25 \\ 0.05 & 0.05 & 0.25 & 0.35 & 0.30 \\ 0.05 & 0.05 & 0.25 & 0.45 & 0.20 \\ 0.05 & 0.05 & 0.20 & 0.55 & 0.15 \\ 0.05 & 0.05 & 0.55 & 0.15 & 0.20 \\ 0.05 & 0.10 & 0.15 & 0.45 & 0.25 \\ 0.05 & 0.10 & 0.40 & 0.40 & 0.05 \\ 0.05 & 0.15 & 0.25 & 0.40 & 0.15 \\ 0.05 & 0.25 & 0.05 & 0.55 & 0.10 \\ 0.05 & 0.25 & 0.25 & 0.25 & 0.20 \end{bmatrix}$$

四　FANP 权重的计算

（一）计算因素权重

在超矩阵的计算中，用三角模糊数来整合专家意见，因此构造的超矩阵就是一个用三角模糊数来表示的模糊超矩阵。权重向量依赖于两个参数 α 和 λ 的选择，对 α 和 λ 的不同选择，将导致不同的决策权重。本书取 $\alpha = 0$，$\lambda = 1$。$\alpha = 0$ 表示综合权重包含了各位专家的所有决策权重信息，$\lambda = 1$ 表示专家采取比较保守的态度。具体计算步骤如下：

在元素集 U_1（目标复杂性）中，以元素 U_{11} 为准则，元素集 U_1 中的元素 U_{11}，U_{12}，U_{13} 按照其对 U_{11} 的影响大小进行间接优势度比较，计算出权重向量，如表 6—6 所示。

由特征根法得出排序向量 $(w_{11}^{(11)} \quad w_{12}^{(11)} \quad w_{13}^{(11)})^T = (0.600 \quad 0.200 \quad 0.200)T$，即元素集 U_1 中的元素 U_{11}，U_{12}，U_{13}，U_{14} 对元素 U_{11} 的影响程度排序向量。

同理，可得出元素集 U_1 中的元素 U_{11}，U_{12}，U_{13}，U_{14} 对元素 U_{12} 的影响程度排序向量为 $(w_{21}^{(11)} \quad w_{22}^{(11)} \quad w_{23}^{(11)})^T = (0.600 \quad 0.200 \quad 0.200)T$，对元素 U_{13} 的影响程度排序向量为 $(w_{31}^{(11)} \quad w_{32}^{(11)} \quad w_{33}^{(11)})^T = (0.600 \quad 0.200 \quad 0.200)T$。

从以上 3 个特征向量，可以得到元素集 U_1（组织复杂性）的模糊判断矩阵

$$W_{11} = \begin{bmatrix} 0.600 & 0.200 & 0.200 \\ 0.200 & 0.600 & 0.200 \\ 0.200 & 0.200 & 0.600 \end{bmatrix}$$

表 6—6　　　　目标复杂性指标对于 U_{11} 的相对重要性

U_{11}	U_{11}	U_{12}	U_{13}	W
U_{11}	(1 1 1)	(5/2 3 7/2)	(5/2 3 7/2)	0.600
U_{12}	(2/7 1/3 2/5)	(1 1 1)	(1/2 1 3/2)	0.200
U_{13}	(2/7 1/3 2/5)	(2/3 1 2)	(1 1 1)	0.200

同理，按照同样的计算方法可以得到所有元素集的模糊判断矩阵（具体计算见附录 D—1），并最终求出各元素的模糊超矩阵。

$$W=\begin{bmatrix} W_{11} & W_{12} & W_{13} & W_{14} & W_{15} & W_{16} \\ W_{21} & W_{22} & W_{23} & W_{24} & W_{25} & W_{26} \\ W_{31} & W_{32} & W_{33} & W_{34} & W_{35} & W_{36} \\ W_{41} & W_{42} & W_{43} & W_{44} & W_{45} & W_{46} \\ W_{51} & W_{52} & W_{53} & W_{54} & W_{55} & W_{56} \\ W_{61} & W_{62} & W_{63} & W_{64} & W_{65} & W_{66} \end{bmatrix}$$

（二）计算元素组权重

把元素组看成元素，用 FANP 法确定各元素组的权重（具体计算见附录 D—2）。

$$A=\begin{bmatrix} a_{11} & a_{12} & a_{13} & a_{14} & a_{15} & a_{16} \\ a_{21} & a_{22} & a_{23} & a_{24} & a_{25} & a_{26} \\ a_{31} & a_{32} & a_{33} & a_{34} & a_{35} & a_{36} \\ a_{41} & a_{42} & a_{43} & a_{44} & a_{45} & a_{46} \\ a_{51} & a_{52} & a_{53} & a_{54} & a_{55} & a_{56} \\ a_{61} & a_{62} & a_{63} & a_{64} & a_{65} & a_{66} \end{bmatrix}=\begin{bmatrix} 0.207 & 0.193 & 0.069 & 0.107 & 0.125 & 0.125 \\ 0.044 & 0.049 & 0.419 & 0.313 & 0.125 & 0.125 \\ 0.269 & 0.272 & 0.069 & 0.074 & 0.375 & 0.125 \\ 0.197 & 0.200 & 0.069 & 0.074 & 0.125 & 0.375 \\ 0.102 & 0.104 & 0.187 & 0.140 & 0.125 & 0.125 \\ 0.181 & 0.182 & 0.187 & 0.292 & 0.125 & 0.125 \end{bmatrix}$$

根据求得的 W 以及 A，构造模糊加权超矩阵如下：

$$\underline{W}=A\cdot W=\begin{bmatrix} a_{11}W_{11} & a_{12}W_{12} & a_{13}W_{13} & a_{14}W_{14} & a_{15}W_{15} & a_{16}W_{16} \\ a_{21}W_{21} & a_{22}W_{22} & a_{23}W_{23} & a_{24}W_{24} & a_{25}W_{25} & a_{26}W_{26} \\ a_{31}W_{31} & a_{32}W_{32} & a_{33}W_{33} & a_{34}W_{34} & a_{35}W_{35} & a_{36}W_{36} \\ a_{41}W_{41} & a_{42}W_{42} & a_{43}W_{43} & a_{44}W_{44} & a_{45}W_{45} & a_{46}W_{46} \\ a_{51}W_{51} & a_{52}W_{52} & a_{53}W_{53} & a_{54}W_{54} & a_{55}W_{55} & a_{56}W_{56} \\ a_{61}W_{61} & a_{62}W_{62} & a_{63}W_{63} & a_{64}W_{64} & a_{65}W_{65} & a_{66}W_{66} \end{bmatrix}$$

（三）求解超矩阵 $\underline{W}$

先讨论模糊加权超矩阵 $\underline{W}$ 的性质，由于 $\underline{W}>0$，即 $\underline{W}$ 是一个素阵与不可约矩阵。又因为 $\underline{W}$ 的每列之和均为 1，下面来证明 $\underline{W}$ 的最大特征根为 1，并且为单根，不存在其他模为 1 的特征根。

因为 $\underline{W}$ 的所有元素都大于零，所以 $\underline{W}$ 是一个正矩阵。根据 Perron 定理，$\rho(\underset{-}{W})$ 就是 $\underset{-}{W}$ 的一个单重特征根，并且对应于 $\rho(\underset{-}{W})$ 有正特征向量。下面来证明 $\rho(\underset{-}{W})=1$：设 $\rho(\underset{-}{W})$ 是 $\underset{-}{W}$ 的一个特征值，所对应的正特征向量为 x，则 $\underset{-}{W}x=\rho(\underset{-}{W})x$，所以 $(\underset{-}{W}x)^T=(\rho(\underset{-}{W})x)^T$，则 $x_i\sum_{j=1}^{n}\underset{-}{w_{ij}}=\rho(\underset{-}{W})x_i$，$i=1,2,\cdots,n$。又因为 $\underset{-}{W}$ 是加权超矩阵，也就是 $\underset{-}{W}$ 的各列加起来之和是1，所以 $x_i=\rho(\underset{-}{W})x_i$，而 $x_i>0$，所以 $\rho(\underset{-}{W})=1$。

根据正矩阵的性质，$(\rho(\underset{-}{W}))^{-1}\underset{-}{W}$ 是幂收敛的，即 $\underset{-}{W}$ 是一个幂收敛矩阵，亦即 $\underset{-}{W}^{\infty}$ 存在，并且 $\underset{-}{W}(\underset{-}{W}^{\infty})=\underset{-}{W}^{\infty}$。所以 $\underset{-}{W}^{\infty}$ 的每一列均为加权超矩阵 $\underset{-}{W}$ 对应于特征根1的特征向量，并且1是单根，$\underset{-}{W}$ 除1以外没有模为1的其他特征根。

然后计算 $\underset{-}{W}$ 对应于1的归一化的特征向量（用 Excel 计算得到）：

$$\underset{-}{W}^{\infty}=\begin{pmatrix}0.054348, 0.037272, 0.043657, 0.035631, 0.058331, 0.044105,\\ 0.049319, 0.091323, 0.094379, 0.175464, 0.132099, 0.184072\end{pmatrix}^T$$

由此，得到最终的因素相对权重结果如下：

$$C=\begin{pmatrix}0.054348, 0.037272, 0.043657, 0.035631, 0.058331, 0.044105,\\ 0.049319, 0.091323, 0.094379, 0.175464, 0.132099, 0.184072\end{pmatrix}$$

五　综合评价结果

根据计算所得的因素相对权重向量，计算世博项目复杂性各维度的复杂性程度如表6—7所示。从表6—7可以看出，世博项目复杂性方面，信息复杂性最高，其次为目标复杂性、技术复杂性与组织复杂性，环境复杂性与任务复杂性略低。

表6—7　　世博项目复杂性各维度的复杂性程度

项目复杂性构成	因素	均值	因素相对权重	各维度因素权重	加权均值	复杂性程度
目标复杂性（U_1）	U_{11}	3.9	0.054348	0.203487	0.79	3.50
	U_{12}	3.85	0.037272	0.139551	0.54	
	U_{13}	3.3	0.175464	0.656962	2.17	

续表

项目复杂性构成	因素	均值	因素相对权重	各维度因素权重	加权均值	复杂性程度
信息复杂性（U_2）	U_{21}	3.8	0.043657	0.183886	0.70	3.60
	U_{22}	3.7	0.058331	0.245690	0.91	
	U_{23}	3.7	0.044105	0.185769	0.69	
	U_{24}	3.4	0.091323	0.384654	1.31	
环境复杂性（U_3）	U_{31}	3.75	0.035631	0.162177	0.61	3.37
	U_{32}	3.3	0.184072	0.837823	2.76	
技术复杂性（U_4）	U_{41}	3.45	0.049319	1.000000	3.45	3.45
组织复杂性（U_5）	U_{51}	3.4	0.094379	1.000000	3.40	3.40
任务复杂性（U_6）	U_{61}	3.3	0.132099	1.000000	3.30	3.30

项目复杂性的综合评价选择加权平均型算子 $M(\cdot, \oplus)$ 型，计算结果为：

$$B = C \cdot R = (0.050000, 0.151195, 0.245026, 0.358906, 0.194872)$$

按照隶属度最大原则，在 B 中，最大值为 0.358906，属于高度复杂，即世博项目的复杂性等级属于高度复杂。而且 B 中的第二大值 0.245026 对应的是中度复杂，说明在项目实际进展中进行更为全面、深入的监控，完全有机会将整体复杂性控制在中等复杂范畴。因此，我们应该对该项目进行详细的分析，对项目复杂性影响较大的因素进行有效控制，做好控制和管理。

六 世博项目复杂性管理策略分析

Fiori 和 Kovaka（2005）以复杂建设项目中的一种——巨项目作为研究对象，将项目复杂性视为巨项目工具中的五个维度之一，评估了六个巨项目。世博项目复杂性与 Fiori 和 Kovaka（2005）测度的项目复杂性均值的比较如图 6—3 所示。从图 6—3 可以看出，世博项目的复杂性各维度均高于 Fiori 和 Kovaka（2005）中巨项目的复杂性均值。其中，信息复杂性最高，其次为目标复杂性、技术复杂性与组织复杂性，环境复杂性与任务复杂性略低。因此，世博项目是高度复杂项目的典型代表。

进一步分析世博项目应对其复杂性的管理策略。通过分析发现，业主

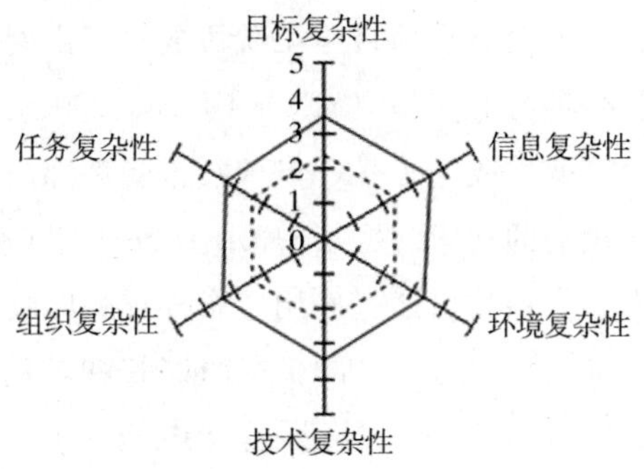

图 6—3　世博项目复杂性与其他复杂建设项目均值的对比雷达图

采用了项目群管理方法应对世博项目的复杂性（Hu et al.，2013，2014；何清华等，2009；乐云等，2009；张悦颖等，2010）。通过采用该方法，虽然世博项目属于高度复杂项目，但仍然提前 11 天完工，并在批准的预算内实现了安全、质量和环境目标（Hu et al.，2014），取得了项目成功。Remington and Pollack（2007）指出项目群管理方法是处理各种项目复杂性最有利的办法。针对六种不同的项目复杂性，业主采取了相应的预防和控制对策（Hu et al.，2013）。

目标复杂性方面，业主采用项目分解结构和工作分解结构（project breakdown structure and work breakdown structure，PBS/WBS）工具来协同不同组织单位的目标和总体目标（SECH Office，2008，2009）。此外，成立了相应的职能管理部门（functional management divisions，FMDs），如成本管理部门、进度管理部门、安全管理部门、质量管理部门以监督所有目标的执行。

信息复杂性方面，业主成立了复杂建设项目投资控制与合同管理（cost control and contract administration，C3A）计算机集成系统以实时收集信息进行进度信息分析，实现了项目投资控制、合同管理、信息交流与共享“三位一体”的集成化管理体系（乐云，2011），从而满足决策者的信息需求。此外，业主成立了专门的信息管理系统并采取激励措施以促进与集成设计者、承包商、供应商与政府部门的沟通交流（Hu et al.，2014）。

环境复杂性方面，业主在项目前期阶段组织了多轮内部讨论以分析项目执行的环境限制，当地政府在项目施工阶段成立了由副市长组织的项目治理委员会以保证整个项目的实施（SECH Office，2008）。

技术复杂性方面，业主成立了一个专门技术管理部门以管理在建设展馆、基础设施和设备现场的技术问题（SECH Office，2008）。

组织复杂性方面，当地政府通过雇用一个外部顾问临时构建了业主主导型的项目群组织，业主建立了包括 10 个职能管理部门（FMDs）和 10 个项目管理团队（Project management team，PMTs）的一个矩阵组织结构以满足项目类型需求（SECH Office，2008）。

任务复杂性方面，采用项目分解结构和使用工作分解结构（PBS/WBS）工具来协同不同组织单位和总体任务（SECH Office，2008，2009）。

第五节　CCPCMM 测度模型的应用建议

本章基于模糊网络分析法构建了复杂建设项目复杂性测度模型 CCPCMM。模糊网络分析法是利用三角模糊数将传统的网络分析法和模糊综合评判有机结合起来形成的一种新的系统分析方法，具有的优点：一是考虑了复杂建设项目的复杂性各影响要素间的相互作用；二是考虑了专家使用语言术语带来的模糊性。CCPCMM 弥补了已有研究的不足，有利于定量测度项目复杂性，从而为复杂建设项目决策提供参考。

将项目复杂性程度分为简单化、轻度复杂、中度复杂、高度复杂和极度复杂五个等级。对于单个复杂建设项目，可测度其项目复杂性程度以及具体复杂性，然后根据项目复杂性，有针对性地采取复杂性管理措施；而对于有多个复杂建设项目，可进行多项目的横向对比，以进行风险及资源分配（Monfared and Jenab，2012）。通过对具体项目的复杂性进行量化，决策者和业主方可以获得相应知识与信息，从而在项目实施过程中制定更合适的组织和策略。与此同时，承包商可以利用这些信息来提升在投标、项目目标设定、风险评估和人员配备上的管理决策（Xia and Chan，2012）。因此，为了在复杂的环境下更好地管理复杂建设项目，提出了 CCPCMM 在实践操作中的一些建议：

（1）在项目尽可能早的阶段执行复杂性测度流程，并对项目复杂性进行持续检查。在未来的研究中，可以开发相应计算机智能软件对整个项目复杂性进行动态模拟，从而进行实现复杂性的实时监控和持续管理。

（2）制定适当的战略和组织安排以应对项目的各种复杂性及环境变化所导致的潜在变化。针对特定项目，可根据 CCPCMM 模型测度出复杂建设项目的复杂性具体维度，从而为项目利益相关者采取有针对性的预防措施提供借鉴。如实证分析中的世博项目采取了一系列措施应对不同项目复杂性。

（3）可根据项目复杂性等级确定个人行为偏好，保持与项目复杂性程度一致的交付领导能力（Muller et al.，2012）。

（4）在复杂建设项目测度过程中需要注意的是，因为项目系统的整体复杂性状况是由各种不同复杂性要素共同影响和决定的，因此，对于项目系统复杂性的多种构成要素，不能孤立地对个别复杂性要素进行识别、管理和控制，需要采用综合集成和协同工作的思想以达到对项目复杂性的有效管理。另外，由于第五章的研究结果表明，受访者的不同性别、年龄、工作年限在项目复杂性中存在显著差异，因此，在采用该模型进行复杂性测度时，专家的选择应按照性别、年龄、工作年限进行分层抽样。

第六节　本章小结

项目复杂性是各种因素相互作用的结果，因此，本章基于 FANP 法构建了复杂建设项目的复杂性测度模型 CCPCMM，从而测度出具体复杂建设项目的关键复杂性维度及整体项目复杂性程度。该模型既考虑了项目复杂性各因素的相互作用，也考虑了模糊数字的模糊性，具体包括五大步骤：构建项目复杂性因素集；构建项目复杂性 ANP 模型；建立单因素评判矩阵；计算 FANP 权重；综合评价。然后以 2010 年上海世博建设项目对 CCPCMM 测度模型进行了验证。通过对世博项目的实证分析，验证了该测度模型的有效性，并分析了不同项目复杂性的管理策略，从而为我国复杂建设项目的管理提供了参考借鉴。最后针对 CCPCMM 测度模型的应用提出了操作建议。

第七章

复杂建设项目的复杂性对项目成功的影响作用

项目成功是项目管理的最终目的，分析复杂建设项目的复杂性对项目成功产生的影响作用具有重要意义。因此，本章基于文献综述提出了复杂建设项目的复杂性与项目成功之间的关系假设，并运用结构方程模型（SEM）分析了复杂建设项目的不同复杂性维度对项目成功的影响作用。

第一节　问题的描述

实现项目成功是项目管理的最终目的。实践界大都定性认为项目复杂性会影响项目成功，但缺乏实际的验证。理论上说，与复杂建设项目有关的任何因素都有可能影响项目成功，但是，并不是所有复杂性因素都会对项目成功产生显著影响作用。

尽管现有研究已经得出了一些重要的结论，如项目复杂性对项目绩效产生影响，但对其具体关系及影响作用未进行深入分析和研究，不能很好地应用于实践。一方面，目前研究大都聚焦于一般项目复杂性，其指标未考虑复杂建设项目的特点。另一方面，其项目复杂性和项目成功指标通常较宏观、较理论，很难应用于实践，如项目成功的指标除了传统金三角——质量、时间和成本外，还应考虑其他成功指标，从而为项目经理更好地管理项目复杂性提供借鉴（Macheridis and Nilsson，2004）。因此，本章采用结构方程模型分析复杂建设项目的复杂性对项目成功的影响作用。之所以采用 SEM，是因为 SEM 是进行路径分析的一种主要工具，它具有不受回归分析假设条件的限制、可同时考虑并处理多个因变量、容许自变量和因变量含测量误差、可同时估计因子结构和因子关系等优点（吴明隆，2009）。项目复杂性与项目成功是由多个维度构成的，各个维度之间呈现出一定的结构性和层次性，因而可采用结构方程模型分析项目复杂性各维度对项目成功各维度的影响作用。

因此，本章主要解决以下问题：

项目复杂性是否对项目成功产生显著影响作用？

项目复杂性各维度对项目成功的影响作用如何？

项目复杂性各维度对项目成功各维度的影响作用如何？

第二节　概念模型与研究假设

国外已有许多文献探讨了项目复杂性与项目绩效的影响作用。在项目绩效方面，Puddicombe（2011）通过对超过 1300 个项目的分析表明，技术复杂性和新颖对项目绩效具有显著影响；Antoniadis et al.（2011）通过五个案例研究，表明社会—组织相互作用的复杂性与行为欠阻尼的控制系统有相似之处，并发现社会—组织复杂性由相互作用的各部分造成，如果未进行很好的管理可能会导致绩效的下降。此外，Lebcir and Choudrie（2011）建立了一个建设工程项目的复杂性框架，并通过系统动力学（system dynamics，SD）仿真模型集成项目复杂性、项目操作及其时间绩效，评估了其对项目周期的影响作用；Tam（2010）使用聚类和以知识为基础的系统评估了项目技术复杂性对建筑生产的影响；Bosch-Rekveldt（2011）从大型工程项目得出项目复杂性会负向影响项目的绩效，而技术复杂性、组织复杂性和复杂性的外部环境维度的影响作用大小都不同。项目复杂性因素对项目绩效影响最显著的是目标/范围，方法的不确定性，项目管理方法工具的不兼容，资源和技能短缺、不同学科之间的交互以及缺乏公司内部的支持。国内也有一些学者对项目复杂性的影响作用进行了研究，如李慧（2009）提出了组织复杂性与技术复杂性以及项目复杂性对项目绩效的影响假设。

除此之外，一些学者将项目复杂性作为调节变量，研究了其对其他变量关系的调节作用。例如 Muller et al.（2012）调查了项目复杂性对项目经理领导能力和项目成功关系的调节作用；McComb et al.（2007）通过收集60个跨职能项目团队的数据，表明了项目复杂性对适应性与绩效关系的调节作用；Liu（1999）验证了目标承诺和项目复杂性对项目参与者出色业绩的影响作用；Kennedy et al.（2011）采用虚拟实验研究了在不同类型和程度的项目复杂性下，团队沟通与绩效的关系；Williamson（2011）研究结果表明，IT项目的难度与项目复杂性直接相关，但项目复杂性与IT项目成功负相关。

综上所述，许多学者对项目复杂性与项目绩效的关系进行了研究，但缺乏对项目成功的研究。研究表明，项目复杂性对项目绩效呈负相关，这意味着项目复杂性会降低项目绩效。项目成功的界定范围大于项目绩效，项目成功的指标除了传统金三角——质量、时间和成本外，还应考虑其他成功指标。综合已有研究基础，提出假设：

H0：项目复杂性对项目成功具有显著负向作用。

根据第四章构建的复杂建设项目的复杂性因素框架（I，TA，TE，O，E，G），项目复杂性包括信息复杂性、任务复杂性、技术复杂性、组织复杂性、环境复杂性、目标复杂性六个维度。因此，本书将信息复杂性、任务复杂性、技术复杂性、组织复杂性、环境复杂性、目标复杂性作为SEM模型中的潜变量，第四章识别出的复杂性关键因素作为测度各个潜变量的显变量，进行复杂建设项目的复杂性对项目成功影响作用分析。

由第三章问卷设计过程中对项目成功的文献综述可知，项目成功的含义非常广泛，既可包含项目过程又可包括项目结束后所带来的效应；既可涉及项目各参与方，又可涉及项目的其他利益相关方。因此，将项目成功界定为整个复杂建设项目的成功，其指标采用Chan and Chan（2004）提出的建设项目成功评价标准体系，包括时间、成本、质量、健康与安全、环境影响、参与各方满意、使用者满意、商业价值八个方面。

由此，本书提出复杂建设项目的复杂性与项目成功之间影响作用的概念模型如图7—1所示。

根据上述概念模型，具体提出如下假设：

H1：信息复杂性对项目成功具有显著负向作用；

H1—1：信息复杂性对项目的时间具有显著负向作用；

H1—2：信息复杂性对项目的成本具有显著负向作用；

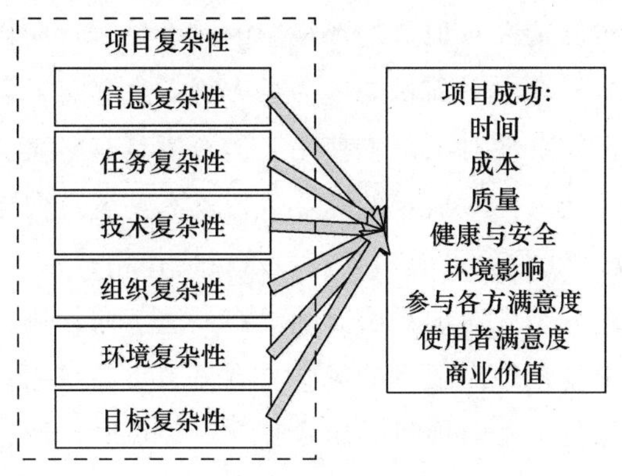

图 7—1　假设理论模型

H1—3：信息复杂性对项目的质量具有显著负向作用；

H1—4：信息复杂性对项目的健康与安全具有显著负向作用；

H1—5：信息复杂性对项目的环境影响具有显著负向作用；

H1—6：信息复杂性对项目的参与各方满意度具有显著负向作用；

H1—7：信息复杂性对项目的使用者满意度具有显著负向作用；

H1—8：信息复杂性对项目的商业价值具有显著负向作用；

H2：任务复杂性对项目成功具有显著负向作用；

H2—1：任务复杂性对项目的时间具有显著负向作用；

H2—2：任务复杂性对项目的成本具有显著负向作用；

H2—3：任务复杂性对项目的质量具有显著负向作用；

H2—4：任务复杂性对项目的健康与安全具有显著负向作用；

H2—5：任务复杂性对项目的环境影响具有显著负向作用；

H2—6：任务复杂性对项目的参与各方满意度具有显著负向作用；

H2—7：任务复杂性对项目的使用者满意度具有显著负向作用；

H2—8：任务复杂性对项目的商业价值具有显著负向作用；

H3：技术复杂性对项目成功具有显著负向作用；

H3—1：技术复杂性对项目的时间具有显著负向作用；

H3—2：技术复杂性对项目的成本具有显著负向作用；

H3—3：技术复杂性对项目的质量具有显著负向作用；

H3—4：技术复杂性对项目的健康与安全具有显著负向作用；

H3—5：技术复杂性对项目的环境影响具有显著负向作用；

H3—6：技术复杂性对项目的参与各方满意度具有显著负向作用；

H3—7：技术复杂性对项目的使用者满意度具有显著负向作用；

H3—8：技术复杂性对项目的商业价值具有显著负向作用；

H4：组织复杂性对项目成功具有显著负向作用；

H4—1：组织复杂性对项目的时间具有显著负向作用；

H4—2：组织复杂性对项目的成本具有显著负向作用；

H4—3：组织复杂性对项目的质量具有显著负向作用；

H4—4：组织复杂性对项目的健康与安全具有显著负向作用；

H4—5：组织复杂性对项目的环境影响具有显著负向作用；

H4—6：组织复杂性对项目的参与各方满意度具有显著负向作用；

H4—7：组织复杂性对项目的使用者满意度具有显著负向作用；

H4—8：组织复杂性对项目的商业价值具有显著负向作用；

H5：环境复杂性对项目成功具有显著负向作用；

H5—1：环境复杂性对项目的时间具有显著负向作用；

H5—2：环境复杂性对项目的成本具有显著负向作用；

H5—3：环境复杂性对项目的质量具有显著负向作用；

H5—4：环境复杂性对项目的健康与安全具有显著负向作用；

H5—5：环境复杂性对项目的环境影响具有显著负向作用；

H5—6：环境复杂性对项目的参与各方满意度具有显著负向作用；

H5—7：环境复杂性对项目的使用者满意度具有显著负向作用；

H5—8：环境复杂性对项目的商业价值具有显著负向作用；

H6：目标复杂性对项目成功具有显著负向作用；

H6—1：目标复杂性对项目的时间具有显著负向作用；

H6—2：目标复杂性对项目的成本具有显著负向作用；

H6—3：目标复杂性对项目的质量具有显著负向作用；

H6—4：目标复杂性对项目的健康与安全具有显著负向作用；

H6—5：目标复杂性对项目的环境影响具有显著负向作用；

H6—6：目标复杂性对项目的参与各方满意度具有显著负向作用；

H6—7：目标复杂性对项目的使用者满意度具有显著负向作用；

H6—8：目标复杂性对项目的商业价值具有显著负向作用。

第三节　项目复杂性与项目成功的验证性因子分析

第五章已对项目复杂性量表的信度与效度进行了分析，下面采用SEM对项目复杂性与各层面量表以及项目成功量表进行验证性因子分析①。

一　项目复杂性各层面验证性因子分析

（一）信息复杂性的验证性因子分析

在上一章的探索性因子分析中，信息复杂性变量已经是单维度，包括9个测量项目。对信息复杂性的测量进行验证性因子分析，结果如图7—2与表7—1所示。②

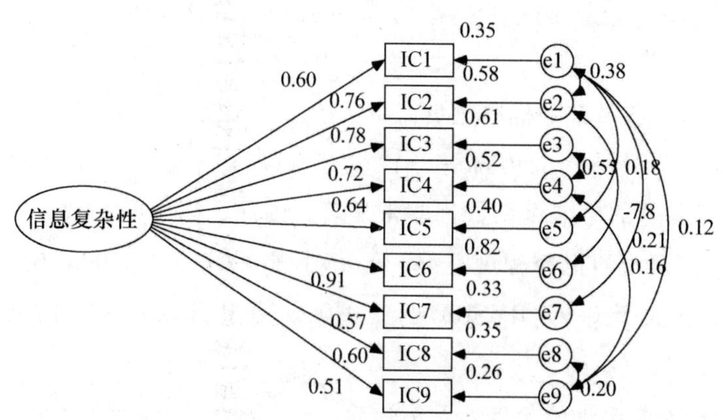

图7—2　信息复杂性测量模型的验证性因子分析

---

① 验证性因子分析的评价包括信度和效度的评价：（1）建构信度：可以通过各测量项目的组合信度（composite reliability，CR）指数来衡量，CR在0.6以上才表示建构信度良好（Bagozzi and Yi，1988）。（2）收敛效度：可通过平均方差抽取量（average variance extracted，AVE）来衡量测量的收敛效度。如果AVE达到0.5以上，则认为针对该变量的问卷具有很好的收敛效度（Fornell and Larcker，1981）。（3）区分效度：可通过比较AVE值和潜变量间相关系数的关系来进行判断，即当各潜变量的AVE值均大于各潜变量间相关系数的平方时，可认为具有区分效度（Fornell and Larcker，1981）。

② 本书图示中数据为软件自动生成（个别有压线现象），并非所有数据都被应用到研究之中，特此说明，后同。

表 7—1　　　信息复杂性的测量模型参数估计表

潜变量	测量条款	标准化系数（R）	t 值	R^2	CR	AVE
信息复杂性	IC1	0.596	—	0.355	0.886	0.470
	IC2	0.761	10.832 ***	0.579		
	IC3	0.779	9.484 ***	0.607		
	IC4	0.722	9.031 ***	0.522		
	IC5	0.636	9.012 ***	0.405		
	IC6	0.907	9.885 ***	0.823		
	IC7	0.575	8.567 ***	0.330		
	IC8	0.595	7.889 ***	0.354		
	IC9	0.508	7.394 ***	0.258		
拟合优度指数（P=0.005）：						
χ^2/df	GFI	AGFI	NFI	IFI	CFI	RMSEA
2.026	0.966	0.920	0.968	0.983	0.983	0.065

注：未列 t 值则为固定参数项目；＊＊＊表示 $p<0.001$。

结果显示，各条款的标准化负荷系数都在 0.5 以上，因子组合信度大于 0.6，说明测量结构的内部一致性较好。言行一致性的 AVE 接近于 0.5，并且各条款的标准化系数都非常显著，因此，因子的收敛效度可以接受。此外，模型的拟合程度良好。χ^2/df 小于 3，GFI、AGFI、NFI、IFI 和 CFI 的值都大于 0.9，RMSEA 小于 0.08。由上可以看出，模型是有效的。

（二）任务复杂性的验证性因子分析

在上一章的探索性因子分析中，任务复杂性变量已经是单维度，包括 4 个测量项目，经过信度分析去掉 TAC4，剩余 3 个测量项目。对任务复杂性的测量进行验证性因子分析，结果如图 7—3 与表 7—2 所示。

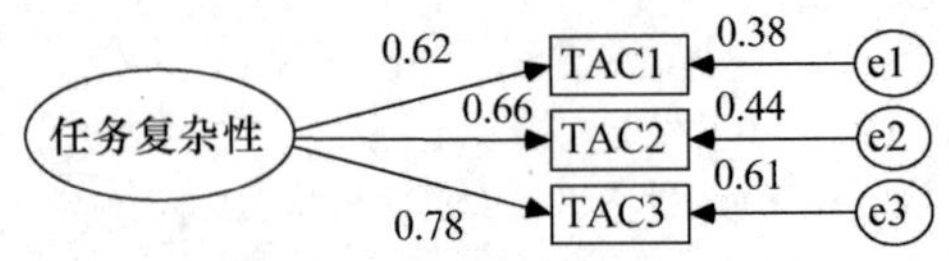

图 7—3　任务复杂性测量模型的验证性因子分析

表 7—2　　任务复杂性的测量模型参数估计表

潜变量	测量条款	标准化系数（R）	t 值	R^2	CR	AVE
任务复杂性	TAC1	0.617	—	0.380	0.731	0.478
	TAC2	0.663	7.178 ***	0.440		
	TAC3	0.783	6.890 ***	0.613		
拟合优度指数（P = 0.000）：						
χ^2/df	GFI	AGFI	NFI	IFI	CFI	RMSEA
—	1.000	—	1.000	1.000	1.000	0.452

结果显示，各条款的标准化负荷系数都在 0.5 以上，因子组合信度大于 0.6，说明测量结构的内部一致性较好。言行一致性的 AVE 接近于 0.5，并且各条款的标准化系数都非常显著，因此因子的收敛效度可以接受。此外，该模型的拟合程度良好。该测量模型为饱和模型，GFI、NFI、IFI 和 CFI 的值都大于 0.9，RMSEA 大于 0.08。由上可以看出，模型是有效的。

（三）技术复杂性的验证性因子分析

在上一章的探索性因子分析中，技术复杂性变量已经是单维度，包括 4 个测量项目。对技术复杂性的测量进行验证性因子分析，结果如图 7—4 与表 7—3 所示。

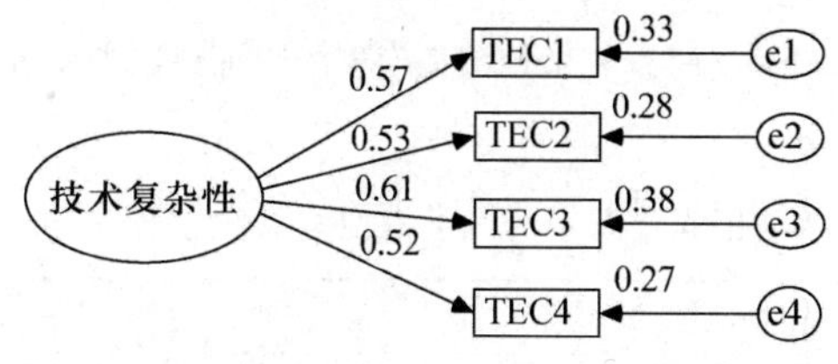

图 7—4　技术复杂性测量模型的验证性因子分析

结果显示，各条款的标准化负荷系数都在 0.5 以上，因子组合信度大于 0.6，说明测量结构的内部一致性较好。言行一致性的 AVE 小于 0.5，但各条款的标准化系数都非常显著，因此，因子的收敛效度可以接受。此外，模型的拟合程度良好。χ^2/df 小于 3，GFI、AGFI、NFI、IFI 和 CFI 的值都大于 0.9，RMSEA 小于 0.08。由上可以看出，模型是有效的。

表 7—3　　技术复杂性的测量模型参数估计表

潜变量	测量条款	标准化系数（R）	t 值	R^2	CR	AVE
技术复杂性	TEC1	0.571	—	0.326	0.647	0.315
	TEC2	0.532	5.127***	0.283		
	TEC3	0.613	5.347***	0.376		
	TEC4	0.524	5.091***	0.275		
拟合优度指数（P=0.110）：						
χ^2/df	GFI	AGFI	NFI	IFI	CFI	RMSEA
2.211	0.991	0.955	0.963	0.979	0.979	0.070

注：未列 t 值则为固定参数项目；＊＊＊表示 $p<0.001$。

（四）组织复杂性的验证性因子分析

在上一章的探索性因子分析中，组织复杂性变量已经是单维度，包括 2 个测量项目。对组织复杂性的测量进行验证性因子分析，结果如图 7—5 与表 7—4 所示。

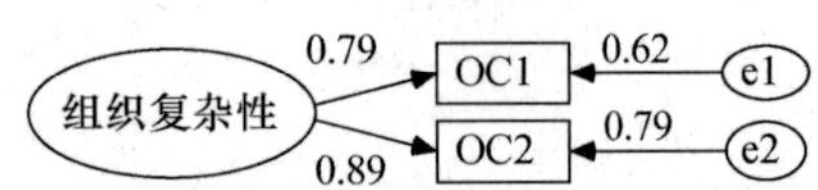

图 7—5　组织复杂性测量模型的验证性因子分析

表 7—4　　组织复杂性的测量模型参数估计表

潜变量	测量条款	标准化系数（R）	t 值	R^2	CR	AVE
环境复杂性	OC1	0.788	—	0.621	0.826	0.705
	OC2	0.888	—	0.789		
拟合优度指数（P=—）：						
χ^2/df	GFI	AGFI	NFI	IFI	CFI	RMSEA
—	1.000	—	1.000	1.000	1.000	0.818

注：未列 t 值则为固定参数项目；＊＊＊表示 $p<0.001$。

结果显示，各条款的标准化负荷系数都在0.5以上，因子组合信度大于0.6，说明测量结构的内部一致性较好。言行一致性的AVE大于0.5，因此，因子的收敛效度可以接受。此外，模型的拟合程度良好。该测量模型为低度识别模型，GFI、NFI、IFI和CFI的值大于0.9，RMSEA大于0.08。由上可以看出，模型是有效的。

（五）环境复杂性的验证性因子分析

在上一章的探索性因子分析中，环境复杂性变量已经是单维度，包括4个测量项目。对环境复杂性的测量进行验证性因子分析，结果如图7—6与表7—5所示。

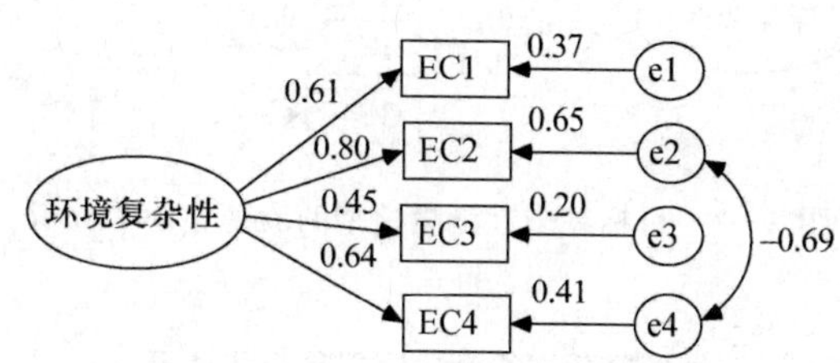

图7—6　环境复杂性测量模型的验证性因子分析

表7—5　环境复杂性的测量模型参数估计表

潜变量	测量条款	标准化系数（R）	t值	R^2	CR	AVE
环境复杂性	EC1	0.608	—	0.370	0.726	0.408
	EC2	0.805	4.197 ***	0.648		
	EC3	0.450	5.911 ***	0.203		
	EC4	0.641	4.527 ***	0.411		

拟合优度指数（P＝0.319）：

χ^2/df	GFI	AGFI	NFI	IFI	CFI	RMSEA
0.992	0.998	0.980	0.994	1.000	1.000	0.000

注：未列t值则为固定参数项目；＊＊＊表示 $p<0.001$。

结果显示，除了EC3的标准化负荷系数接近于0.5外，其余各条款都在0.5以上，因子组合信度大于0.6，说明测量结构的内部一致性较好。言行一致性的AVE略小于0.5，但各条款的标准化系数都非常显著，因此因子的收敛效度可以接受。此外，模型的拟合程度良好。χ^2/df 小于 3，GFI、AGFI、NFI、IFI 和 CFI 的值大于 0.9，RMSEA 小于 0.08。由上可以看出，模型是有效的。

（六）目标复杂性的验证性因子分析

在上一章的探索性因子分析中，技术复杂性变量已经是单维度，包括 4 个测量项目。对目标复杂性的测量进行验证性因子分析，结果如图 7—7 与表 7—6 所示。

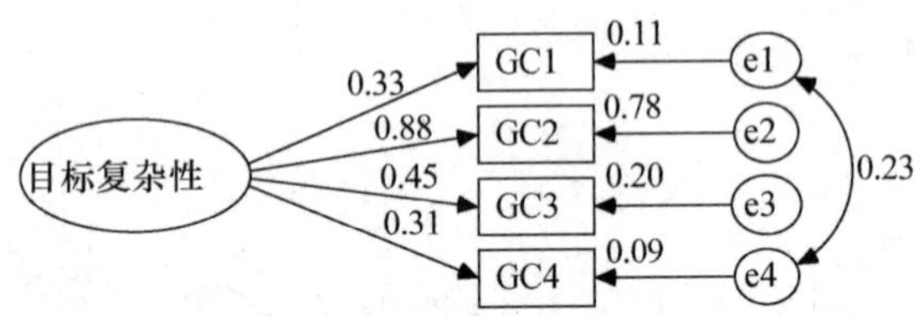

图 7—7 目标复杂性测量模型的验证性因子分析

表 7—6 目标复杂性的测量模型参数估计表

潜变量	测量条款	标准化系数（R）	t 值	R^2	CR	AVE
目标复杂性	GC1	0.334	—	0.112	0.580	0.297
	GC2	0.884	2.782**	0.782		
	GC3	0.446	3.998***	0.199		
	GC4	0.307	3.780***	0.094		

拟合优度指数（P = 0.663）：

χ^2/df	GFI	AGFI	NFI	IFI	CFI	RMSEA
0.190	1.000	0.996	0.998	1.008	1.000	0.000

注：未列 t 值则为固定参数项目；***表示 $p<0.001$，**表示 $p<0.01$。

结果显示，GC2 与 GC3 的标准化负荷系数接近或者在 0.5 以上，GC1 与 GC4 条款偏低；因子组合信度接近 0.60，说明测量结构的内部一致性可以接受。言行一致性的 AVE 小于 0.5，但各条款的标准化系数都非常显著，因此因子的收敛效度可以接受。此外，模型的拟合程度良好。χ^2/df 小于 3，GFI、AGFI、NFI、IFI 和 CFI 的值大于 0.9，RMSEA 小于 0.08。由上可以看出，模型是有效的。

二　项目复杂性整体验证性因子分析

（一）因子模型设定

项目复杂性由六个潜在变量构成，分别是信息复杂性、任务复杂性、技术复杂性、组织复杂性、环境复杂性和目标复杂性。其中信息复杂性有9个测量指标，任务复杂性有3个测量指标，技术复杂性有4个测量指标，组织复杂性有2个测量指标，环境复杂性有4个测量指标，目标复杂性有4个测量指标。项目复杂性整体模型验证性因子分析模型如图7—8所示（数据为软件自动生成）。

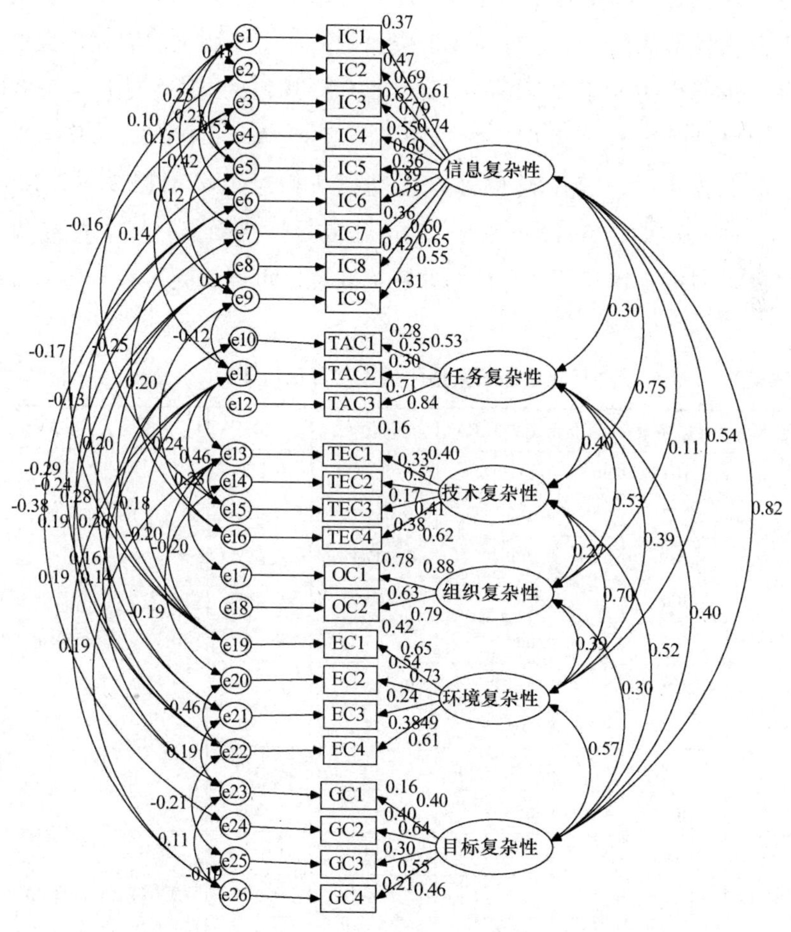

图7—8　项目复杂性整体模型验证性因子分析模型

（二）因子模型识别

根据模型识别的 t 法则，该测度模型的观察变量有 26 个，因此 q（q +1）/2 = 351。该模型中的自由参数共有 15 + 26 + 26 = 67 个，包括 15 个协方差、26 个回归系数（因素负荷量）、26 个方差，由于 t = 67 < 351，模型自由度为正数，表示测量模型为过度识别模型，满足模型识别的必要条件。

（三）模型参数估计

运用 AMOS 软件，采用多因素斜交对模型进行了分析，结果如表 7—7 所示。

从绝对拟合指标来看，$\chi^2/df = 1.501$，$p < 0.01$，达到显著水平，这表明本书测量模型的协方差矩阵与实证资料的协方差矩阵之间有显著性的差异存在。由于卡方检验的局限性，继续检验其他的指标。GFI = 0.900，AGFI = 0.857，基本达到 0.9 的门槛值。RMSEA = 0.045，小于接受值 0.08，故总体上看，显示模型可以接受；从相对拟合指标来看，IFI = 0.952，CFI = 0.950，NFI = 0.868，均达到或接近接受值 0.90，故整体上看，因子模型拟合良好，具有良好的建构效度，可以接受。

表 7—7　　项目复杂性的整体测量模型参数估计表

潜变量	测量条款	标准化系数（R）	t 值	R^2	CR	AVE
信息复杂性	IC1	0.610	7.981***	0.372	0.888	0.473
	IC2	0.687	8.059***	0.472		
	IC3	0.789	9.047***	0.622		
	IC4	0.739	9.165***	0.546		
	IC5	0.604	7.565***	0.365		
	IC6	0.891	9.418***	0.795		
	IC7	0.603	7.613***	0.363		
	IC8	0.646	8.630***	0.417		
	IC9	0.553	—	0.306		
任务复杂性	TAC1	0.526	6.818***	0.277	0.684	0.431
	TAC2	0.552	7.262***	0.305		
	TAC3	0.843	—	0.710		

续表

潜变量	测量条款	标准化系数（R）	t 值	R^2	CR	AVE
技术复杂性	TEC1	0.400	5.417 ***	0.160	0.575	0.260
	TEC2	0.573	6.773 ***	0.329		
	TEC3	0.410	5.284 ***	0.168		
	TEC4	0.618	—	0.382		
组织复杂性	OC1	0.881	9.040 ***	0.776	0.825	0.701
	OC2	0.793	—	0.629		
环境复杂性	EC1	0.650	7.168 ***	0.422	0.717	0.393
	EC2	0.734	6.877 ***	0.538		
	EC3	0.485	6.025 ***	0.235		
	EC4	0.613	—	0.376		
目标复杂性	GC1	0.397	4.941 ***	0.158	0.588	0.269
	GC2	0.636	5.869 ***	0.404		
	GC3	0.548	5.190 ***	0.300		
	GC4	0.461	—	0.213		
拟合优度指数（P=0.000）：						
χ^2/df	GFI	AGFI	NFI	IFI	CFI	RMSEA
1.501	0.900	0.857	0.868	0.952	0.950	0.045

注：未列 t 值则为固定参数项目；＊＊＊表示 $p<0.001$。

（四）信度评估

从表 7—7 中可以看出，除了测量条款 TEC1，TEC3，EC3，GC1，GC4 的标准化负荷接近 0.5 外，其余条款都在 0.5 以上，而且所有的标准化系数皆达到显著水平，因此，这 26 个指标可以作为六个潜在因子的测量指标。因子信度用建构信度来衡量，从表 7—7 中可以看出，组合信度的值都接近于 0.6 或者以上，这表明各潜变量的测量表现出了良好的内部一致性，信度指标均可接受。

（五）效度评估

对于项目复杂性整体测量模型的收敛效度，除了 GC1 外，各潜变量所属的因素负荷都接近或者大于 0.5，显示本书量表潜变量具备收敛效度。对于区分效度，主要是通过求得两两因子之间限制模型与未限制模型两者的 χ^2 值之差来分析，如果两者 χ^2 值之差的差异显著，则说明两因子之间具有良好的区分效度。整体模型共有六个因子，给予两两配对，求得15对区分效度的检验，结果如表7—8所示。结果显示，这15对配对χ^2值之差均达到显著水平（$p<0.05$），表明验证阶段的六个因子之间彼此区分效度良好。

表7—8　　　　项目复杂性整体模型的区分效度

两两配对因子	未限制模型		限制模型		χ^2 值之差及显著性		
	χ^2 值	*df*	χ^2 值	*df*	χ^2 值之差	*df*	P值
信息复杂性—任务复杂性	255.817	52	375.787	53	119.97 ***	1	0.000
信息复杂性—技术复杂性	296.020	64	371.817	65	75.797 ***	1	0.000
信息复杂性—组织复杂性	249.217	43	384.093	44	134.876 ***	1	0.000
信息复杂性—环境复杂性	323.566	64	425.351	65	101.785 ***	1	0.000
信息复杂性—目标复杂性	298.732	64	386.983	65	88.251 ***	1	0.000
任务复杂性—技术复杂性	49.997	13	141.359	14	91.362 ***	1	0.000
任务复杂性—组织复杂性	5.539	4	62.013	5	56.474 ***	1	0.000
任务复杂性—环境复杂性	60.633	13	129.497	14	68.864 ***	1	0.000
任务复杂性—目标复杂性	43.965	13	109.433	14	65.468 ***	1	0.000
技术复杂性—组织复杂性	15.395	8	112.702	9	97.307 ***	1	0.000
技术复杂性—环境复杂性	54.579	19	113.910	20	59.331 ***	1	0.000
技术复杂性—目标复杂性	38.086	19	123.803	20	85.717 ***	1	0.000
组织复杂性—环境复杂性	29.807	8	104.902	9	75.095 ***	1	0.000
组织复杂性—目标复杂性	37.626	8	106.293	9	68.667 ***	1	0.000
环境复杂性—目标复杂性	53.095	19	137.452	20	84.357 ***	1	0.000

注：未列t值则为固定参数项目；＊＊＊表示$p<0.001$。

三　项目成功整体验证性因子分析

（一）项目成功量表的信度分析

项目成功量表的信度分析结果如表7—9所示。从表7—9中可以看出，项目成功量表的总体α系数值为0.837，大于0.8；表中CITC的值介于0.404至0.650间，大于0.300，表示每个题项与其余题项加总的一致性高；“项已删除的α系数”列的数值除题项PS8稍大于0.837外（删除题项PS8后，其余题项的内部一致性α值虽然变高，但其数值与原先的内

部一致性 α 值相差甚小)，其余题项删除后的 α 值均小于 0.837，表示项目成功量表的内部一致性信度佳。

表 7—9　　　　　项目成功量表内部一致性信度分析结果

测量变量	CITC	项已删除的 α 系数	α 系数
PS1	0.618	0.811	0.837
PS2	0.650	0.806	
PS3	0.577	0.817	
PS4	0.474	0.829	
PS5	0.559	0.819	
PS6	0.631	0.810	
PS7	0.631	0.810	
PS8	0.404	0.839	

从总体检验情况看，项目成功量表信度检验的 Cronbach's α 值都符合要求，因此认为本书的量表设计符合信度要求。

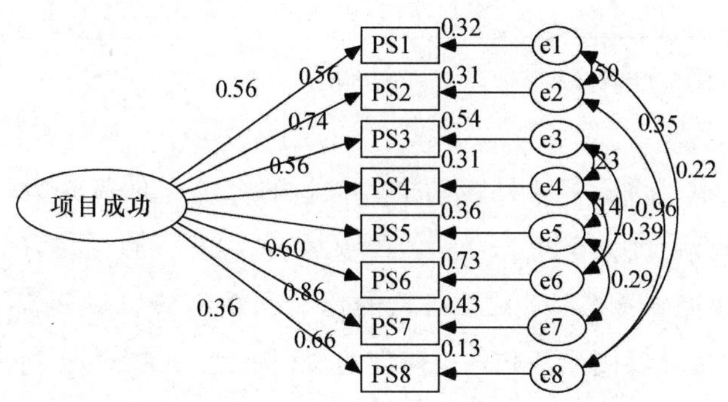

图 7—9　项目成功测量模型的验证性因子分析

（二）项目成功量表的效度分析

为了验证所设计的变量是否适合进入结构方程模型，本节通过收敛效度和区分效度分析进一步检验显变量对潜变量的测度效果，以及显变量之间、潜变量之间的区别性。

1. 收敛效度分析

通过构建各测度项的 CAF 模型，对 CAF 模型的拟合效果及回归参数进行分析，检验各子量表的收敛效度。对项目成功的测量进行验证性因子分析，结果如图 7—9 与表 7—10 所示。

表 7—10　　　　项目成功的测量模型参数估计表

潜变量	测量条款	标准化系数（R）	t 值	R^2	CR	AVE
项目成功	PS1	0.565	—	0.319	0.832	0.393
	PS2	0.558	10.523***	0.311		
	PS3	0.737	6.968***	0.544		
	PS4	0.557	5.763***	0.310		
	PS5	0.602	7.879***	0.363		
	PS6	0.857	7.568***	0.734		
	PS7	0.656	8.365***	0.430		
	PS8	0.364	5.870***	0.132		
拟合优度指数（P=0.035）：						
χ^2/df	GFI	AGFI	NFI	IFI	CFI	RMSEA
1.854	0.979	0.937	0.970	0.986	0.985	0.059

注：未列 t 值则为固定参数项目；＊＊＊表示 $p<0.001$。

结果显示，除了 PS8 外，其余各条款的标准化负荷系数都在 0.5 以上，因子组合信度大于 0.6，说明测量结构的内部一致性较好。言行一致性的 AVE 接近于 0.5，并且各条款的标准化系数都非常显著，因此，因子的收敛效度可以接受。此外，模型的拟合程度良好。χ^2/df 小于 3，GFI、AGFI、NFI、IFI 和 CFI 的值大于 0.9，RMSEA 小于 0.08。由上可以看出，模型是有效的。

2. 区分效度分析

对于区分效度，本书主要是求两两因子之间限制模型与未限制模型两者的 χ^2 值的差，如果两者之 χ^2 值的差异显著，则说明两因子之间具有良好的区分效度。第五章已经对项目复杂性的整体模型进行了区分效度分析，故此处仅对项目成功与项目复杂性各测量模型进行区分效度分析，即求得6对区分效度的检验，结果如表7—11所示。结果显示，这6对配对 χ^2 值之差均达到显著水平（$p<0.05$），表明项目成功与项目复杂性六个因子之间彼此区分效度良好。

表7—11　　项目复杂性与项目成功整体模型的区分效度

两两配对因子	未限制模型		限制模型		χ^2 值之差及显著性		
	χ^2 值	*df*	χ^2 值	*df*	χ^2 值之差	*df*	P值
信息复杂性—项目成功	499.819	118	929.316	119	429.497***	1	0.000
任务复杂性—项目成功	196.489	43	331.212	44	134.723***	1	0.000
技术复杂性—项目成功	227.964	53	400.576	54	172.612***	1	0.000
组织复杂性—项目成功	185.237	34	311.241	35	126.004***	1	0.000
环境复杂性—项目成功	247.183	53	425.892	54	178.709***	1	0.000
目标复杂性—项目成功	231.543	52	455.109	53	223.566***	1	0.000

注：***表示 $p<0.001$。

第四节　模型分析及研究结果

本章采用AMOS软件作为分析工具，模型的样本量为245。关于结构方程模型中样本量大小的选择问题，很多文献的建议都十分含混，甚至相互矛盾。侯杰泰等（2004）在总结各种文献研究结果后认为，大多数模型需要至少100—200个样本。当样本不够大时，应尝试以更多的指标测量每个因子。一般而言，每个因子至少应有3个指标。

一　项目复杂性对项目成功的影响作用

复杂建设项目的复杂性对项目成功的影响作用的模型分析结果如图7—10所示。由分析结果可知，项目复杂性对项目成功的路径系数为 -0.254，在0.001水平显著。模型的拟合结果显示，$\chi^2/df=1.667$，小于3，$p=0.000$，达到显著水平，表明本书测量模型的协方差矩阵与实证资料的协方差矩阵之间有显著性的差异存在，还需要结合其他指标来综合评判因子模型的拟合程度。从绝对拟合指标来看，GFI = 0.841，AGFI = 0.798，略低于0.90的标准；RMSEA = 0.048，小于接受值

0.08。从相对拟合指标来看，NFI = 0.799，IFI = 0.909，CFI = 0.906，除了 NFI，IFI 与 CFI 均大于接受值 0.90。由于复杂建设项目的项目复杂性研究，尚没有成熟的量表所借鉴，本书属于开拓性研究，所使用的测量量表大多是利用已有理论或访谈结果自行设计的量表。因此，根据以上情况，可认为 GFI、AGFI 和 NFI 的值也是可以接受的，总体上理论模型的拟合指标整体尚可。

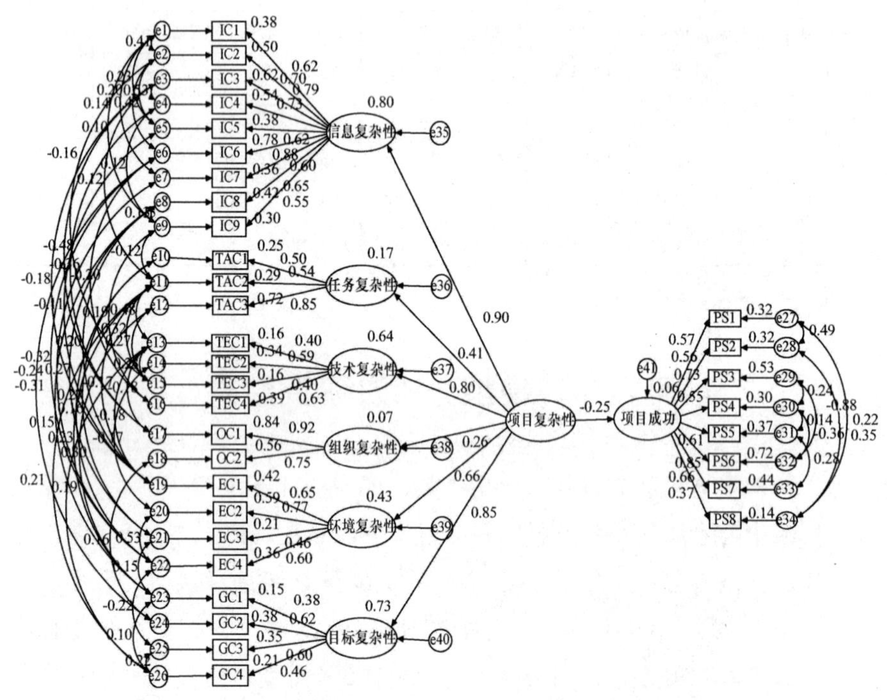

图 7—10　项目复杂性对项目成功的影响作用

因此，项目复杂性对项目成功的假设验证结果如下：

H0：项目复杂性对项目成功具有显著负向作用。

结构方程的分析结果表明，项目复杂性对项目成功的路径系数为 -0.254，显著性水平在 0.001 以上，故假设 H0 成立，项目复杂性对项目成功具有显著负向作用。

二　信息复杂性对项目成功的影响作用

（一）信息复杂性对项目成功的影响作用

复杂建设项目的信息复杂性对项目成功的影响作用的模型分析结果如图 7—11 所示。由分析结果可知，信息复杂性对项目成功的路径系数为 -0.312，在 0.01 水平显著。模型的拟合结果显示，$\chi^2/df=1.763$，小于 3，p = 0.000，达到显著水平，表明本书测量模型的协方差矩阵与实证资料的协方差矩阵之间有显著性的差异存在，还需要结合其他指标来综合评判因子模型的拟合程度。从绝对拟合指标来看，GFI = 0.933，AGFI = 0.887，接近或大于 0.90；RMSEA = 0.056，小于接受值 0.08。从相对拟合指标来看，NFI = 0.922，IFI = 0.965，CFI = 0.964，均大于接受值 0.90。因此，该模型拟合良好。

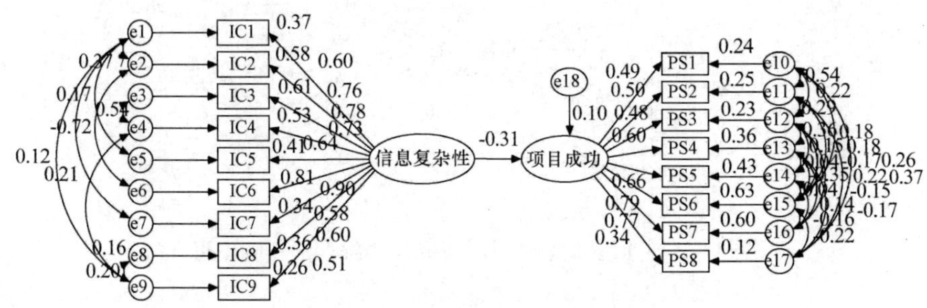

图 7—11　信息复杂性对项目成功的影响作用

（二）信息复杂性对项目成功各维度的影响作用

信息复杂性对项目成功各维度的影响作用的模型分析结果如图 7—12 和表 7—12 所示。由分析结果可知，除信息复杂性对商业价值的路径系数不显著以外，其他的所有路径系数都在 0.05 水平上显著。模型的拟合指数基本达标。其中，χ^2/df 小于 3，GFI、AGFI、NFI、IFI 和 CFI 的值都接近或大于 0.9，RMSEA 小于 0.08。由上可以看出，模型是有效的。

（三）信息复杂性对项目成功的假设验证结果

H1：信息复杂性对项目成功具有显著负向作用。

结构方程模型的分析结果表明，信息复杂性对项目成功的路径系数为

-0.312，显著性水平在0.01以上，故假设H1成立，即信息复杂性对项目成功具有显著负向作用。本假设下面的八个子假设的验证结果分别是：

H1—1：信息复杂性对项目的时间具有显著负向作用。

结构方程模型的分析结果表明，信息复杂性对项目时间的影响路径系数为-0.191，显著性水平在0.001以上，故假设H1—1成立，即信息复杂性对项目的时间具有显著负向作用。

H1—2：信息复杂性对项目的成本具有显著负向作用。

结构方程模型的分析结果表明，信息复杂性对项目成本的影响路径系数为-0.148，显著性水平在0.05以上，故假设H1—2成立，即信息复杂性对项目的成本具有显著负向作用。

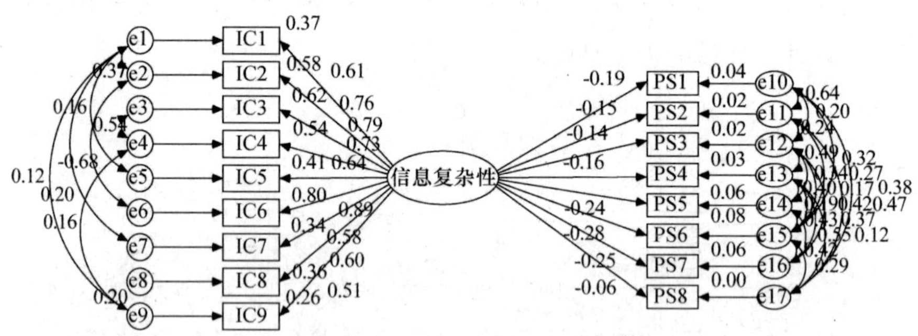

图7—12 信息复杂性对项目成功各维度的影响作用

表7—12 信息复杂性对项目成功各维度的拟合结果

变量间关系	标准化路径系数	C. R 值	是否支持假设
H1—1：信息复杂性→时间	-0.191**	-2.875	支持
H1—2：信息复杂性→成本	-0.148*	-2.245	支持
H1—3：信息复杂性→质量	-0.144*	-2.183	支持
H1—4：信息复杂性→健康与安全	-0.163*	-2.468	支持
H1—5：信息复杂性→环境影响	-0.244***	-3.643	支持
H1—6：信息复杂性→参与各方满意度	-0.279***	-4.133	支持
H1—7：信息复杂性→使用者满意度	-0.252***	-3.744	支持
H1—8：信息复杂性→商业价值	-0.060	-0.917	不支持
拟合优度指数	χ^2/df =2.323；GFI=0.910；AGFI=0.851；RMSEA=0.074；NFI=0.896；IFI=0.938；CFI=0.937		

注：***表示 $p<0.001$，**表示 $p<0.01$，*表示 $p<0.05$。

H1—3：信息复杂性对项目的质量具有显著负向作用。

结构方程模型的分析结果表明，信息复杂性对项目质量的影响路径系数为 -0.144，显著性水平在 0.001 以上，故假设 H1—2 成立，即信息复杂性对项目的质量具有显著的负向作用。

H1—4：信息复杂性对项目的健康与安全具有显著负向作用。

结构方程模型的分析结果表明，信息复杂性对项目健康与安全的影响路径系数为 -0.163，显著性水平在 0.001 以上，故假设 H1—4 成立，即信息复杂性对项目的健康与安全具有显著负向作用。

H1—5：信息复杂性对项目的环境影响具有显著负向作用。

结构方程模型的分析结果表明，信息复杂性对项目环境影响的影响路径系数为 -0.244，显著性水平在 0.001 以上，故假设 H1—5 成立，即信息复杂性对项目的环境影响具有显著负向作用。

H1—6：信息复杂性对项目的参与各方满意度具有显著负向作用。

结构方程模型的分析结果表明，信息复杂性对项目参与各方满意度的影响路径系数为 -0.279，显著性水平在 0.001 以上，故假设 H1—6 成立，即信息复杂性对项目的参与各方满意度具有显著负向作用。

H1—7：信息复杂性对项目的使用者满意度具有显著负向作用。

结构方程模型的分析结果表明，信息复杂性对项目使用者满意度的影响路径系数为 -0.252，显著性水平在 0.001 以上，故假设 H1—7 成立，即信息复杂性对项目的使用者满意度具有显著负向作用。

H1—8：信息复杂性对项目的商业价值具有显著负向作用。

结构方程模型的分析结果表明，信息复杂性对项目商业价值的影响路径系数为 -0.060，p 值为 0.359，故假设 H1—8 不成立，即信息复杂性对项目的商业价值不具有显著负向作用。

三　任务复杂性对项目成功的影响作用

（一）任务复杂性对项目成功的影响作用

复杂建设项目的任务复杂性对项目成功的影响作用的模型分析结果如图 7—13 所示。由结果可知，任务复杂性对项目成功的路径系数为 0.111，在 0.05 水平上不显著。模型的拟合结果显示，χ^2/df = 1.381，小于3，p=0.066，未达显著水平，表明本测量模型的协方差矩阵与实证资料的协方差矩阵之间没有显著性的差异存在。此外，从绝对拟合指标来看，GFI=0.967，AGFI=0.938，均大于0.90；RMSEA=0.040，小于接受值0.08。从相对拟合指标来看，NFI=0.947，IFI=0.985，CFI=0.984，均大于接受值0.90。因此，该模型拟合良好。

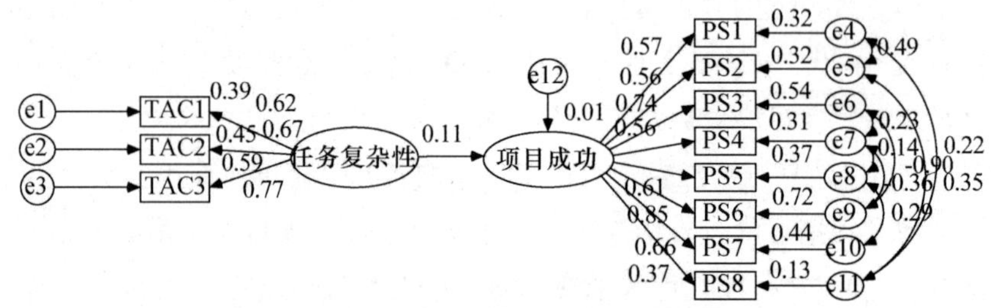

图7—13 任务复杂性对项目成功的影响作用

（二）任务复杂性对项目成功各维度的影响作用

任务复杂性对项目成功各维度的影响作用的模型分析结果如图7—14和表7—13所示。由分析结果可知，任务复杂性对项目成功各维度的路径系数都不显著。模型的拟合指数达标。其中，χ^2/df 小于3，GFI、AGFI、NFI、IFI和CFI的值都大于0.9，RMSEA小于0.08。由上可以看出，模型是有效的。

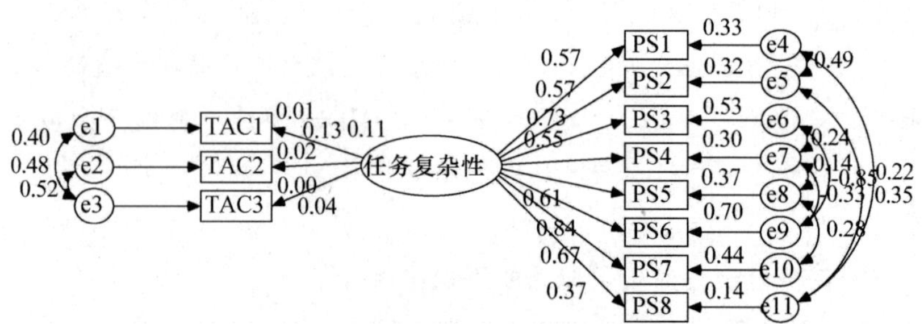

图7—14 任务复杂性对项目成功各维度的影响作用

表 7—13　　　　任务复杂性对项目成功各维度的拟合结果

变量间关系	标准化路径系数	C. R 值	是否支持假设
H2—1：任务复杂性→时间	0. 572	0. 542	不支持
H2—2：任务复杂性→成本	0. 568	0. 542	不支持
H2—3：任务复杂性→质量	0. 730	0. 542	不支持
H2—4：任务复杂性→健康与安全	0. 552	0. 541	不支持
H2—5：任务复杂性→环境影响	0. 611	0. 542	不支持
H2—6：任务复杂性→参与各方满意度	0. 839	0. 542	不支持
H2—7：任务复杂性→使用者满意度	0. 667	0. 542	不支持
H2—8：任务复杂性→商业价值	0. 369	0. 541	不支持
拟合优度指数	χ^2/df = 1. 365；GFI = 0. 969；AGFI = 0. 938；RMSEA = 0. 039；NFI = 0. 951；IFI = 0. 986；CFI = 0. 986		

（三）任务复杂性对项目成功的假设验证结果

H2：任务复杂性对项目成功具有显著负向作用。

结构方程模型的分析结果表明，任务复杂性对项目成功的路径系数为 0. 111，在 0. 05 水平上不显著，故假设 H2 不成立，即任务复杂性对项目成功不具有显著负向作用。本假设下面的八个子假设的验证结果分别是：

H2—1：任务复杂性对项目的时间具有显著负向作用。

结构方程模型的分析结果表明，任务复杂性对项目时间的影响路径系数为 0. 572，在 0. 05 水平上不显著，故假设 H2—1 不成立，即任务复杂性对项目的时间不具有显著负向作用。

H2—2：任务复杂性对项目的成本具有显著负向作用。

结构方程模型的分析结果表明，任务复杂性对项目成本的影响路径系数为 0. 568，在 0. 05 水平上不显著，故假设 H2—2 不成立，即任务复杂性对项目的成本不具有显著负向作用。

H2—3：任务复杂性对项目的质量具有显著负向作用。

结构方程模型的分析结果表明，任务复杂性对项目质量的影响路径系数为 0. 730，在 0. 05 水平上不显著，故假设 H2—3 不成立，即任务复杂性对项目的质量不具有显著负向作用。

H2—4：任务复杂性对项目的健康与安全具有显著负向作用。

结构方程模型的分析结果表明，任务复杂性对项目健康与安全的影响路径系数为0.552，在0.05水平上不显著，故假设H2—4不成立，即任务复杂性对项目的健康与安全不具有显著负向作用。

H2—5：任务复杂性对项目的环境影响具有显著负向作用。

结构方程模型的分析结果表明，任务复杂性对项目环境影响的影响路径系数为0.611，在0.05水平上不显著，故假设H2—5不成立，即任务复杂性对项目的环境影响不具有显著负向作用。

H2—6：任务复杂性对项目的参与各方满意度具有显著负向作用。

结构方程模型的分析结果表明，任务复杂性对项目参与各方满意度的影响路径系数为0.839，在0.05水平上不显著，故假设H2—6不成立，即任务复杂性对项目的参与各方满意度不具有显著负向作用。

H2—7：任务复杂性对项目的使用者满意度具有显著负向作用。

结构方程模型的分析结果表明，任务复杂性对项目使用者满意度的影响路径系数为0.667，在0.05水平上不显著，故假设H2—7不成立，即任务复杂性对项目的使用者满意度不具有显著负向作用。

H2—8：任务复杂性对项目的商业价值具有显著负向作用。

结构方程模型的分析结果表明，任务复杂性对项目商业价值的影响路径系数为0.369，在0.05水平上不显著，故假设H2—8不成立，即任务复杂性对项目的商业价值不具有显著负向作用。

四　技术复杂性对项目成功的影响作用

（一）技术复杂性对项目成功的影响作用

复杂建设项目的技术复杂性对项目成功的影响作用的模型分析结果如图7—15所示。由分析结果可知，技术复杂性对项目成功的路径系数为-0.013，在0.05水平上不显著。模型的拟合结果显示，$\chi^2/df=1.740$，小于3，p=0.002，达到显著水平，表明本书测量模型的协方差矩阵与实证资料的协方差矩阵之间有显著性的差异存在，还需要结合其他指标来综合评判因子模型的拟合程度。从绝对拟合指标来看，GFI=0.952，AGFI=0.916，均大于0.90；RMSEA=0.055，小于接受值0.08。从相对拟合指标来看，NFI=0.913，IFI=0.961，CFI=0.960，均大于接受值0.90。

因此，该模型拟合良好。

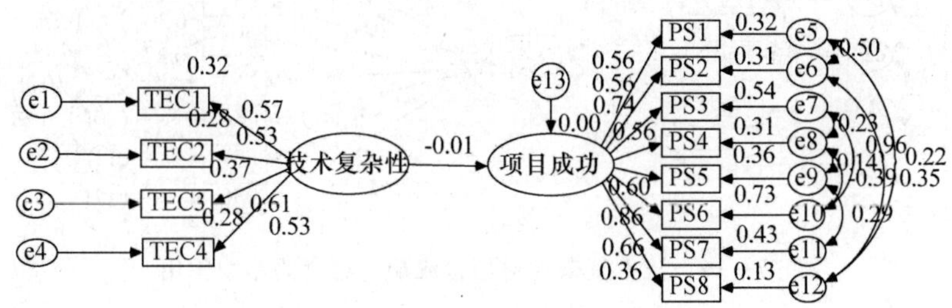

图 7—15 技术复杂性对项目成功的影响作用

（二）技术复杂性对项目成功各维度的影响作用

技术复杂性对项目成功各维度的影响作用的模型分析结果如图 7—16 和表 7—14 所示。由分析结果可知，技术复杂性对项目成功各维度的路径系数在 0.05 水平上都显著。模型的拟合指数达标。其中，χ^2/df 小于 3，GFI、AGFI、NFI、IFI 和 CFI 的值都大于 0.9，RMSEA 小于 0.08。由上可以看出，模型是有效的。

（三）技术复杂性对项目成功的假设验证结果

H3：技术复杂性对项目成功具有显著负向作用。

结构方程模型的分析结果表明，技术复杂性对项目成功的路径系数为 -0.013，在 0.05 水平上不显著，故假设 H3 不成立，即技术复杂性对项目成功不具有显著负向作用。本假设下面的八个子假设的验证结果分别是：

H3—1：技术复杂性对项目的时间具有显著负向作用。

结构方程模型的分析结果表明，技术复杂性对项目时间的影响路径系数为 -0.571，显著性水平在 0.05 以上，故假设 H3—1 成立，即技术复杂性对项目的时间具有显著负向作用。

H3—2：技术复杂性对项目的成本具有显著负向作用。

结构方程模型的分析结果表明，技术复杂性对项目成本的影响路径系数为 -0.565，显著性水平在 0.05 以上，故假设 H3—2 成立，即技术复杂性对项目的成本具有显著负向作用。

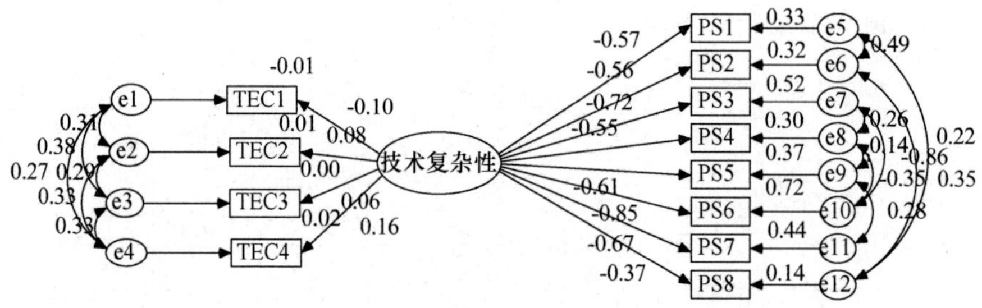

图 7—16　技术复杂性对项目成功各维度的影响作用

表 7—14　　　　技术复杂性对项目成功各维度的拟合结果

变量间关系	标准化路径系数	C. R 值	是否支持假设
H3—1：技术复杂性→时间	-0.571*	-2.359	支持
H3—2：技术复杂性→成本	-0.565*	-2.357	支持
H3—3：技术复杂性→质量	-0.719*	-2.347	支持
H3—4：技术复杂性→健康与安全	-0.545*	-2.287	支持
H3—5：技术复杂性→环境影响	-0.610*	-2.369	支持
H3—6：技术复杂性→参与各方满意度	-0.851*	-2.370	支持
H3—7：技术复杂性→使用者满意度	-0.665*	-2.382	支持
H3—8：技术复杂性→商业价值	-0.370*	-2.250	支持
拟合优度指数	χ^2/df = 1.507；GFI = 0.964；AGFI = 0.929；RMSEA = 0.046；NFI = 0.933；IFI = 0.977；CFI = 0.976		

注：* 表示 $p < 0.05$。

H3—3：技术复杂性对项目的质量具有显著负向作用。

结构方程模型的分析结果表明，技术复杂性对项目质量的影响路径系数为 -0.719，显著性水平在 0.05 以上，故假设 H3—3 成立，即技术复杂性对项目的质量具有显著负向作用。

H3—4：技术复杂性对项目的健康与安全具有显著负向作用。

结构方程模型的分析结果表明，技术复杂性对项目健康与安全的影响路径系数为 -0.545，显著性水平在 0.05 以上，故假设 H3—4 成立，即技术复杂性对项目的健康与安全具有显著负向作用。

H3—5：技术复杂性对项目的环境影响具有显著负向作用。

结构方程模型的分析结果表明，技术复杂性对项目环境影响的影响路径系数为 -0.610，显著性水平在 0.05 以上，故假设 H3—5 成立，即技术复杂性对项目的环境影响具有显著负向作用。

H3—6：技术复杂性对项目的参与各方满意度具有显著负向作用。

结构方程模型的分析结果表明，技术复杂性对项目参与各方满意度的影响路径系数为 -0.851，显著性水平在 0.05 以上，故假设 H3—6 成立，即技术复杂性对项目的参与各方满意度具有显著负向作用。

H3—7：技术复杂性对项目的使用者满意度具有显著负向作用。

结构方程模型的分析结果表明，技术复杂性对项目使用者满意度的影响路径系数为 -0.665，显著性水平在 0.05 以上，故假设 H3—7 成立，即技术复杂性对项目的使用者满意度具有显著负向作用。

H3—8：技术复杂性对项目的商业价值具有显著负向作用。

结构方程模型的分析结果表明，技术复杂性对项目商业价值的影响路径系数为 -0.370，显著性水平在 0.05 以上，故假设 H3—8 成立，即技术复杂性对项目的商业价值具有显著负向作用。

五　组织复杂性对项目成功的影响作用

（一）组织复杂性对项目成功的影响作用

复杂建设项目的组织复杂性对项目成功的影响作用的模型分析结果如图 7—17 所示。由分析结果可知，组织复杂性对项目成功的路径系数为 0.103，在 0.05 水平上不显著。模型的拟合结果显示，$\chi^2/df=1.346$，小于 3，p=0.112，在 0.05 水平上不显著，表示模型拟合良好。此外，从绝对拟合指标来看，GFI=0.974，AGFI=0.944，均大于 0.90；RMSEA=0.038，小于接受值 0.08。从相对拟合指标来看，NFI=0.962，IFI=0.990，CFI=0.990，均大于接受值 0.90。因此，该模型拟合良好。

（二）组织复杂性对项目成功各维度的影响作用

组织复杂性对项目成功各维度的影响作用的模型分析结果如图 7—18 和表 7—15 所示。由分析结果可知，组织复杂性对项目成功各维度的路径系数都不显著。模型的拟合指数达标。其中，χ^2/df 小于 3，GFI、AGFI、NFI、IFI 和 CFI 的值都接近或大于 0.9，RMSEA 小于 0.08。由上可以看出，模型是有效的。

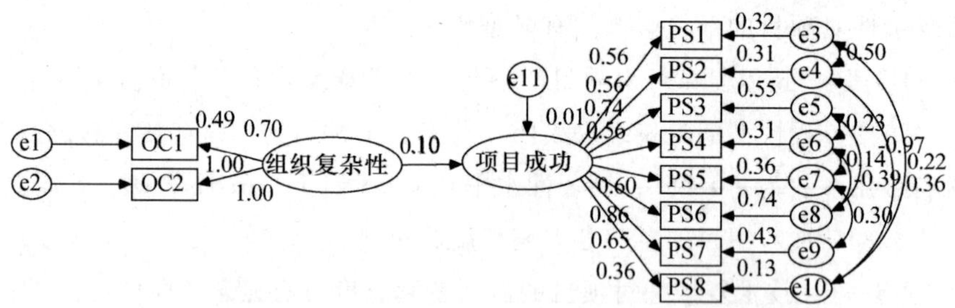

图 7—17 组织复杂性对项目成功的影响作用

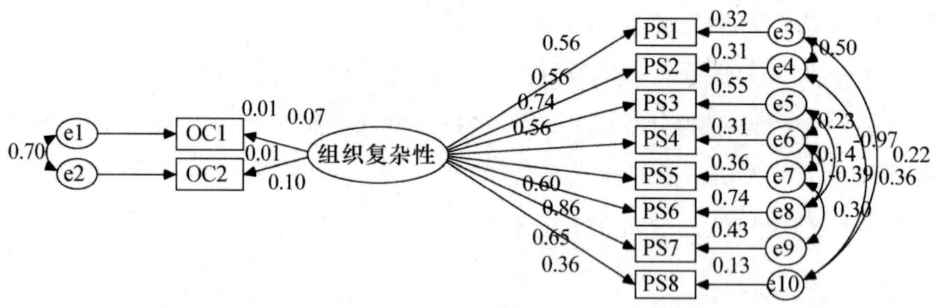

图 7—18 组织复杂性对项目成功各维度的影响作用

表 7—15 组织复杂性对项目成功各维度的拟合结果

变量间关系	标准化路径系数	C. R 值	是否支持假设
H4—1：组织复杂性→时间	0. 563	1. 592	不支持
H4—2：组织复杂性→成本	0. 556	1. 592	不支持
H4—3：组织复杂性→质量	0. 739	1. 587	不支持
H4—4：组织复杂性→健康与安全	0. 557	1. 568	不支持
H4—5：组织复杂性→环境影响	0. 601	1. 595	不支持
H4—6：组织复杂性→参与各方满意度	0. 859	1. 593	不支持
H4—7：组织复杂性→使用者满意度	0. 654	1. 599	不支持
H4—8：组织复杂性→商业价值	0. 363	1. 557	不支持
拟合优度指数	χ^2/df = 1. 346；GFI = 0. 974；AGFI = 0. 944；RMSEA = 0. 038；NFI = 0. 962；IFI = 0. 990；CFI = 0. 990		

（三）组织复杂性对项目成功的假设验证结果

H4：组织复杂性对项目成功具有显著负向作用。

结构方程模型的分析结果表明，组织复杂性对项目成功的路径系数为 0.103，在 0.05 水平上不显著，故假设 H4 不成立，即组织复杂性对项目成功不具有显著负向作用。本假设下面的八个子假设的验证结果分别是：

H4—1：组织复杂性对项目的时间具有显著负向作用。

结构方程模型的分析结果表明，组织复杂性对项目时间的影响路径系数为 0.563，在 0.05 水平上不显著，故假设 H4—1 不成立，即组织复杂性对项目的时间不具有显著负向作用。

H4—2：组织复杂性对项目的成本具有显著负向作用。

结构方程模型的分析结果表明，组织复杂性对项目成本的影响路径系数为 0.556，在 0.05 水平上不显著，故假设 H4—2 不成立，即组织复杂性对项目的成本不具有显著负向作用。

H4—3：组织复杂性对项目的质量具有显著负向作用。

结构方程的分析结果表明，组织复杂性对项目质量的影响路径系数为 0.739，在 0.05 水平上不显著，故假设 H4—3 不成立，即组织复杂性对项目的质量不具有显著负向作用。

H4—4：组织复杂性对项目的健康与安全具有显著负向作用。

结构方程模型的分析结果表明，组织复杂性对项目健康与安全的影响路径系数为 0.557，在 0.05 水平上不显著，故假设 H4—4 不成立，即组织复杂性对项目的健康与安全不具有显著负向作用。

H4—5：组织复杂性对项目的环境影响具有显著负向作用。

结构方程模型的分析结果表明，组织复杂性对项目环境影响的影响路径系数为 0.601，在 0.05 水平上不显著，故假设 H4—5 不成立，即组织复杂性对项目的环境影响不具有显著负向作用。

H4—6：组织复杂性对项目的参与各方满意度具有显著负向作用。

结构方程模型的分析结果表明，组织复杂性对项目参与各方满意度的影响路径系数为 0.859，在 0.05 水平上不显著，故假设 H4—6 不成立，即组织复杂性对项目的参与各方满意度不具有显著负向作用。

H4—7：组织复杂性对项目的使用者满意度具有显著负向作用。

结构方程模型的分析结果表明，组织复杂性对项目使用者满意度的影响路径系数为 0.654，在 0.05 水平上不显著，故假设 H4—7 不成立，即组织复杂性对项目的使用者满意度不具有显著负向作用。

H4—8：组织复杂性对项目的商业价值具有显著负向作用。

结构方程模型的分析结果表明，组织复杂性对项目商业价值的影响路径系数为 0.363，在 0.05 水平上不显著，故假设 H4—8 不成立，即组织复杂性对项目的商业价值不具有显著负向作用。

六 环境复杂性对项目成功的影响作用

（一）环境复杂性对项目成功的影响作用

复杂建设项目的环境复杂性对项目成功的影响作用的模型分析结果如图 7—19 所示。由分析结果可知，环境复杂性对项目成功的路径系数为 -0.110，在 0.05 水平上不显著。模型的拟合结果显示，$\chi^2/df = 1.865$，小于 3，p = 0.000，达到显著水平，表明本书测量模型的协方差矩阵与实证资料的协方差矩阵之间有显著性的差异存在，还需要结合其他指标来综合评判因子模型的拟合程度。从绝对拟合指标来看，GFI = 0.949，AGFI = 0.909，均大于 0.90；RMSEA = 0.060，小于接受值 0.08。从相对拟合指标来看，NFI = 0.914，IFI = 0.958，CFI = 0.957，均大于接受值 0.90。因此，该模型拟合良好。

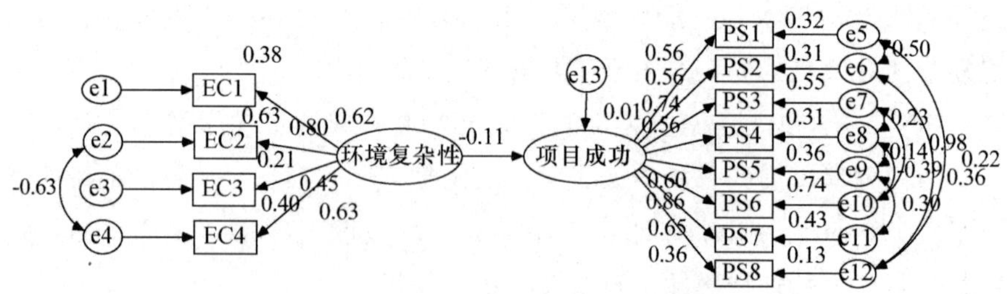

图 7—19 环境复杂性对项目成功的影响作用

（二）环境复杂性对项目成功各维度的影响作用

环境复杂性对项目成功各维度的影响作用的模型分析结果如图 7—20 和表 7—16 所示。由分析结果可知，环境复杂性对项目成功各维度的路径系数在 0.05 水平上都不显著。模型的拟合指数基本达标。其中，

χ^2/df 小于 3，GFI、AGFI、NFI、IFI 和 CFI 的值都接近或大于 0.9，RMSEA 虽然大于 0.8，但小于 0.10 的上限要求。由上可以看出，模型是有效的。

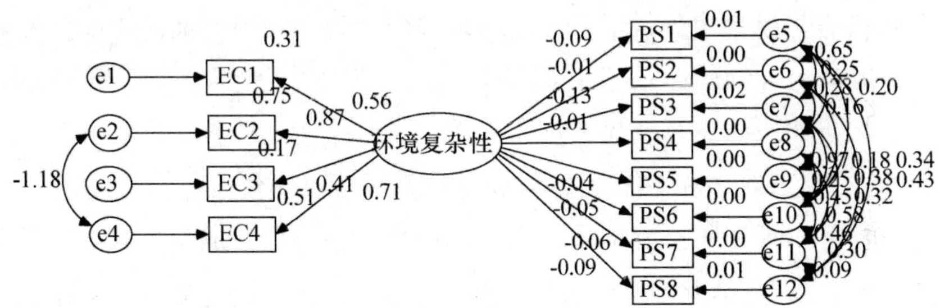

图 7—20　环境复杂性对项目成功各维度的影响作用

表 7—16　　环境复杂性对项目成功各维度的拟合结果

变量间关系	标准化路径系数	C. R 值	是否支持假设
H5—1：环境复杂性→时间	-0.093	-1.435	不支持
H5—2：环境复杂性→成本	-0.013	-0.213	不支持
H5—3：环境复杂性→质量	-0.126	-1.876	不支持
H5—4：环境复杂性→健康与安全	-0.012	-0.193	不支持
H5—5：环境复杂性→环境影响	0.038	0.607	不支持
H5-6：环境复杂性→参与各方满意度	-0.045	-0.721	不支持
H5—7：环境复杂性→使用者满意度	-0.058	-0.917	不支持
H5—8：环境复杂性→商业价值	-0.088	-1.364	不支持
拟合优度指数	χ^2/df = 3.319；GFI = 0.937；AGFI = 0.846；RMSEA = 0.097；NFI = 0.889；IFI = 0.919；CFI = 0.916		

（三）环境复杂性对项目成功的假设验证结果

H5：环境复杂性对项目成功具有显著负向作用。

结构方程模型的分析结果表明，环境复杂性对项目成功的路径系数

为 -0. 110，在 0. 05 水平上不显著，故假设 H5 不成立，即环境复杂性对项目成功不具有显著负向作用。本假设下面的八个子假设的验证结果分别是：

H5—1：环境复杂性对项目的时间具有显著负向作用。

结构方程模型的分析结果表明，环境复杂性对项目时间的影响路径系数为 -0. 093，在 0. 05 水平上不显著，故假设 H5—1 不成立，即环境复杂性对项目的时间不具有显著负向作用。

H5—2：环境复杂性对项目的成本具有显著负向作用。

结构方程模型的分析结果表明，环境复杂性对项目成本的影响路径系数为 -0. 013，在 0. 05 水平上不显著，故假设 H5—2 不成立，即环境复杂性对项目的成本不具有显著负向作用。

H5—3：环境复杂性对项目的质量具有显著负向作用。

结构方程模型的分析结果表明，环境复杂性对项目质量的影响路径系数为 -0. 126，在 0. 05 水平上不显著，故假设 H5—3 不成立，即环境复杂性对项目的质量不具有显著负向作用。

H5—4：环境复杂性对项目的健康与安全具有显著负向作用。

结构方程模型的分析结果表明，环境复杂性对项目健康与安全的影响路径系数为 -0. 012，在 0. 05 水平上不显著，故假设 H5—4 不成立，即环境复杂性对项目的健康与安全不具有显著负向作用。

H5—5：环境复杂性对项目的环境影响具有显著负向作用。

结构方程模型的分析结果表明，环境复杂性对项目环境影响的影响路径系数为 0. 038，在 0. 05 水平上不显著，故假设 H5—5 不成立，即环境复杂性对项目的环境影响不具有显著负向作用。

H5—6：环境复杂性对项目的参与各方满意度具有显著负向作用。

结构方程模型的分析结果表明，环境复杂性对项目参与各方满意度的影响路径系数为 -0. 045，在 0. 05 水平上不显著，故假设 H5—6 不成立，即环境复杂性对项目的参与各方满意度不具有显著负向作用。

H5—7：环境复杂性对项目的使用者满意度具有显著负向作用。

结构方程模型的分析结果表明，环境复杂性对项目使用者满意度的影响路径系数为 -0. 058，在 0. 05 水平上不显著，故假设 H5—7 不成立，即环境复杂性对项目的使用者满意度不具有显著负向作用。

H5—8：环境复杂性对项目的商业价值具有显著负向作用。

结构方程模型的分析结果表明，环境复杂性对项目商业价值的影响路径系数为 -0.088，在 0.05 水平上不显著，故假设 H5—8 不成立，即环境复杂性对项目的商业价值不具有显著负向作用。

七　目标复杂性对项目成功的影响作用

（一）目标复杂性对项目成功的影响作用

复杂建设项目的目标复杂性对项目成功的影响作用的模型分析结果如图 7—21 所示。由分析结果可知，目标复杂性对项目成功的路径系数为 -0.231，在 0.05 水平上显著。模型的拟合结果显示，χ^2/df =1.837，小于 3，p=0.001，达到显著水平，表明本书测量模型的协方差矩阵与实证资料的协方差矩阵之间有显著性的差异存在，还需要结合其他指标来综合评判因子模型的拟合程度。从绝对拟合指标来看，GFI=0.949，AGFI=0.909，均大于 0.90；RMSEA=0.059，小于接受值 0.08。从相对拟合指标来看，NFI=0.910，IFI=0.957，CFI=0.956，均大于接受值 0.90。因此，该模型拟合良好。

（二）目标复杂性对项目成功各维度的影响作用

目标复杂性对项目成功各维度的影响作用的模型分析结果如图 7—22 和表 7—17 所示。由分析结果可知，目标复杂性对项目成功各维度的路径系数在 0.05 水平上都显著。模型的拟合指数基本达标。其中，χ^2/df 小于 3，GFI、AGFI、NFI、IFI 和 CFI 的值都接近或大于 0.9，RMSEA 小于 0.08。由上可以看出，模型是有效的。

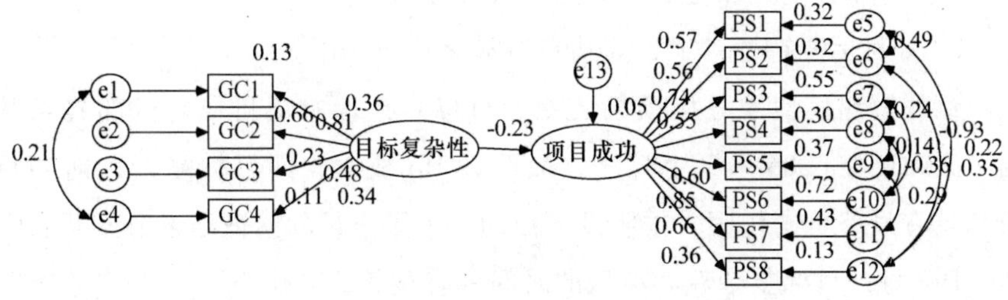

图 7—21　目标复杂性对项目成功的影响作用

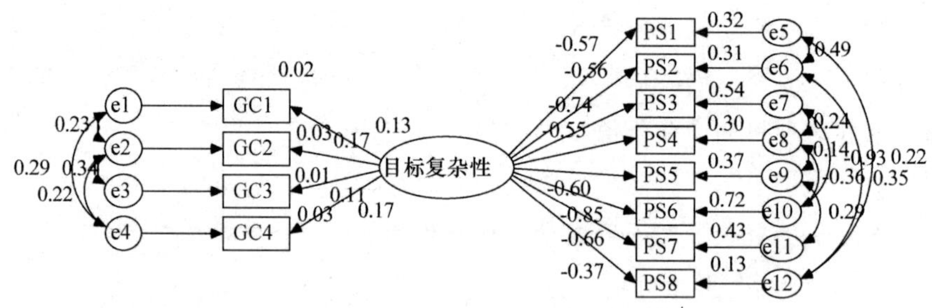

图 7—22 目标复杂性对项目成功各维度的影响作用

表 7—17 目标复杂性对项目成功各维度的拟合结果

变量间关系	标准化路径系数	C. R 值	是否支持假设
H6—1：目标复杂性→时间	-0.567*	-2.544	支持
H6—2：目标复杂性→成本	-0.561*	-2.542	支持
H6—3：目标复杂性→质量	-0.737*	-2.529	支持
H6—4：目标复杂性→健康与安全	-0.551*	-2.454	支持
H6—5：目标复杂性→环境影响	-0.605*	-2.557	支持
H6—6：目标复杂性→参与各方满意度	-0.851*	-2.554	支持
H6—7：目标复杂性→使用者满意度	-0.659*	-2.572	支持
H6—8：目标复杂性→商业价值	-0.365*	-2.406	支持
拟合优度指数	χ^2/df = 2.005；GFI = 0.948；AGFI = 0.904；RMSEA = 0.074；NFI = 0.906；IFI = 0.951；CFI = 0.949		

注：* 表示 $p<0.05$。

（三）目标复杂性对项目成功的假设验证结果

H6：目标复杂性对项目成功具有显著负向作用。

结构方程模型的分析结果表明，目标复杂性对项目成功的路径系数为 -0.231，在 0.05 水平上显著，故假设 H6 成立，即目标复杂性对项目成功具有显著负向作用。本假设下面的八个子假设的验证结果分别是：

H6—1：目标复杂性对项目的时间具有显著负向作用。

结构方程模型的分析结果表明，目标复杂性对项目时间的影响路径系数为 -0.567，显著性水平在 0.05 以上，故假设 H6—1 成立，即目标复杂性对项目的时间具有显著负向作用。

H6—2：目标复杂性对项目的成本具有显著负向作用。

结构方程模型的分析结果表明，目标复杂性对项目成本的影响路径系数为 -0.561，显著性水平在 0.05 以上，故假设 H6—2 成立，即目标复杂性对项目的成本具有显著负向作用。

H6—3：目标复杂性对项目的质量具有显著负向作用。

结构方程模型的分析结果表明，目标复杂性对项目质量的影响路径系数为 -0.737，显著性水平在 0.05 以上，故假设 H6—3 成立，即目标复杂性对项目的质量具有显著负向作用。

H6—4：目标复杂性对项目的健康与安全具有显著负向作用。

结构方程模型的分析结果表明，目标复杂性对项目健康与安全的影响路径系数为 -0.551，显著性水平在 0.05 以上，故假设 H6—4 成立，即目标复杂性对项目的健康与安全具有显著负向作用。

H6—5：目标复杂性对项目的环境影响具有显著负向作用。

结构方程模型的分析结果表明，目标复杂性对项目环境影响的影响路径系数为 -0.605，显著性水平在 0.05 以上，故假设 H6—5 成立，即目标复杂性对项目的环境影响具有显著负向作用。

H6—6：目标复杂性对项目的参与各方满意度具有显著负向作用。

结构方程模型的分析结果表明，目标复杂性对项目参与各方满意度的影响路径系数为 -0.851，显著性水平在 0.05 以上，故假设 H6—6 成立，即目标复杂性对项目的参与各方满意度具有显著负向作用。

H6—7：目标复杂性对项目的使用者满意度具有显著负向作用。

结构方程模型的分析结果表明，目标复杂性对项目使用者满意度的影响路径系数为 -0.659，显著性水平在 0.05 以上，故假设 H6—7 成立，即目标复杂性对项目的使用者满意度具有显著负向作用。

H6—8：目标复杂性对项目的商业价值具有显著负向作用。

结构方程模型的分析结果表明，目标复杂性对项目商业价值的影响路径系数为 -0.365，显著性水平在 0.05 以上，故假设 H6—8 成立，即目标复杂性对项目的商业价值具有显著负向作用。

八 假设检验总结

复杂建设项目的复杂性与项目成功的理论模型经过结构方程模型分析，对本书提出的55个假设进行了验证。本书对假设关系成立的检验标准为：路径系数的显著性水平在0.05以上为显著，假设成立。复杂建设项目的复杂性与项目成功的假设检验结果总结如表7—18所示。研究结果表明，在本书提出的55个假设中，复杂建设项目的复杂性、信息复杂性、技术复杂性与目标复杂性对项目成功影响作用的27个假设得到了支持。

表7—18 复杂建设项目的复杂性与项目成功的假设检验结果总结

假设	验证结果	假设	验证结果
H0：项目复杂性→项目成功	支持	H4：组织复杂性→项目成功	不支持
H1：信息复杂性→项目成功	支持	H4—1：组织复杂性→时间	不支持
H1—1：信息复杂性→时间	支持	H4—2：组织复杂性→成本	不支持
H1—2：信息复杂性→成本	支持	H4—3：组织复杂性→质量	不支持
H1—3：信息复杂性→质量	支持	H4—4：组织复杂性→健康与安全	不支持
H1—4：信息复杂性→健康与安全	支持	H4—5：组织复杂性→环境影响	不支持
H1—5：信息复杂性→环境影响	支持	H4—6：组织复杂性→参与各方满意度	不支持
H1—6：信息复杂性→参与各方满意度	支持	H4—7：组织复杂性→使用者满意度	不支持
H1—7：信息复杂性→使用者满意度	支持	H4—8：组织复杂性→商业价值	不支持
H1—8：信息复杂性→商业价值	不支持	H5：环境复杂性→项目成功	不支持
H2：任务复杂性→项目成功	不支持	H5—1：环境复杂性→时间	不支持
H2—1：任务复杂性→时间	不支持	H5—2：环境复杂性→成本	不支持
H2—2：任务复杂性→成本	不支持	H5—3：环境复杂性→质量	不支持
H2—3：任务复杂性→质量	不支持	H5—4：环境复杂性→健康与安全	不支持
H2—4：任务复杂性→健康与安全	不支持	H5—5：环境复杂性→环境影响	不支持
H2—5：任务复杂性→环境影响	不支持	H5—6：环境复杂性→参与各方满意度	不支持
H2—6：任务复杂性→参与各方满意度	不支持	H5—7：环境复杂性→使用者满意度	不支持

续表

假设	验证结果	假设	验证结果
H2—7：任务复杂性→使用者满意度	不支持	H5—8：环境复杂性→商业价值	不支持
H2—8：任务复杂性→商业价值	不支持	H6：目标复杂性→项目成功	支持
H3：技术复杂性→项目成功	不支持	H6—1：目标复杂性→时间	支持
H3—1：技术复杂性→时间	支持	H6—2：目标复杂性→成本	支持
H3—2：技术复杂性→成本	支持	H6—3：目标复杂性→质量	支持
H3—3：技术复杂性→质量	支持	H6—4：目标复杂性→健康与安全	支持
H3—4：技术复杂性→健康与安全	支持	H6—5：目标复杂性→环境影响	支持
H3—5：技术复杂性→环境影响	支持	H6—6：目标复杂性→参与各方满意度	支持
H3—6：技术复杂性→参与各方满意度	支持	H6—7：目标复杂性→使用者满意度	支持
H3—7：技术复杂性→使用者满意度	支持	H6—8：目标复杂性→商业价值	支持
H3—8：技术复杂性→商业价值	支持		

第五节　讨论

项目复杂性和项目成功之间的关系研究，有利于复杂建设项目的项目经理实现项目成功。SEM 结果表明，项目复杂性对项目成功有显著负向作用。该研究结果与 Lebcir and Choudrie（2011）模拟项目复杂性对建设项目的完成时间的仿真结果一致。Bosch-Rekveldt（2011）也证实了项目复杂性通常降低项目绩效，Williamson（2011）也表明项目复杂性对信息技术项目的成功呈负向相关。针对项目复杂性，业主可以采用项目群管理（program management）的方法来简化复杂性，并控制和维持分配的项目（Hu et al.，2014）。Remington and Pollack（2007）指出，项目群管理是一种能处理几乎所有类型项目复杂性的务实方法。

信息复杂性对项目成功具有显著负向作用（标准化系数 = -0.312）。Senescu et al.（2014）证明了项目复杂性影响协作、共享和理解，因此行业需要考虑提高时效并采取方法执行合适的技术（Antoniadis et al.，2011）。基于信息复杂性的影响因素，业主可以建立一个单独的沟通管理系统以促进和整合设计单位、承包商、供应商和政府机构的沟通活动，以及用于分析进展信息从而满足决策者的信息需求（He et al.，2015；Hu et al.，2014）。

任务复杂性对项目成功没有显著的影响作用（标准化系数＝0.111）。任务复杂性是在德尔菲访问中增加的一个项目复杂性维度。结果表明，虽然复杂建设项目有各种各样不同的任务并具有高度依赖关系，但任务复杂性对项目成功并没有显著的影响作用。

SEM结果表明，技术复杂性对项目成功的影响作用不显著（标准化系数＝－0.013）。Tam（2010）和Puddicombe（2011）也证明了技术复杂性和新颖度是项目的重要特征，对项目绩效具有不同的影响作用。因此，如果要实现好的绩效，项目经理在制定规划时需要详细地分析技术复杂性（Puddicombe，2011）。

组织复杂性对项目成功也没有显著影响作用（标准化系数＝0.103）。该研究结果与Antoniadis et al.（2011）的结论相反，社会—组织复杂性是由相互关联的因素导致，如果管理不善可能会降低绩效。究其原因是因为文中的组织复杂性主要是指组织结构，包括组织结构层次，组织单位和部门。而在Antoniadis et al.（2011）中的培训水平和适当行动的实施，以及项目团队成员的选择都被认为是影响项目绩效的因素，这与前文研究的信息复杂性和项目成功的关系相一致。

环境复杂性和项目成功之间的负向关系不显著（标准化系数＝－0.110）。Bosch-Rekveldt（2011）得到了同样的结论：项目复杂性要素和项目绩效之间存在相关性（负面）。

目标复杂性和项目成功之间的显著负向相关性也通过SEM结果得到了验证（标准化系数＝－0.231）。该结论也得到了Bosch-Rekveldt（2011）的证明，其证明了在目标/范围方面，项目复杂性要素和项目绩效之间的强相关性（负性）。针对目标复杂性，业主可以采用项目分解结构和工作分解结构（PBS / WBS）工具来调整不同组织单位的任务和复杂建设项目的总体目标；业主也可以成立成本管理部门和进度管理部门等部门以监控所有关键目标的实现（He et al.，2015）。

第六节　本章小结

本章运用结构方程模型（SEM）分析了复杂建设项目的复杂性对项目成功的影响作用。分析结果显示，复杂建设项目的复杂性对项目成功具有显著负向作用；信息复杂性、技术复杂性、目标复杂性对项目成功及各维度均具有显著负向作用。本章分析所揭示的复杂建设项目复杂性对项目成功的影响作用可为复杂建设项目管理提供理论依据。

第八章

复杂建设项目的复杂性管理研究

复杂性管理是复杂性研究的最终目的。综合前文研究结果，本章综合集成复杂建设项目的复杂性六维度，提出了复杂建设项目管理模式——STEP模式，即通过战略（Strategy，S）、团队（Team，T）、执行程序（Execution procedures，E）与绩效监控（Performance monitoring，P）四个层面的综合集成进行复杂建设项目全生命期连续性管理。

第一节　复杂建设项目管理模式STEP框架

复杂建设项目由于其复杂性，往往很难实现项目的成功，如未达到预期的成本、进度和安全目标等。与传统项目相比，复杂建设项目具有多样化的利益相关者目标、复杂的组织结构、独特的融资模式、高难度新技术等，表现出更大的复杂性（乐云，2011；佘立中，2006）。根据第六章的项目复杂性测度可知，对于项目复杂性的多种构成要素，孤立地对各构成部分进行识别、管理和控制很难达到对项目复杂性的有效管理，因为项目复杂性是由各种要素相互作用的结果，因此要对复杂建设项目进行管理，必须采用系统思想综合考虑各种因素及其相互作用。

结合项目管理实践，本章综合集成项目复杂性六维度，提出了复杂建设项目管理模式——STEP模式，以便于项目利益相关者更好地管理复杂建设项目，增大项目成功的可能性。其中，S代表战略（Strategy），T代表团队（Team），E代表执行流程（Execution procedures），P代表绩效监控（Performance monitoring），如图8—1所示。

首先，制订正确的战略计划（S），从而为复杂建设项目的成功创建

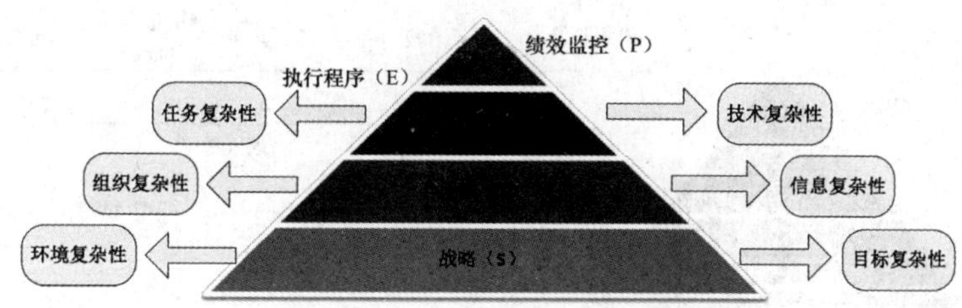

图8—1 复杂建设项目管理模式STEP框架

一个稳定的基础，其中包括选择正确的项目交付方法与合同类型、识别风险与不确定性、制定积极的应对措施等。该层面主要应对环境复杂性与目标复杂性。

其次，选择正确的团队（T），即建立一个有凝聚力的组织，包括选择有知识经验的组织成员以及构建组织结构层次等。该层面主要应对组织复杂性与信息复杂性。

再次，制定高效的执行程序（E），即为项目参与方提供项目管理的标准工作流程，从而保证项目团队成员的相互协作以完成工作。该层面主要应对任务复杂性与技术复杂性。

最后，使用适当的绩效度量进行绩效监控（P），以确保跟踪整个项目全生命期各阶段的计划如期完成。

对于项目复杂性的多种构成要素，孤立地对各构成部分进行识别、管理和控制很难达到对项目复杂性的有效管理，因为项目系统的整体复杂性状况是由各种不同的复杂性要素共同影响和决定的。即项目复杂性不仅是简单各部分的总和，还得考虑各部分的整体涌现功能，因此要对复杂建设项目进行管理，必须采用系统方法进行综合集成管理。因此，STEP模式的四个层次不是独立的，而是共同作用、综合集成；此外，STEP模式运行于复杂建设项目管理的全生命期，包括决策阶段、设计阶段、施工阶段、调试与启动阶段、运营阶段。因此，STEP模式的理论思想包括两方面：一是保证STEP四个层次的集成性（interation），二是保证项目生命期各阶段的连续性（continuity），即从项目生命期阶段一步一步（step by step）管理复杂性，如图8—2所示。

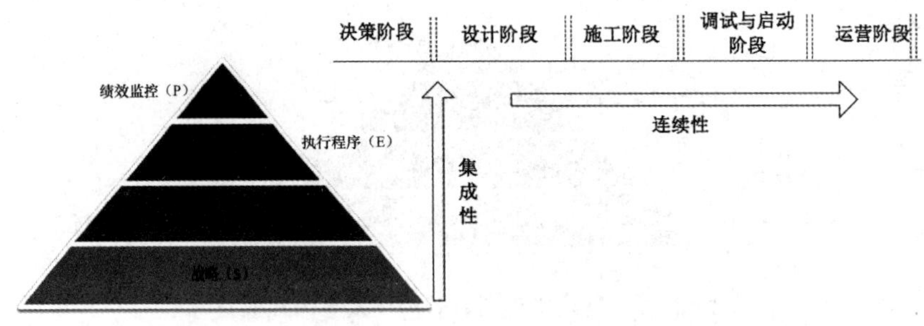

图 8—2　复杂建设项目管理模式 STEP 的理论思想

第二节　复杂建设项目的战略（S）层面

复杂建设项目的战略层面主要针对环境复杂性与目标复杂性进行管理。其中环境复杂性方面的因素包括政策法规环境的变动、市场经济环境的变动、项目施工环境的变动、外部利益相关者的影响；目标复杂性方面的因素包括利益相关方需求变更数量、项目组织的变动、项目目标的不明确性、合同关系复杂，且目标复杂性对项目成功具有显著负向作用，具体对项目的时间、成本、质量、健康与安全、环境影响、参与各方满意度、使用者满意度、商业价值等均有显著负向作用。

因此，要制订正确的战略计划，从而为复杂建设项目的成功创建一个稳定的基础（雷丽彩等，2011）。环境复杂性方面，可在项目前期阶段组织多轮内部讨论以分析项目执行的环境限制等；目标复杂性方面，可成立相应的职能管理部门，如成本管理部门、进度管理部门、安全管理部门、质量管理部门以监督所有目标的执行。具体可采取下列管理策略来实现项目的成功：

（1）选择正确的项目交付方法与合同类型，包括传统的 DBB 模式、协同风险 CM 模式、集成模式以及合伙的 PPP 模式。

（2）进行环境分析与评估，如政策法规环境的变动、市场经济环境的变动、项目施工环境的变动、外部利益相关者的影响。

（3）积极管理项目的风险，包括技术、范围、进度、成本、人力资源、法规、安全和政治风险等，并制定积极的应对措施等，以应对复杂的合同关系、利益相关方需求变更数量、项目组织的变动、项目目标的不明确性等复杂性。

第三节　复杂建设项目的团队（T）层面

复杂建设项目的团队层面主要针对组织复杂性与信息复杂性进行管理。其中组织复杂性关键因素包括：组织结构层级数、正规组织单位和职能部门数；信息复杂性关键因素包括：项目组织间合作意识、项目组织间的信任度、信息传递能力、信息获取程度、项目组织文化差异、信息处理水平、项目参与方的经验、信息的不确定性、项目管理方法和工具不确定性，且信息复杂性对项目成功具有显著负向作用，具体对项目的时间、成本、质量、健康与安全、环境影响、参与各方满意度、使用者满意度等均有显著负向作用。

因此，要构建合适的组织结构层次，建立一个有凝聚力的组织，加强沟通交流（奉金权，2011；李永奎等，2011）。组织复杂性方面，可雇用外部顾问临时构建业主主导型的项目矩阵组织结构以满足项目类型需求（Caplan and Harrison，1993）；信息复杂性方面，可利用计算机集成系统成立专门的信息管理系统以实时收集信息以满足决策者的信息需求（Mandell，1984）。具体可采取下列管理策略来保证项目成功：

（1）尽早构建具有经验的项目团队，尤其是包括项目主任、设计经理、采购经理、施工经理、调试和启动经理等构成的核心团队；构建适当组织结构层次及职能部门数，尽量选择有丰富经验的项目参与方，降低项目管理方法和工具不确定性。

（2）集成“战备”人员到项目团队。复杂建设项目失败的最大一个原因就在于没有一个经过培训的运营团队能承担整个项目的运行，解决这个问题的办法就是集成战备人员到项目团队中。这些战备人员经过专业培训，非常熟悉项目范围及规模、系统设施、机械类型、运行周期以及人员要求等。

（3）利用集成的项目管理和控制系统。构建信息化管理平台，在互联网平台上为项目参与各方提供信息沟通和协作功能的信息系统。项目管理发展高水平的标志是信息化，信息化手段可以使项目管理者如虎添翼。

例如可借鉴世博项目管理策略，采用投资控制、合同管理、信息交流与共享“三位一体”的集成化管理体系，其主要功能包括规章制度、文档管理、合同管理、合同流转、信息沟通、投资控制以及资金管理等。所有与投资控制和合同管理有关的管理制度、管理流程和管理用表等规章制度均在该信息系统中公布，从而降低信息的不确定性，保证信息获取程度、信息传递能力、信息处理水平。

（4）信息沟通软的方面，制订利益相关者沟通计划及相应制度政策，经常召开团队会议，减小项目组织文化差异、培养项目组织间合作意识、构建项目组织间的信任度。

第四节　复杂建设项目的执行程序（E）层面

复杂建设项目的执行程序层面主要聚焦于任务复杂性与技术复杂性进行管理。其中任务复杂性因素方面包括：任务的多样性、项目中使用技术的多样性、任务之间的关系依赖性、信息系统之间的依赖性等；技术复杂性方面的因素包括：高难技术的风险、新技术所需要的知识水平、建筑产品的新颖程度、所需资源与技能的可获得性等，且技术复杂性对项目成功各维度如项目的时间、成本、质量、健康与安全、环境影响、参与各方满意度、使用者满意度、商业价值等均有显著负向作用。

因此，该层面主要制定高效的执行程序，为项目参与方提供项目管理的标准工作流程，从而保证项目团队成员的相互协作。任务复杂性方面，采用项目分解结构和工作分解结构（PBS/WBS）工具来协同不同组织单位和总体任务；技术复杂性方面，成立专门技术管理部门以管理在建设施工现场的技术问题。具体可采取下列管理策略来保证项目成功：

（1）采用 PBS/WBS 工具，分配项目特定的角色和责任，可综合利用职位描述、组织结构图和职责分工表，解决任务的多样性、任务之间的关系依赖性的问题（乐云等，2010）。

（2）针对建筑产品的新颖程度、项目中使用技术的多样性、新技术所需要的知识水平，聘请专业技术人员，成立专业技术管理部门，降低高难技术的风险。

（3）建立项目特定的政策和程序，而非公司统一的政策、指南和程序。

（4）获得和项目技术相似的运作资源。基于培训项目的长度，操作监督者与人员应提前设施启动 4—8 个月，以熟悉项目技术、设备布局、操作流程、运营进度等。这需要项目团队熟悉详细设计信息、过程描述、机械与电子规范、计算机辅助设计系统等。

第五节　复杂建设项目的绩效监控（P）层面

复杂建设项目的绩效监控使用适当的度量进行绩效监控（P），以确保跟踪整个项目的所有阶段的计划，达到持续改进的目的。必须在项目实施期间进行持续监控、报告，并根据计划进行预测。如果出现偏差，管理部门应重新分配资源或修改计划（如果项目目标受到影响，进行行政审批）。如果没有详细的计划，没有比较的基准线，很难确定偏差，因而很难采取满意的纠正措施（Wideman，1990）。复杂建设项目的绩效动态监控过程如图 8—3 所示。

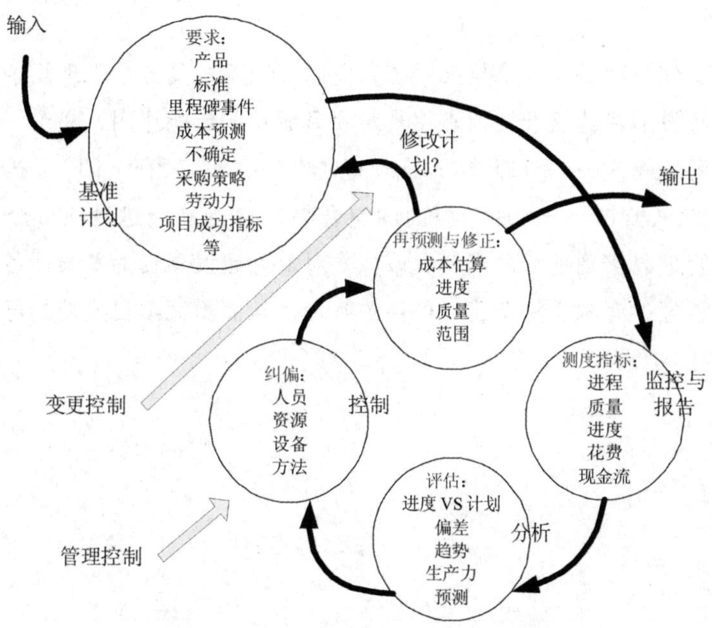

图 8—3　复杂建设项目的绩效监控过程

因此，绩效监控贯穿于整个项目生命期的各个阶段，为项目绩效的实现起到导航作用。绩效持续监控过程以及改进过程具体如下：

（1）执行自评估。项目团队采用项目自评估系统进行持续性评估，包括内部成本审计、风险管理评估、成本绩效评估、进度绩效评估、质量控制与检查、变更管理与索赔等。项目控制自评估系统应在整个生命期持续进行直到项目交付。

（2）开展绩效评估。有效绩效评估的关键在于基于特定工作特征将实际绩效与预期绩效联系起来，常用方法采用得分法与五分等级法。职能经理常常检查直接报告的绩效，高级经理应当检查职能经理的绩效，而项目主管对高级经理的绩效进行检查，常采用360°绩效评估法。

（3）实施新的程序。为了很好地进行复杂建设项目的管理，有时需要实施新的程序。为了有效实施新的程序，需要自上而下的项目领导力，并需要鼓励用户进行评论与反馈。如果得到的是负面反馈，那么需要对人员进行培训与修正以改正错误。

第六节　本章小结

复杂建设项目是一个复杂系统，应以复杂系统的方法管理复杂性。根据复杂建设项目的复杂性因素及其对项目成功的影响作用，提出了复杂建设项目管理模式——STEP模式，即通过战略（S）、团队（T）、执行程序（E）与绩效监控（P）四个层面的综合集成进行复杂建设项目全生命期连续性管理以实现项目的成功。该模式对复杂建设项目的复杂性各方面进行集成管理，有利于复杂建设项目的管理，从而增大项目成功的可能性。

第九章

结论与展望

第一节　研究结论

本书基于已有文献，结合复杂建设项目的特征，提出了复杂建设项目的复杂性研究框架。在该复杂性研究框架的指导下，首先识别出复杂建设项目的复杂性关键因素；然后在复杂性识别的基础上，通过复杂性差异性特征分析、复杂性测度以及复杂性对项目成功的影响作用，层层深入地分析和刻画了复杂建设项目的复杂性；最后采用系统集成思想提出了复杂建设项目管理模式。通过运用定性与定量相结合、理论分析与实证研究相结合的方法进行分析，得出以下主要研究结论：

（1）通过问卷调查和统计分析，采用相关分析法与探索性因子分析法识别出复杂建设项目的 27 个复杂性关键因素，并构建了复杂建设项目的复杂性因素六维框架（I，TA，TE，O，E，G）。

首先系统分析了复杂建设项目的 41 个复杂性潜在因素，通过相关分析识别出复杂建设项目的 27 个复杂性关键因素；然后通过探索性因子分析，提取出六个共同因子——信息复杂性、任务复杂性、技术复杂性、组织复杂性、环境复杂性、目标复杂性，从而构建了复杂建设项目的复杂性因素六维框架（I，TA，TE，O，E，G）。其中，信息复杂性因素具体包括项目组织间合作意识、项目组织间的信任度、信息传递能力、信息获取程度、项目组织文化差异、信息处理水平、项目参与方的经验、信息的不确定性、项目管理方法和工具不确定性九个变量；任务复杂性因素具体包括任务之间的关系依赖性、项目中使用技术的多样性、任务的多样性、信息系统之间的依赖性四个变量；技术复杂性因素具体包括高难技术的风险、新技术所需要的知识水平、建筑产品的新颖程度、所需资源与技能的可获得性四个变量；组织复杂性因素具体包括组织结构层级数、正规组织单位和职能部门数两个变量；环境复杂性因素具体包括政策法规环境的变动、市场经济环境的变动、项目施工环境的变动、外部利益相关者的影响四个变量；目标复杂性因素具体包括利益相关方需求变更数量、项目组织的变动、项目目标的不明确性、合同关系复杂四个变量。

（2）通过均值差异性检验法，分析了不同受访者特征包括性别、年龄、教育背景、工作年限、项目职位以及项目特征包括项目类型、单位角色、参与阶段、项目投资、项目工期在项目复杂性及各维度的差异性特征。

研究结果表明，除了受访者的教育背景、项目职位、单位角色、参与阶段在复杂建设项目的复杂性及各维度中均不存在显著差异外，其余各变量如受访者的性别、年龄、工作年限、项目类型、项目投资、项目工期均在项目复杂性及不同维度中存在显著差异。具体表现为，不同性别的受访者对信息复杂性、任务复杂性、环境复杂性、目标复杂性以及项目复杂性中的感知均有显著差异；不同年龄的受访者在信息复杂性、任务复杂性、技术复杂性以及项目复杂性中的感知均有显著差异；不同工作年限的受访者在信息复杂性、任务复杂性、技术复杂性、目标复杂性以及项目复杂性中的感知均有显著差异；不同项目类型在任务复杂性与技术复杂性中均有显著差异；不同项目投资在任务复杂性、技术复杂性、组织复杂性、环境复杂性以及项目复杂性中均有显著差异；不同项目工期在任务复杂性、组织复杂性以及项目复杂性中均有显著差异。

（3）基于模糊网络分析法（FANP）构建了复杂建设项目的复杂性测度模型 CCPCMM，从而测度出具体复杂建设项目的关键复杂性维度及整体项目复杂性程度。

基于 FANP 法构建的复杂建设项目复杂性测度模型 CCPCMM，既考虑了项目复杂性各因素的相互作用，也考虑了模糊数字的模糊性。该模型可测度出具体建设项目的复杂性程度，从而制定相应的复杂性管理策略，更好地管理复杂建设项目。CCPCMM 模型具体包括五大步骤：构建项目复杂性因素集；构建项目复杂性 ANP 模型；建立单因素评判矩阵；计算 FANP 权重；综合评价。其对上海世博建设项目的实证分析，验证了该测度模型的有效性，并分析了不同项目复杂性的管理策略，从而为我国复杂建设项目的管理提供了参考借鉴。

(4) 运用结构方程模型（SEM）分析了复杂建设项目的复杂性对项目成功及各维度的影响作用。

基于文献综述探讨了复杂建设项目的复杂性与项目成功之间的关系假设，提出了55个假设，然后运用结构方程模型（SEM）分析了不同项目复杂性维度对项目成功及各维度的影响作用，其中27个假设得到了支持。研究结果表明，项目复杂性对项目成功具有显著负向作用；信息复杂性、技术复杂性、目标复杂性对项目成功及各维度均具有显著负向作用。其中，信息复杂性对项目成功具有显著负向作用，具体对项目的时间、成本、质量、健康与安全、环境影响、参与各方满意度、使用者满意度等均有显著负向作用；技术复杂性对项目成功各维度如项目的时间、成本、质量、健康与安全、环境影响、参与各方满意度、使用者满意度、商业价值等均有显著负向作用；目标复杂性对项目成功具有显著负向作用，具体对项目的时间、成本、质量、健康与安全、环境影响、参与各方满意度、使用者满意度、商业价值等均有显著负向作用。

(5) 结合复杂建设项目的复杂性关键因素识别以及项目复杂性对项目成功的影响作用，综合集成项目复杂性的六维度，提出了复杂建设项目管理模式——STEP模式。

为了更好地对复杂性进行管理，提出了复杂建设项目管理模式——STEP模式，即通过战略（S）、团队（T）、执行程序（E）与绩效监控（P）四个层面的综合集成进行复杂建设项目全生命期连续性管理。其中，复杂建设项目的战略层面主要针对环境复杂性与目标复杂性进行管理；复杂建设项目的团队层面主要针对组织复杂性与信息复杂性进行管理；复杂建设项目的执行程序层面主要聚焦于任务复杂性与技术复杂性进行管理；而复杂建设项目的绩效监控层面主要是通过使用适当的度量进行绩效监控，以确保跟踪整个项目的所有阶段的计划，达到持续改进的目的。该模式对复杂建设项目的复杂性各维度进行集成管理，有利于复杂建设项目的管理，从而增大项目成功的可能性。

第二节 研究展望

对复杂建设项目进行复杂性研究，是一个以问题为导向，在通过理论分析和实证研究相结合解决问题的同时不断完善的过程。尽管本书提出了复杂建设项目的复杂性研究框架，并以此框架为指导，从复杂性关键因素识别、复杂性差异性特征分析、复杂性的测度以及复杂性对项目成功的影响作用层层深入地对复杂建设项目的复杂性进行了分析，并最终提出了以复杂建设项目管理模式来综合管理项目复杂性，得出了一些有价值的研究结论，但仍存在以下研究不足：

（1）本书针对复杂建设项目所开发的项目复杂性测量量表，属于初次在复杂建设项目研究中使用，有待于更进一步发展和完善。研究中所取得的一些结论，也需要更多地与实践相结合。

（2）本书基于已有研究对项目复杂性各维度进行集成管理，提出了复杂建设项目管理模式——STEP 模式，但需要进一步对复杂建设项目管理模式进行实证，从而验证该模式的有效性。对该模式继续深入研究和扩展，也是笔者未来的重点科研目标之一。

参考文献

[1] Abdelsalam Hmes, *Optimization-based Architecture for Managing Complex Integrated Product Development Projects*, Norfolk: Old Dominion University, 2003.

[2] Ackermann F., Eden C., "Using causal mapping with group support systems to elicit an understanding of failure in complex projects: Some implications for organizational research", *Group Decision and Negotiation*, Vol. 14, No. 5, 2005.

[3] Ahern T., Leavy B., Byrne P., "Complex project management as complex problem solving: A distributed knowledge management perspective", *International Journal of Project Management*, 2013, DOI: 10.1016/j.ijproman.2013.06.007.

[4] Ahsan K., Gunawan I., "Analysis of cost and schedule performance of international development projects", *International Journal of Project Management*, Vol. 28, No. 1, 2010.

[5] Aitken A., Crawford L., Lille E., "A study of project categorisation based on project management complexity", *International Research Network for Organizing by Projects Conference*, 2007.

[6] Alderman N., Ivory C. "Partnering in major contracts: Paradox and metaphor", *International Journal of Project Management*, Vol. 25, No. 4, 2007.

[7] Ameen M., Jacob M., *Complexity in Pr1ojects: A Study of Practitioners' Understanding of Complexity in Relation to Existing Theoretical Models*, Sydney: University of Technology, 2008.

[8] Anderson J. C., Gerbing D. W., "Structural equation modeling in practice: A review and recommended two-step approach", *Psychological Bulletin*, Vol. 103, No. 3, 1988.

[9] Antoniadis D., "Leadership style and socio-organo complexity: Managing its effects", *Business Systems Review*, Vol. 2, No. 2, 2013.

[10] Antoniadis D. N., Edum-Fotwe F. T., Thorpe A, et al., "Complexity effect of project team member selection practices in construction", *Proceedings of 25th Annual ARCOM Conference*, Nottingham, 2009.

[11] Antoniadis D. N., Edum-Fotwe F. T., Thorpe A., "Project reporting and complexity", *Proceedings of 22nd Annual Conference ARCOM*, Birmingham, 2006.

[12] Antoniadis D. N., Edum-Fotwe F. T., Thorpe A., "Socio-organo complexity and project performance", *International Journal of Project Management*, Vol. 29, No. 7, 2011.

[13] Ashley D. B., Lurie C. S., Jaselskis E. J., "Determinants of construction project success", Project Management Institute, 1987.

[14] Atkinson R., "Project management: Cost, time and quality, two best guesses and a phenomenon, its time to accept other success criteria", *International Journal of Project Management*, Vol. 17, No. 6, 1999.

[15] Austin S., Newton A., Steele J., et al., "Modelling and managing project complexity", *International Journal of Project Management*, Vol. 20, No. 3, 2002.

[16] Baccarini D., "The concept of project complexity—a review", *International Journal of Project Management*, Vol. 4, No. 4, 1996.

[17] Bagozzi R. P., Yi Y., "On the evaluation of structural equation models", *Journal of the Academy of Marketing Science*, Vol. 16, No. 1, 1988.

[18] Bahrevar E., *Complex Transportation Project Management: An in-depth look at Process Integration, Alternative Financing, and Sustainability*, Ames: Iowa State University, 2013.

[19] Beal M. C., *Predicting Unpredicted Happenings in Complex Instructional Design Projects*, Corvallis: Oregon State University, 1999.

[20] Bertelsen S., "Construction as a complex system", Proceedings of 11th Annual Conference in the International Group for Lean Construction, Blacksburg VA, 2003.

[21] Bosch-Rekveldt M., Jongkind Y., Mooi H, et al., "Grasping project complexity in large engineering projects: The TOE (Technical, Organizational and Environmental) framework", *International Journal of Project Management*, Vol. 29, No. 6, 2011.

[22] Bosch-Rekveldt M. G. C., *Managing Project Complexity: A Study into Adapting Early Project Phases to Improve Project Performance in Large Engineering Projects*, Delft: Delft University of Technology, 2011.

[23] Boushaala A. A., "Project complexity indices based on topology features", *World Academy of Science, Engineering and Technology*, 2010, 49—54.

[24] Boznak R. G., "Project management-today's solution for complex project engineering", *Proceedings of the Engineering Management Conference*, 1988.

[25] Brahm F., Tarziján J., "Does complexity and prior interactions affect project procurement? Evidence from mining mega-projects", *International Journal of Project Management*, Vol. 33, No. 8, 2015.

[26] Brockmann C., Girmscheid G., "The inherent complexity of large scale engineering projects", *Project Perspectives*, No. 29, 2008.

[27] Brockmann D. I. C, Girmscheid I. G., "Complexity of megaprojects", *Proceedings of CIB World Building Congress*, 2007, 219—230.

[28] Brokman Y., Kfir Y., Pilovsky Y., et al., "Can't see the forest for the trees? How to effectively manage complex project schedules", *Proceedings of* 2004 *PMI Global Congress*, Prague, 2004.

[29] Browning T. R., "Managing complex project process models with a process architecture framework", *International Journal of Project Management*, Vol. 32, No. 2, 2014.

[30] Bryde D. J., Robinson L., "Client versus contractor perspectives on project success criteria", *International Journal of Project Management*, 2005.

[31] Burger A. M., Halpin D. W., "Data base methods for complex project

control", *Journal of the Construction Division*, 1977.

[32] Burkatzky F. H. H. , "Development of measurement scales for project complexity and system integration performance", Minneapolis: Walden University, 2007.

[33] Bussey L. E. , "Capital budgeting project analysis and selection with complex utility functions", Oklahoma State University, 1970.

[34] Calinescu A. , Efstathiou J. , Sivadasan S. , et al. , "Complexity in manufacturing: An information theoretic approach", *Proceedings of the International Conference on Complex Systems and Complexity in Manufacturing*, 2000.

[35] Camci A. , Kotnour T. ,"Technology complexity in projects: Does classical project management work?", *Proceedings of the Technology Management for the Global Future*, Istanbul, 2006.

[36] Camci A. , "An assessment of alignment between project complexity and project management style", Florida: University of Central Florida Orlando, 2006.

[37] Caplan R. D. , Harrison R. V. , "Personenvironment fit theory: Some history, recent developments, and future directions", *Journal of Social Issues*, Vol. 49, No. 4, 1993.

[38] CarvalhoM. M. D. , Patah L. A. , Bido D. D. S. , "Project management and its effects on project success: Cross-country and cross-industry comparisons", *International Journal of Project Management*, Vol. 33, No. 7, 2015.

[39] Castejón-Limas M. , Ordieres-Meré J. , González-Marcos A. , et al. , "Effort estimates through project complexity", *Annals of Operations Research*, Vol. 186, No. 1, 2011.

[40] Chan A. P. , Chan A. P. , "Key performance indicators for measuring construction success", *Benchmarking: An International Journal*, Vol. 11, No. 2, 2004.

[41] Chan A. P. , Scott D. , Chan A. P. , "Factors affecting the success of a construction project", *Journal of Construction Engineering and Manage-*

ment, Vol. 130, No. 1, 2004.

[42] Charrel P. J., Galarreta D., Charrel P., et al., "Project management and risk management in complex projects", *Springer*, 2007.

[43] Chen D. Y., Qiu W. H., Yang M., et al., "Activity flow optimization and risk evaluation of complex project", *Proceedings of the International Conference on Wireless Communications, Networking and Mobile Computing*, Shanghai, 2007.

[44] Chen S. E., McGeorge W. D., "A life-cycle decision-information model accommodating complexity in project processes", Construction Informatics Digital Library, http://itc.scix.net/paper w78 - 1995 - 495. content.

[45] Chryssolouris G., Dicke K., Lee M., "An approach to real-time flexible scheduling", *International Journal of Flexible Manufacturing Systems*, Vol. 6, No. 3, 1994.

[46] Chu D., Strand R., Fjelland R., "Theories of complexity", *Complexity*, Vol. 8, No. 3, 2003.

[47] Cicmil S., Marshall D., "Insights into collaboration at the project level: Complexity, social interaction and procurement mechanisms", *Building Research & Information*, Vol. 33, No. 6, 2005.

[48] Cicmil S., Williams T., Thomas J., et al., "Rethinking project management: Researching the actuality of projects", *International Journal of Project Management*, Vol. 24, No. 8, 2006.

[49] Cicmil S. J., Cooke-Davies T. J., Crawford L. H., et al., "Exploring the complexity of projects: Implications of complexity theory for project management practice", Project Management Institute, 2009.

[50] Cillers J., "From acronyms to action: The seminal assembly of the African Union", *African Security Studies*, Vol. 11, No. 1, 2002.

[51] Cleland D., Ireland L., *Project Management - Strategies and Implementation*, New York: McGraw - Hill, 2002.

[52] Clift T. B., Vandenbosch M. B., "Project complexity and efforts to reduce product development cycle time", *Journal of Business Research*,

Vol. 45, No. 2, 1999.

[53] Cooke T., "Can knowledge sharing mitigate the effect of construction project complexity", *Construction Innovation: Information, Process, Management*, Vol. 13, No. 1, 2013.

[54] Cooke-Davies T., "The 'real' success factors on projects", *International Journal of Project Management*, Vol. 20, No. 3, 2002.

[55] Corning P. A., "The synergism hypothesis: On the concept of synergy and its role in the evolution of complex systems", *Journal of Social and Evolutionary Systems*, Vol. 21, No. 2, 1998.

[56] Coveney P., Highfield R., *Frontiers of Complexity: The Search for Order in a Complex World*, New York: Fawcett Columbine, 1995.

[57] Cronbach L. J., "Coefficient alpha and the internal structure of tests", *Psychometrika*, Vol. 16, No. 3, 1951.

[58] Cui Q., Hsu S., "Project complexity under carbon regulation and trading", *Proceedings of the 18th CIB World Building Congress*, United Kingdom, 2010.

[59] Dağdeviren M., Yüksel İ., "Developing a fuzzy analytic hierarchy process (AHP) model for behavior-based safety management", *Information Sciences*, Vol. 178, No. 6, 2008.

[60] Danilovic M., Browning T. R., "Managing complex product development projects with design structure matrices and domain mapping matrices", *International Journal of Project Management*, Vol. 25, No. 3, 2007.

[61] Danilovic M., Sandkull B., "The use of dependence structure matrix and domain mapping matrix in managing uncertainty in multiple project situations", *International Journal of Project Management*, Vol. 23, No. 3, 2005.

[62] Davies A., Mackenzie I., "Project complexity and systems integration: Constructing the London 2012 Olympics and Paralympics Games", *International Journal of Project Management*, Vol. 32, No. 5, 2013.

[63] Delgado A. E., *Multidisciplinary Collaborative Model for Complex Bio-*

medical Engineering Design Projects, El Paso: The University of Texas at El Paso, 2010.

[64] Dille T., Söderlund J., "Managing temporal misfits in institutional environments: A study of critical incidents in a complex public project", *International Journal of Managing Projects in Business*, Vol. 6, No. 3, 2013.

[65] Dillon R. L., Paté-Cornell.., Guikema S. D., "Optimal use of budget reserves to minimize technical and management failure risks during complex project development", *IEEE Transactions on Engineering Management*, Vol. 52, No. 3, 2005.

[66] Dombkins D., "Competency standard for complex project managers", Commonwealth of Australia, Department of Defence, 2006.

[67] Dombkins D., *Complex Project Management*, South Carolina: Booksurge Publishing, 2007.

[68] Dombkins D., "The integration of project management and systems thinking", *International Project Management Association*, No. 29.

[69] Dulam R., *A Multi-dimensional Approach to Deal with Complex Project Management*, Delft: Delft University of Technology, 2011.

[70] Dunn S. C., Seaker R. F., Waller M. A. "Latent variables in business logistics research: Scale development and validation", *Journal of Business Logistics*, No. 15, 1994.

[71] Eriksson M., *Procurement of Complex Technical Systems: Strategies for Successful Projects*, Sweden: Kungliga Tekniska Hogskolan, 2005.

[72] Expo Shanghai China, http://www.expo2010.cn/, 2010.

[73] Fang C., Marle F., "Dealing with project complexity by matrix-based propagation modelling for project risk analysis", *Journal of Engineering Design*, Vol. 24, No. 4, 2013.

[74] Fellows R., Liu A., "Impact of participants' values on construction sustainability", *Proceedings of the ICE-Engineering Sustainability*, Vol. 161, No. 4, 2008.

[75] FHWA, 2013, http://www.fhwa.dot.gov/policy/2013cpr.

[76] Fiori C. , Kovaka M. , "Defining megaprojects: Learning from construction at the edge of experience", *Proceedings of Research Congress*, ASCE, 2005.

[77] Fisher K. , Greanias G. , Rose J. , et al. , "Risk management tools for complex project organizations", *Proceedings of the Aerospace Conference Proceedings*, IEEE, 2002.

[78] Flyvbjerg B. , Bruzelius N. , Rothengatter W. , *Megaprojects and Risk: An Anatomy of Ambition*, Cambridge: Cambridge University Press, 2003.

[79] Fornell C. , Larcker D. F. , "Evaluating structural equation models with unobservable variables and measurement error", *Journal of Marketing Research*, 1981.

[80] Frame J. D. , *The New Project Management: Tools for an Age of Rapid Change, Complexity, and other Business Realities*, Hoboken: John Wiley & Sons, 2002.

[81] Frizelle G. , Woodcock E. , "Measuring complexity as an aid to developing operational strategy", *International Journal of Operations & Production Management*, Vol. 15, No. 5, 1995.

[82] Frizelle G. D. M. , Gregory M. J. , "Complexity and the impact of introducing new products", *Complexity and Complex Systems in Industry*, 2000.

[83] Geraldi J. , "Patterns of complexity: The thermometer of complexity", *Project Perspectives*, No. 29, 2008.

[84] Geraldi J. G. , Adlbrecht G. , *On Faith, Fact and Interaction in Projects*, 2007.

[85] Gidado K. , "Project complexity: The focal point of construction production planning", *Construction Management & Economics*, Vol. 14, No. 3, 1996.

[86] Giezen M. , "Keeping it simple? A case study into the advantages and disadvantages of reducing complexity in mega project planning", *International Journal of Project Management*, Vol. 30, No. 7, 2012.

[87] Girmscheid G. , Brockmann C. , *The Inherent Complexity of Large Scale*

Engineering Projects, Project Perspectives, Annual Publication of International Project Management Association, 2008.

[88] Gorsuch R. L., "Factor analysis", Hillsdale, 1983.

[89] Gransberg D. D., Shane J. S., Strong K., et al., "Project complexity mapping in five dimensions for complex transportation projects", *Journal of Management in Engineering*, Vol. 29, No. 4, 2012.

[90] Gransberg D. D., "Construction manager - general contractor project delivery: A better, faster, smarter way of building transportation infrastructure", *TR News*, 2013.

[91] Hagan G., Bower D., Smith N., "Managing complex projects in multi-project environments", *Proceedings of the 27th Annual ARCOM Conference*, Bristol, UK, 2011.

[92] Hair J. F., Anderson R. E., Tatham R. L., et al., *Multivariate Data Analysis*, New Jersey: Upper Saddle River, 1998.

[93] Harvett C. M., *A Study of Uncertainty and Risk Management Practice Relative to Perceived Project Complexity*, Robina: Bond University, 2013.

[94] Hass K. B., *Managing Complex Projects: A New Model*, Management Concepts Press, 2009.

[95] He Q. H., Luo L., Hu Y., et al., "Measuring the complexity of mega construction projects in China—A fuzzy analytic network process analysis", *Interntional Journal of Project Management*, Vol. 33, No. 3, 2015.

[96] He Q. H., Luo L., Mao S. F., "Research on the degradation of project complexity based on organization optimizing", *Applied Mechanics and Materials*, No. 174, 2012.

[97] He Q. H., Luo L., Wang J., et al., "Using analytic network process to analyze influencing factors of project complexity", *2012 International Conference on Management Science and Engineering*, Dallas, 2012.

[98] Hillson S., Bond S., "Mediation in black and white: Mediation center-police partnerships-a dignified police response", *Conflict Resolution Quarterly*, 2007.

[99] Holsti O. R. , *Content Analysis for the Social Sciences and Humanities*, 1969.

[100] Hsu T. , Yang T. , "Application of fuzzy analytic hierarchy process in the selection of advertising media", *Journal of Management and Systems*, Vol. 7, No. 1, 2000.

[101] Hu Y. , Chan A. P. C. , Le Y. , "From construction megaproject management to complex project management: A bibliographic analysis", *ASCE Journal of Management in Engineering*, 2013, DOI: 10. 1061/ (ASCE) ME. 1943—5479. 0000254.

[102] Hu Y. , Chan A. P. C. , Le Y. , "Understanding determinants of program organization for construction megaprojects success — A Delphi survey of the Shanghai Expo construction", *ASCE Journal of Management in Engineering*, 2014, DOI: 10. 1061/ (ASCE) ME. 1943—5479. 0000310.

[103] Hu Y. , Chan A. , Le Y. , "Conceptual Framework of Program Organization for Managing Construction Megaprojects - Chinese Client's Perspective", *In Engineering Project Organizations Conference*, Rheden, 2012.

[104] Hurk M. V. D. , Verhoest K. , "The governance of public - private partnerships in sports infrastructure: Interfering complexities in Belgium", *International Journal of Project Management*, Vol. 33, No. 1, 2014.

[105] Ika L. A. , "Project success as a topic in project management journals", *Project Management Journal*, Vol. 40, No. 4, 2009.

[106] International Centre for Complex Project Management, Complex project management global perspective and the strategic agenda to 2025, 2011, www. iccpm. com.

[107] Ireland V. , "Identifying and managing uncertainty and emergence", IPMA Scientific Research Paper Series, 2009.

[108] Jaafari A. , "Management of risks, uncertainties and opportunities on projects: Time for a fundamental shift", *International Journal of Project Management*, Vol. 19, No. 2, 2001.

[109] Jaafari A. ,"Project management in the age of complexity and change",

Project Management Journal, Vol. 34, No. 4, 2003.

[110] Johansson P., Cherro S., *How do You Manage the Pressure?: How Time, Type, Complexity and Cultural Diversity Affects the Relationship Between Leadership Styles and Project Success*, Uppsala: Uppsala University, 2013.

[111] Jones B. S., Anderson P., "Diversity as a determinant of system complexity", *Complexity in Design and Engineering*, 2005.

[112] Jugdev K., Müller R., "A retrospective look at our evolving understanding of project success", *Project Management Journal*, Vol. 36, No. 4, 2005.

[113] Jugdev K., Thomas J., Delisle C. L., "Rethinking project management: Old truths and new insights", *International Project Management Journal*, Vol. 7, No. 1, 2001.

[114] Kallinikos J., "Organized complexity: Posthumanist remarks on the technologizing of intelligence", *Organization*, Vol. 5, No. 3, 1998.

[115] Kardes I., Ozturk A., Cavusgil S. T., et al., "Managing global megaprojects: Complexity and risk management", *International Business Review*, Vol. 22, No. 6, 2013.

[116] Kennedy D. M., McComb S. A., Vozdolska R. R., "An investigation of project complexity's influence on team communication using Monte Carlo simulation", *Journal of Engineering and Technology Management*, Vol. 28, No. 3, 2011.

[117] Kerzner H., "Strategic planning for a project office", *Project Management Journal*, Vol. 34, No. 2, 2003.

[118] Kerzner H. R., Belack C., *Managing Complex Projects*, Hoboken: John Wiley & Sons, 2010.

[119] Kerzner H. R., *Project Management: A Systems Approach to Planning, Scheduling, and Controlling*, Hoboken: John Wiley & Sons, 2013.

[120] Khadtare M., *Fractal-cosysmo Systems Engineering Cost Estimation for Complex Projects*, El Paso: The University of Texas at El Paso, 2011.

[121] Kim J., Wilemon D., "Sources and assessment of complexity in NPD

projects", *R & D Management*, Vol. 33, No. 1, 2003.

[122] Klir G. J., "Aspects of uncertainty in qualitative systems modeling", *Qualitative Simulation Modeling and Analysis*, *Springer*, 1991.

[123] Koerner M., Klein L., "Projects as difference - towards a next practice of complex project management", *Proceedings of the 22nd IPMA World Congress*, Italy, 2008.

[124] Kumar R., Rangan U. S., Rufín C., "Negotiating complexity and legitimacy in independent power project development", *Journal of World Business*, Vol. 40, No. 3, 2005.

[125] Leban W. V., *The Relationship between Leader Behavior and Emotional Intelligence of the Project Manager and the Success of Complex Projects*, Lisle: Benedictine University, 2003.

[126] Lebcir M., Choudrie J., "A dynamic model of the effects of project complexity on time to complete construction projects", *International Journal of Innovation, Management and Technology*, Vol. 2, No. 6, 2011.

[127] Lebcir R. M., Choudrie J., "Impact of project complexity factors on project cycle time: Asystem dynamics modelling approach", *International Proceedings of Economics Development & Research*, Singapore, 2011.

[128] Lebcir R. M., "Integrative mechanisms in new product development projects: Effect of project complexity on project performance a system dynamics approach", *Proceedings of the 20th International Conference of System Dynamics*, Palermo, 2002.

[129] Lee G., *The Flexibility and Complexity of Information Systems Development Projects: Conceptual Frameworks, Measures, and Empirical Tests*, Minneapolis: University of Minnesota, 2003.

[130] Lehtiranta L., "Relational risk management in construction projects: Modeling the complexity", *Leadership and Management in Engineering*, Vol. 11, No. 2, 2011.

[131] Lessard D., Sakhrani V., Miller R., "House of project complexity-understanding complexity in large infrastructure projects", *Proceedings*

of Engineering Project Organization Conference, Colorado, 2013.

[132] Leung A. W., Tam C. M., "Assessing the impacts of spatial profile on site production using clustering techniques", *Proceedings of the International Conference on Computing in Civil and Building Engineering*, Nottingham, 2010.

[133] Levine S. H., Romanoff E., "Economic impact dynamics of complex engineering project scheduling", *IEEE Transactions on Systems, Man and Cybernetics*, Vol. 19, No. 2, 1989.

[134] Lillieskold J., *Managing Complex Industrial Projects: A Comparison between Holistic Methods*, Sweden: Kungliga Tekniska Hogskolan, 2006.

[135] Lim C., Mohamed M. Z., "Criteria of project success: An exploratory re-examination", *International Journal of Project Management*, Vol. 17, No. 4, 1999.

[136] Lin R. H., "An integrated FANP - MOLP for supplier evaluation and order allocation", *Applied Mathematical Modelling*, Vol. 33, No. 6, 2009.

[137] Linstone H. A., Turoff M., *The Delphi Method: Techniques and applications*, Boston: Addison-Wesley Reading, 1975.

[138] Liu A. M., "A research model of project complexity and goal commitment effects on project outcome", *Engineering Construction and Architectural Management*, Vol. 6, No. 2, 1999.

[139] Liu K., Sun L., Tan S., "Using problem articulation method to assist planning and management of complex project", in Project Management and Risk Management in Complex Projects, Springer, 2007.

[140] Liu L., Wang X., Sheng Z., "Achieving ambidexterity in large, complex engineering projects: A case study of the Sutong Bridge project", *Construction Management and Economics*, Vol. 30, No. 5, 2012.

[141] Locatelli G., Mancini M., Romano E., "Systems Engineering to improve the governance in complex project environments", *International Journal of Project Management*, 2013, DOI: 10.1016/j.ijproman.2013.10.007.

[142] Lu Y. B., Luo L., Wang H. L., Le Y., Shi Q., "Measurement

model of project complexity for large-scale projects from task and organization perspective", *International Journal of Project Management*, Vol. 33, No. 3, 2015.

[143] Ludwig B., "Predicting the future: Have you considered using the Delphi methodology", *Journal of Extension*, Vol. 35, No. 5, 1997.

[144] Luhman J. T., Boje D. M., "What is complexity science? A possible answer from narrative research", *Emergence, A Journal of Complexity Issues in Organizations and Management*, Vol. 3, No. 1, 2001.

[145] Macheridis N., Nilsson H., "Managing project complexity: A managerial view", *Lund Institute of Economic Research-Working Paper Series*, Sweden, 2004.

[146] Mainzer M., Muller A., Saltzer W., et al., "From simplicity to complexity", *Angewandte Chemie-German Edition*, Vol. 111, No. 1, 1999.

[147] Mandell M., "Application of network analysis to the implementation of a complex project", *Human Relations*, Vol. 37, No. 8, 1984.

[148] Marle F., Lardeur E., "An information model in order to better manage complexity in projects", *Proceedings of the 9th International Conference on Concurrent Enterprising*, Finland, 2003.

[149] Marle F., Vidal L. A., Bocquet J. C., "Interactions-based risk clustering methodologies and algorithms for complex project management", *International Journal of Production Economics*, Vol. 142, No. 2, 2013.

[150] Marrewijk V. A., Clegg S. R., Pitsis T. S., et al., "Managing public - private megaprojects: Paradoxes, complexity, and project design", *International Journal of Project Management*, Vol. 26, No. 2, 2008.

[151] Marshall K., Rousey S., "Guidance for transportation project management", NCHRP Web-Only Document, 2009.

[152] Marsh H. W., Hau K. T., Balla J. R., Grayson. D., "is more ever too much? The number of indicators per factor in confirmatory factor analysis", *Multivariate Behavioral Research*, Vol. 33, No. 2, 1998.

[153] Maylor H., Vidgen R., Carver S., "Managerial complexity in project

- based operations: A grounded model and its implications for practice", *Project Management Journal*, Vol. 39, No. S1, 2008.

[154] Maylor H., *Project Management*, Harlow: FT Prentice Hall, 2003.

[155] Mazur A., Pisarski A., Ashkanasy N., *Person-environment Fit: Project Leader-stakeholder Relationships in a Complex Project Environment*, 25th Annual Australian and New Zealand Academy of Management Conference: The Future of Work and Organisations, Wellington, 2011.

[156] McClure N. D., "A major project in the age of the environment: Out of controversy, complexity, and challenge", *Environmental Geology and Water Sciences*, Vol. 7, No. 1, 1985.

[157] McComb S. A., Green S. G., "Compton WD. Team flexibility's relationship to staffing and performance in complex projects: An empirical analysis", *Journal of Engineering and Technology Management*, Vol. 24, No. 4, 2007.

[158] Mc Glashan R., *An Analysis of Cost Estimate Growth on a Complex Development Project*, Austin: The University of Texas at Austin, 1969.

[159] McKinnie R. M., *The Application of Complexity Theory to the Field of Project Management*, Minneapolis: Walden University, 2007.

[160] Meade L., Sarkis J., "Analyzing organizational project alternatives for agile manufacturing processes: an analytical network approach", *International Journal of Production Research*, Vol. 37, No. 2, 1999.

[161] Metcalfe M., Sastrowardoyo S., "Complex project conceptualisation and argument mapping", *International Journal of Project Management*, Vol. 31, No. 8, 2013.

[162] Mihm J., Loch C., Huchzermeier A., "Problem - solving oscillations in complex engineering projects", *Management Science*, Vol. 49, No. 6, 2003.

[163] Miller R., Lessard D., "Evolving strategy: Risk management and the shaping of large engineering projects", *MIT Sloan School of Management Working Paper*, 2007.

[164] Mitchell G. F., *Managing Risks in Complex Projects Using Compression*

Strategies, Washington: University of Washington, 2005.

[165] Mo J., Yin Y., Gao M., "Developing a complexity measure for project schedules", *Journal of Construction Engineering and Management*, Vol. 132, No. 6, 2008.

[166] Moldoveanu M., "An intersubjective measure of organizational complexity: A new approach to the study of complexity in organizations", *Emergence Mahwah Lawrence Erlbaum*, Vol. 6, No. 3, 2004.

[167] Monfared S. S., Jenab K., "A novel approach for complexity measure analysis in design projects", *Journal of Engineering Design*, Vol. 23, No. 3, 2012.

[168] Mulenburg G. M., *The Characteristics of Project Managers: An Exploration of Complex Projects in the National Aeronautics and Space Administration*, San Francisco: Golden Gate University, 1999.

[169] Muller R., Geraldi J., Turner J. R., "Relationships between leadership and success in different types of project complexities", *IEEE Transactions on Engineering Management*, Vol. 59, No. 1, 2012.

[170] Müller R., Geraldi J. G., Turner J. R., "Linking complexity and leadership competences of project managers", *Proceedings of International Research Network for Organizing by Projects Conference*, Brighton, 2007.

[171] Muzyka D. F., *Management Practice in Large Complex Projects: Lessons from Nuclear Power Plant Construction and Masses Shuttle Program*, Cambridge: Harvard University, 1989.

[172] Nassar K. M., Hegab M. Y., "Developing a complexity measure for project schedules", *Journal of Construction Engineering and Management*, Vol. 132, No. 6, 2006.

[173] Nguyen A. T., Nguyen L. D., Hoai L. L., Dang C. N., "Quantifying the complexity of transportation projects using the fuzzy analytic hierarchy process", *International Journal of Project Management*, Vol. 33, No. 6, 2015.

[174] Ochieng E., Hughes L., "Managing project complexity in construction

projects: The way forward", *Journal of Architectural Engineering Technology* (*In press*), 2013.

[175] O'Donnell J. G., *A Study of the Relationships Among Project Managers' Leadership Practices, Project Complexity, and Project Success*, Seattle: Argosy University, 2010.

[176] Oliver J., "Knowledge requirements for capability development in complex project delivery", *Construction Management and Economics*, Vol. 30, No. 8, 2012.

[177] Owens J., Ahn J., Shane J. S., et al., "Defining complex project management of large us transportation projects: A comparative case study analysis", *Public Works Management & Policy*, Vol. 17, No. 2, 2012.

[178] Owens J. A., *Project Management for Complex Transportation Projects*, Iowa: Iowa State University, 2010.

[179] Pallant J., "SPSS survival manual: A step by step guide to data analysis using SPSS", Mc Graw-Hill International, 2010.

[180] Park H. S., Baker C., Lee D. W., "Need for cognition, task complexity, and job satisfaction", *Journal of Management in Engineering*, Vol. 24, No. 2, 2008.

[181] Park M., Peña - Mora F., "Dynamic change management for construction: introducing the change cycle into model - based project management", *System Dynamics Review*, Vol. 19, No. 3, 2003.

[182] Parsons T., Perrow C., "Complex organizations", Illinois: Scott and Foresman Ed Glenview, 1979.

[183] Parwani R. R., Complexity: An introduction, arXiv preprint physics/0201055, 2002.

[184] Pauget B., Wald A., "Relational competence in complex temporary organizations: The case of a French hospital construction project network", *International Journal of Project Management*, Vol. 31, No. 2, 2013.

[185] Payne J. H., "Management of multiple simultaneous projects: a state-

measure analysis in design projects", *Journal of Engineering Design*, Vol. 23, No. 3, 2012.

[207] Shanghai Expo Construction Headquarters (SECH) Office, "The outlines of Shanghai Expo construction", Shanghai, 2008.

[208] Sheard S. A., *Assessing the Impact of Complexity Attributes on System Development Project Outcomes*, Hoboken: Stevens Institute of Technology, 2012.

[209] Shenhar A. J., Dvir D., *Reinventing Project Management: The Diamond Approach to Successful Growth and Innovation*, Cambridge: Harvard Business Review Press, 2007.

[210] Shenhar A. J., Dvir D., "Toward a typological theory of project management", *Research Policy*, Vol. 25, No. 4, 1996.

[211] Shenhar A. J., "From theory to practice: Toward a typology of project-management styles", *IEEE Transactions on Engineering Management*, Vol. 45, No. 1, 1998.

[212] Siegel N. G., *Organizing Complex Projects Around Critical Skills, and the Mitigation of Risks Arising from System Dynamic Behavior*, Los Angeles: University of Southern California, 2011.

[213] Simon H., *The Architecture of Complexity, Organizations: Systems, Control, and Adaptation*, New York: Wiley, 1969.

[214] Simon H. A., The architecture of complexity, Springer, 1991.

[215] Sinha S., Kumar B., Thomson A., "Measuring project complexity: A project manager's tool", *Architectural Engineering and Design Management*, Vol. 2, No. 3, 2006.

[216] Sodade B. A. A., *Project Management Complexities in Municipal Projects*, Calgary: University of Calgary, 2011.

[217] Soderlund J., *Time-limited and Complex Interaction: Studies of Industrial Projects*, Sweden: Linkopings Universitet, 2000.

[218] Sommer S. C., Loch C. H., "Selectionism and learning in projects with complexity and unforeseeable uncertainty", *Management Science*, Vol. 50, No. 11, 2004.

[219] Suhonen M., Paasivaara L., "Shared human capital in project management: A systematic review of the literature", *Project Management Journal*, Vol. 42, No. 2, 2011.

[220] Tabachnick B. G., Fidell L. S., "Experimental designs using ANOVA", Thomson Brooks Cole, 2007.

[221] Tam C., "Assessment of impacts of project technical complexity on building production using clustering and knowledge-based system", *Proceedings of the 27th International Conference of CIB*, 2010.

[222] Taslicali A. K., Ercan S., "The analytic hierarchy & the analytic network processes in multicriteria decision making: A comparative study", *Citeseer*, 2006.

[223] Tatikonda M. V., Rosenthal S. R., "Technology novelty, project complexity, and product development project execution success: A deeper look at task uncertainty in product innovation", *IEEE Transactions on Engineering Management*, Vol. 47, No. 1, 2000.

[224] Thomas H. L., *Factors Influencing the Selection of the Systems Integration Organizational Model Type for Planning and Implementing Complex Government Projects*, Huntsville: The University of Alabama in Huntsville, 2009.

[225] Thomas J., Mengel T., "Preparing project managers to deal with complexity - Advanced project management education", *International Journal of Project Management*, Vol. 26, No. 3, 2008.

[226] Tomek G., Vávrová V., "Complex standardization as the factor of flexibility and competitive ability", *Chinese Business Review*, Vol. 10, No. 6, 2011.

[227] Tsai C. C., Wen L. M., "Research and trends in science education from 1998 to 2002: A content analysis of publication in selected journals", *International Journal of Science Education*, Vol. 27, No. 1, 2005.

[228] Tseng M., Lin Y., Chiu A., et al., "Using FANP approach on selection of competitive priorities based on cleaner production implementa-

tion: a case study in PCB manufacturer, Taiwan", *Clean Technologies and Environmental Policy*, Vol. 10, No. 1, 2008.

[229] Turner J. R., Cochrane R. A., "Goals-and-methods matrix: Coping with projects with ill defined goals and/or methods of achieving them", *International Journal of Project Management*, Vol. 11, No. 2, 1993.

[230] Turner J. R., "Five necessary conditions for project success", *International Journal of Project Management*, Vol. 22, No. 5, 2004.

[231] Van Marrewijk A., Clegg S. R., Pitsis T. S., et al., "Managing public - private megaprojects: Paradoxes, complexity, and project design", *International Journal of Project Management*, Vol. 26, No. 6, 2008.

[232] Vidal L., Marle F., Bocquet J., "Modeling project complexity", *Proceedings of the International Conference on Engineering Design*, Paris, 2007.

[233] Vidal L. A., Marle F., Bocquet J. C., "Building up a project complexity framework using an international Delphi study", *International Journal of Technology Management*, Vol. 62, No. 2, 2013.

[234] Vidal L. A., Marle F., Bocquet J. C., "Measuring project complexity using the Analytic Hierarchy Process", *International Journal of Project Management*, Vol. 29, No. 6, 2011.

[235] Vidal L. A., Marle F., Bocquet J. C., "Using a Delphi process and the Analytic Hierarchy Process (AHP) to evaluate the complexity of projects", *Expert Systems with Applications*, Vol. 38, No. 5, 2011.

[236] Vidal L. A., Marle F., "Understanding project complexity: Implications on project management", *Kybernetes*, Vol. 37, No. 8, 2008.

[237] Vidal L. A., "Thinking project management in the age of complexity: Particular implications on project risk management", Ecole Centrale Paris, 2009.

[238] Vinodh S., Anesh Ramiya R., Gautham S., "Application of fuzzy analytic network process for supplier selection in a manufacturing organisation", *Expert Systems with Applications*, Vol. 38, No. 1, 2011.

[239] Vinouze B., Bourgès J., Baux D., "How to train engineering students to cope with complexity in project management?", 41st SEFI Conference, Leuven, 2013.

[240] Waldrop M. M., *Complexity: The Emerging Science at the Edge of Chaos*, New York: Simon & Schuster, 1992.

[241] Weaver P., "A simple view of complexity in project management", Proceedings of the 4th World Project Management Week, Singapore, 2007.

[242] Weber R. P., "Basic content analysis", Sage, 1990.

[243] Whitestone D. L., *Management of Innovation in a Complex Organization: An Organizational Autopsy of a Short-lived Government Sponsored Training and Development Project*, Cambridge: Harvard University, 1982.

[244] Whitty S. J., Maylor H., "And then came complex project management (revised)", *International Journal of Project Management*, Vol. 27, No. 3, 2009.

[245] Wideman R. M., "Total project management of complex projects improving performance with modern techniques", Presentation to the Construction Industry in the cities of Bangalore, Bombay, Calcutta, Madras and New Delhi on behalf of the Consultancy Development Centre New Delhi, India, 1990, 23—40.

[246] Wiendahl H. P., Scholtissek P., "Management and control of complexity in manufacturing", *CIRP Annals-Manufacturing Technology*, Vol. 43, No. 2, 1994.

[247] Williams T. M., "Modelling complex projects", John Wiley & Sons, 2008.

[248] Williams T. M., "The need for new paradigms for complex projects", *International Journal of Project Management*, Vol. 17, No. 5, 1999.

[249] Williamson D. J., "A correlational study assessing the relationships among information technology project complexity, project complication, and project success", Pro Quest LLC, 2011.

[250] Winter M., Smith C., Morris P., et al., "Directions for future re-

search in project management: The main findings of a UK government-funded research network", *International Journal of Project Management*, Vol. 24, No. 8, 2006.

[251] Wood H. L., Ashton P., "The factors of project complexity", *Proceedings of 18th CIB World Building Congress*, Salford, 2010.

[252] Wood H. L., Ashton P., "Modeling project complexity", *Proceedings of 26th Annual ARCOM Conference*, Leeds, 2010.

[253] Wood H. L., Gidado K., "An overview of complexity theory and its application to the construction industry", *Proceedings of the 24th Annual ARCOM Conference*, Cardiff, 2008.

[254] Wu C. R., Lin C. T., Chen H. C., "Integrated environmental assessment of the location selection with fuzzy analytical network process", *Quality and Quantity*, Vol. 43, No. 3, 2009.

[255] Xia B., Chan A. P., "Measuring complexity for building projects: a Delphi study", *Engineering, Construction and Architectural Management*, Vol. 19, No. 1, 2012.

[256] Xia W., Lee G., "Grasping the complexity of IS development projects", *Communications of the ACM*, Vol. 47, No. 5, 2004.

[257] Yanwen W., "The study on complex project management in developing countries", *Physics Procedia*, No. 25, 2012.

[258] Yang R. J., Zou P. X. W., Wang J., "Modelling stakeholder-associated risk networks in green building projects", *International Journal of Project Management*, No. 34, 2015.

[259] Yeo K., Ren Y., "Risk management capability maturity model for complex product systems (CoPS) rojects", *Systems Engineering*, Vol. 12, No. 4, 2009.

[260] Zadeh L. A., "Fuzzy sets", *Information and Control*, Vol. 8, No. 3, 1965.

[261] Zanotta D. M., *Managing Complexity in Virtual Project Teams: Understanding the Lived Experiences of the Traditional Project Manager through Phenomenological Research*, Minneapolis: Capella University, 2013.

[262] Zhang L., Wu X., Ding L., et al., "Decision support analysis for safety control in complex project environments based on Bayesian Networks", *Expert Systems with Applications*, Vol. 40, No. 11, 2013.

[263] 包俊:《工程项目复杂性研究与复杂性管理》,硕士学位论文,重庆大学,2007 年。

[264] 陈敏灵、党兴华、陈红霞:《项目复杂性,联合风险投资结构与项目成功率》,《科研管理》2012 年第 33 卷第 12 期。

[265] 陈晓萍、徐淑英、樊景立:《组织与管理研究的实证方法》,北京大学出版社 2008 年版。

[266] 奉金权:《大型复杂工程业主方项目管理组织策划》,《建筑经济》2011 年第 3 期。

[267] 何清华、陆云波、李永奎等:《不同复杂性条件下的项目综合优化研究》,《管理工程学报》2013 年第 27 卷第 4 期。

[268] 何清华、罗岚、李永奎等:《世博项目的复杂性与工期和人力成本关系》,《同济大学学报》(自然科学版)2012 年第 40 卷第 11 期。

[269] 何清华、罗岚、陆云波等:《项目复杂性内涵框架研究述评》,《科技进步与对策》2013 年第 30 卷第 23 期。

[270] 何清华、罗岚、任俊山:《项目复杂性综合优化路径实证研究——以世博 AB 片区建设项目为例》,《工程管理学报》2011 年第 6 期。

[271] 何清华、罗岚、李永奎等:《工程项目组织集成对项目绩效的影响路径》,《同济大学学报》(自然科学版)2014 年第 42 卷第 1 期。

[272] 何清华、罗岚:《大型复杂工程项目群管理协同与组织集成》,科学出版社 2013 年版。

[273] 何清华、罗岚、陆云波等:《基于 TO 视角的项目复杂性测度研究》,《管理工程学报》2013 年第 1 期。

[274] 何清华、张菁、李永奎等:《上海世博会浦东 AB 片区项目群管理的组织策划与实施》,《施工技术》2009 年第 10 期。

[275] 侯杰泰、温忠麟、成子娟:《结构方程模型及其应用:Structural equation model and its applications》,教育科学出版社 2004 年版。

[276] 姜琳:《基于复杂性思想的大型工程建设项目集成化管理研究》,硕士学位论文,天津大学,2006 年。

[277] 蒋卫平、李永奎、何清华：《大型复杂工程项目组织管理研究综述》，《项目管理技术》2009 年第 7 卷第 12 期。

[278] 乐云、崇丹、蒋卫平：《大型复杂群体项目分解结构（PBS）概念与方法研究》，《项目管理技术》2010 年第 2 期。

[279] 乐云、蒋卫平：《大型复杂群体项目系统性控制五大关键技术——项目管理方法的拓展与创新》，《项目管理技术》2010 年第 1 期。

[280] 乐云、任俊山、谢琳琳等：《2010 年上海世博会大型群体建设项目的复杂性根源分析》，《建筑经济》2009 年第 11 期。

[281] 乐云：《大型复杂群体项目实行综合管理的探索与实践》，《工程质量》2011 年第 29 卷第 3 期。

[282] 雷丽彩、周晶、何洁：《大型工程项目决策复杂性分析与决策过程研究》，《项目管理技术》2011 年第 9 卷第 1 期。

[283] 李怀祖：《管理学研究方法论》，西安交通大学出版社 2004 年版。

[284] 李慧、杨乃定、郭晓：《复杂项目系统复杂性构成研究》，《软科学》2009 年第 23 卷第 2 期。

[285] 李慧：《基于复杂网络的复杂项目管理研究框架》，《科技进步与对策》2009 年第 25 卷第 11 期。

[286] 李林梅：《试论市场调查中问卷设计的几个基本原则》，《统计与信息论坛》2000 年第 15 卷第 2 期。

[287] 李仕峰、杨乃定、刘效广：《基于熵和证据理论的 NPD 项目复杂性模糊评价》，《管理工程学报》2013 年第 1 期。

[288] 李永奎、乐云、何清华等：《大型复杂项目组织网络模型及实证分析》，《同济大学学报》（自然科学版）2011 年第 39 卷第 6 期。

[289] 林鸣、沈玲、马士华等：《基于全寿命周期的项目成功标准的系统思考》，《工业工程与管理》2005 年第 10 卷第 1 期。

[290] 卢纹岱：《SPSS for Windows 统计分析》，电子工业出版社 2002 年版。

[291] 吕鸿江、刘洪：《转型背景下组织复杂性与组织效能关系研究》，《管理科学学报》2010 年第 13 卷第 7 期。

[292] 马国庆：《管理统计》，科学出版社 2002 年版。

[293] 马丽仪、邱菀华、杨亚琴：《大型复杂项目风险建模与熵决策》，

《北京航空航天大学学报》2010 年第 2 期。

[294] 庞玉成:《复杂建设项目的业主方集成管理研究》, 山东社会科学 2013 年第 6 期。

[295] 齐二石、姜琳:《大型工程项目的复杂性及其集成化管理》,《科技管理研究》2008 年第 28 卷第 8 期。

[296] 邱皓政、林碧芳:《结构方程模型的原理与应用》, 中国轻工业出版社 2009 年版。

[297] 泉州市人民政府:《关于进一步改革投资建设项目并联审批流程、促进审批提速的实施意见(试行)》, 2007 年(http://www.xzzf.fjqz.gov.cn/view/law/law_view.jsp?lawunid=409A3EC1EB9DDBC92B8B2DDBC46C0487)。

[298] 佘立中:《基于复杂性大型集群工程项目质量管理研究》,《重庆建筑大学学报》2006 年第 28 卷第 3 期。

[299] 盛昭瀚、游庆仲、李迁:《大型复杂工程管理的方法论和方法: 综合集成管理——以苏通大桥为例》,《科技进步与对策》2008 年第 25 卷第 10 期。

[300] 宋华岭、金智新、李金克等:《企业管理系统复杂性评价的三维尺度模型建模与实证研究》,《管理工程学报》2006 年第 20 卷第 1 期。

[301] 宋华岭、温国锋、刘丽娟等:《复杂信息度量的安全系统结构复杂性评价》,《管理科学学报》2012 年第 15 卷第 2 期。

[302] 汪波、甄志禄:《复杂建设工程项目信息协同与有效沟通研究》,《西安电子科技大学学报》(社会科学版) 2013 年第 1 期。

[303] 王进、许玉洁:《系统思维视野下的大型工程项目成功标准》,《中国工程科学》2009 年第 10 卷第 12 期。

[304] 王茜、程书萍:《大型工程的系统复杂性研究》,《科学决策》2009 年第 1 期。

[305] 王润良、郑晓齐:《技术复杂性及其对组织结构的影响》,《科学学研究》2001 年第 19 卷第 3 期。

[306] 王宇静、李永奎:《基于系统动力学的大型复杂建设项目计划模型》,《工业工程与管理》2010 年第 3 期。

[307] 吴明隆：《问卷分析统计实务——SPSS 操作与应用》，重庆大学出版社 2010 年版。

[308] 吴明隆：《结构方程模型：AMOS 的操作与应用》，重庆大学出版社 2009 年版。

[309] 吴绍艳：《工程项目的复杂性探讨》，《建筑经济》2009 年第 6 期。

[310] 吴绍艳：《基于复杂系统理论的工程项目管理协同机制与方法研究》，博士学位论文，天津大学，2006 年。

[311] 吴孝灵、周晶、洪巍等：《基于复杂合同关系的大型工程项目集成管理体系》，《项目管理技术》2010 年第 8 卷第 8 期。

[312] 徐淑英、欧怡、陈晓萍等：《科学过程与研究设计》，北京大学出版社 2008 年版。

[313] 晏永刚、任宏、范刚：《大型工程项目系统复杂性分析与复杂性管理》，《科技管理研究》2009 年第 6 期。

[314] 尹贻林、刘艳辉：《基于项目群治理框架的大型建设项目集成管理模式研究》，《软科学》2009 年第 23 卷第 8 期。

[315] 尤荻：《TOT 项目系统复杂性分析与复杂性集成管理研究》，《项目管理技术》2010 年第 12 期。

[316] 张宪、王雪青：《基于结构方程模型的建设工程项目系统复杂性测度研究》，《河北农业大学学报》2011 年第 34 卷第 3 期。

[317] 张宪：《复杂性视角下基于 Agent 的建设工程项目集成管理模型研究》，硕士学位论文，天津大学，2011 年。

[318] 张悦颖、乐云、胡毅：《上海世博会大型复杂群体工程建设项目界面管理研究》，《建筑技术》2010 年第 41 卷第 4 期。

[319] 张哲、张宏庆、李武：《穿越城区公路高架桥工程项目的复杂性分析和管理模式研究》，《公路》2011 年第 7 期。

[320] 周叶琴：《大型工程的复杂度分析——以苏通大桥为例》，《项目管理技术》2011 年第 9 期。

[321] 朱振涛：《工程文化的系统复杂性及其演化机理研究》，南京大学出版社 2012 年版。

附　录

附录 A　复杂建设项目成功与复杂性研究访谈大纲（中英版）

A Study of Project Success and Complexity（PS&C）
项目成功与复杂性研究

The purpose of this survey is to develop a better understanding of factors associated with achieving successful project outcomes on complex projects. There are two parts to this survey. The first part involves obtaining your opinion on what makes a project complex and the factors related to success. The second part relates to collecting high-level information on an actual completed project that has known outcomes in terms of performance and level of complexity. If you have any questions or would like additional information, please contact Dr. Edward J. Jaselskis（email：ejjasels@ ncsu. edu；Phone：1-（919）515－1158）. 该调研的目的是更好地理解影响复杂项目成功的因素。该调研包括两部分，第一部分针对什么使得项目变得复杂以及项目成功的因素进行调查。第二部分针对某个已经完成并了解整个项目绩效和复杂性的项目进行调查。如果您有其他问题或需要获得更多信息，请联系 Dr. Edward J. Jaselskis（email：ejjasels@ ncsu. edu；Phone：（919）515－1158）.

Participant Informationcan 基本信息：＿＿＿＿＿＿＿＿＿＿＿＿

Current job title 目前职位：＿＿＿＿＿＿＿＿＿＿＿＿＿＿＿＿

Educational background 教育背景：＿＿＿＿＿＿＿＿＿＿＿＿＿

Years worked in construction industry 在建设行业工作年限：________

Part 1：Subjective opinion on complexity 第一部分：关于复杂性的主观评价____

In your opinion，what makes a project complex？您认为，什么使得项目变得复杂？

____

____

How can you ensure success on a complex project？您怎样保证复杂项目的成功？

____

____

Part 2：Review of a recently completed construction project 第二部分：选取您最近参与且已经完工的建设项目

➢What was your role on the project？（e. g. ，owner PM，contractor PM ，EPC PM，CM，designer，other）您在该项目中的角色（如业主方团队、承包商团队、EPC 团队、施工方、设计方、其他）

____

➢In which phase（s）did you participate in the project（e. g. ，pre-project planning，design，construction，start-up and commissioning）？您曾参与该项目的哪个阶段（如前期策划阶段、设计阶段、施工阶段、运营阶段）

____

➢Project location（e. g. ，US，China，Canada，India，etc. ）项目地点（如美国、中国、加拿大、印度等）：

____

➢Project type（e. g. ，power plant，dam，high rise office，etc. ）该项目的类型（如发电厂、水坝、高层办公楼、其他）：

____

➢Contract type（e. g. ，design-bid-build，design-build，EPC，other）该项目合同类型（如 DBB、DB、EPC、其他）：

____

➢Project size（in RMB or US＄）该项目投资规模（人民币或美元）：

______

➢Project duration（months）该项目工期（月）：

______

➢What year was the project completed 该项目的完工时间（年份）：

______

➢Who are the main stakeholders 该项目起主要作用的利益相关者：

______

➢Where is the funding from 资金来源：

______

➢% difference between the planned and actualproject cost 该项目的实际成本与计划成本的偏差：

______

➢% difference between the planned and actualproject duration 该项目的实际进度与计划进度的偏差：

______

➢% difference between the planned and actual design cost 该项目的实际设计成本与计划设计成本的偏差：

______

➢% difference between the estimated and actualdesign duration 该项目的实际设计进度与计划设计进度的偏差：

______

➢% difference between the estimated and actual construction effort hours 该项目的实际施工工时与计划施工工时的偏差：

______

➢Characterize the amount of uncertainty on the project（subjective—should add to 100%）描述项目不确定性（基于主观评价——以下三者之和为 100%）

➢% Knowns（Known-Knowns，e. g.，you know the exact labor cost because you have the contract）知道的比例（举例：明确知道人力成本，因为有施工合同）

____

➢% Partially Knowns (Known-Unknowns, e. g. , you just know there will be rainy in spring, but you don't know how much it will have) 部分知道的比例（举例：你仅仅知道春季有雨，却不知道具体的雨量）

____

➢% Wildcards (Unknown-Unknowns, e. g. , unexpected events) 完全不知道的比例（例如：难以预料的事情）

____

➢Indicate the level of complexity for each category (1 = simple, 2 = mildly complex, 3 = moderately complex, 4 = highly complex, and 5 extremely complex) 采用五分法表示下列各类项目复杂性程度（1 = 简单，2 = 轻度复杂，3 = 中度复杂，4 = 高度复杂，5 = 极度复杂）

	Organizational 组织	Technological 技术	Environmental 环境	Goal 目标	Cultural 文化	Information 信息	Others 其他
Complexity level 复杂性程度							
What key factors contributed to the complexity? 哪些因素导致该类复杂性?							

➢Did you try to reduce the complexity? (Yes/No) __________ If Yes, How? 是否采取了措施以降解复杂性？如果是，怎样的措施？

____

➢Identify the level of success achieved on this project (from your perspective): 1 = below expectation, 2 = met expectation, 3 = exceeded expectation 确定该项目的成功程度（从您自己的角度）：1 = 未达到预期，2 = 达到预期，3 = 超出预期。

	Cost 成本	Schedule 进度	Quality 质量	Safety 安全
Level of success 成功的程度				
What caused this level/what can be done to better outcome 造成该等级的原因或者您认为如何改进以取得更好的结果				

Thank you for your participation. 感谢您的参与。

Graduate students working on this project

Lan Luo（PhD Student），lluo7@ ncsu. edu

Ron Patel（PhD Student），rbpatel3@ ncsu. edu

Department of Civil，Construction and Environmental Engineering

NC State University

附录 B　复杂建设项目的复杂性与成功调查问卷

尊敬的先生/女士：

十分感谢您能在百忙之中填写我们的问卷。本研究得到同济大学和美国北卡罗来纳州立大学的支持，调查的目的在于研究复杂建设项目的复杂性与成功问题。问卷中的问题选项无对错之分，请您根据您的工作实践和专业知识，如实反映真实想法及项目实际情况。本问卷不记名，您提供的一切信息只作为学术研究使用，在整个分析处理过程中均对外保密，请放心填写。

您的支持对完成本研究非常重要，如果没有您的支持和投入，本研究项目将难以实现。非常感谢您的重视和关照！

如果您对本研究结论感兴趣，我们会在研究结束后将研究结果发送给您。

联系地址：上海市彰武路 1 号同济大厦 911 室，邮编：200092

联系人：罗岚　　　Email：mengling2391@ 163. com

问卷填写说明：

1. 问卷调查的对象是复杂建设项目，复杂建设项目是指工期不少于 3 个月、成本不低于 150 万元，参与方众多，拥有大量相互作用的要素，动态不确定性大的建设项目，且符合：（1）民用建筑工程设计等级一级及一级以上的工程，即单体建筑面积 2 万平方米以上或建筑高度超过 50 米的一般公共建筑，20 层以上的住宅、宿舍楼，10 万平方米以上的住宅小区或工厂生活区，总建筑面积 1 万平方米以上地下空间和人防防护等级四级及以上的附建式人防地下工程；（2）因建筑设计需要或场地限制等原因造成体形复杂的工程项目，如综合技术要求高、采用不利抗震的不规则体形、建筑场地及周边条件复杂以及需要有关部门综合协调的工程；（3）涉及公众安全和功能复杂的重要公共建筑；（4）市政公用行业建设项目设计规模中型及以上的工程等。

2. 请选择一个您参与过且已交付使用的复杂建设项目进行填写。

第一部分　基本信息及项目特征

说明：根据您的实际情况，在其前面的“□”处做标记。

条款内容	选　项
1. 性别	□男□女
2. 您的年龄	□≤20 岁□21—30 岁□31—40 岁□41—50 岁□＞50 岁
3. 教育背景	□专科及以下□本科□硕士□博士
4. 您在建筑业界或相关行业的工作年限	□≤5 年□6—10 年□11—15 年□16—20 年□＞20 年
5. 您在该项目中的职位	□项目经理□项目中的部门经理□专业主管 □项目工程师□其他
6. 该项目类型	□住宅项目□公共建筑□工业建筑□其他
7. 您所在单位在该项目中承担的角色	□业主□承包商□供应商□工程咨询单位（包括监理） □勘察设计单位□其他
8. 您曾参与该项目的阶段（可多选）	□前期策划阶段□设计阶段□施工阶段□运营阶段
9. 该项目实际的总投资（元）	□150 万—1000 万元□1000 万—5000 万元□5000 万—1 亿元□1 亿—5 亿元□＞5 亿元
10. 该项目的实际工期	□3—12 个月□13—24 个月□25—36 个月 □37—48 个月□＞48 个月

第二部分　项目复杂性描述

说明：针对该项目，根据以下描述与实际的吻合程度，在对应分值上做标记。

项目描述	非常不符合	不符合	一般	符合	非常符合
1. 目标方面					
1.1 该项目各利益相关方追求的目标多样	1	2	3	4	5

续表

项目描述	非常不符合	不符合	一般	符合	非常符合
1.2 该项目各参与方的项目目标不明确	1	2	3	4	5
1.3 该项目各目标随着项目阶段的不同而发生改变	1	2	3	4	5
1.4 该项目各利益相关方的需求变更多	1	2	3	4	5
1.5 该项目时间紧迫	1	2	3	4	5
1.6 该项目的成本目标控制紧张	1	2	3	4	5
2. 组织方面					
2.1 您所在项目团队的组织结构层级数多	1	2	3	4	5
2.2 您所在项目团队的组织职能部门多	1	2	3	4	5
2.3 该项目组织各部门之间依赖性强	1	2	3	4	5
2.4 该项目各参与方的经验和能力不足	1	2	3	4	5
2.5 您所在项目组织的成员、结构等变动大	1	2	3	4	5
2.6 该项目组织间的信任程度低	1	2	3	4	5
2.7 该项目组织合作意识不足	1	2	3	4	5
2.8 该项目的组织文化差异大	1	2	3	4	5
3. 任务方面					
3.1 该项目具有许多不同工作性质的工程任务活动	1	2	3	4	5
3.2 该项目各工程任务之间的关系依赖性强	1	2	3	4	5
3.3 在项目不同阶段，需要完成的工程任务不断发生变化	1	2	3	4	5
3.4 该项目管理方法和工具不确定	1	2	3	4	5
3.5 该项目所需资源和技能不容易获得	1	2	3	4	5
3.6 该项目资金来源途径（如自有资金、银行投资等）不多	1	2	3	4	5
3.7 该项目的合同关系复杂	1	2	3	4	5
4. 技术方面					
4.1 该项目涉及的专业工程技术多样	1	2	3	4	5
4.2 该项目技术流程的依赖性强（即下一个技术流程依赖于上一个技术流程的完成）	1	2	3	4	5
4.3 该项目高难技术的风险大	1	2	3	4	5
4.4 该项目使用新技术所需要的知识水平不足	1	2	3	4	5
4.5 该项目的建筑结构与功能新颖	1	2	3	4	5

续表

项目描述	非常不符合	不符合	一般	符合	非常符合
5. 环境方面					
5.1 该项目所在地的政策法规变动大	1	2	3	4	5
5.2 该项目所在地的市场经济环境（如汇率、供应商材料价格等）变动大	1	2	3	4	5
5.3 该项目所在地的自然气候条件变化大	1	2	3	4	5
5.4 该项目所在地的地质条件复杂	1	2	3	4	5
5.5 该项目施工环境复杂	1	2	3	4	5
5.6 该项目所在地理位置偏僻	1	2	3	4	5
5.7 该项目其他利益相关者（如社会公众、媒体等）对项目产生的影响大	1	2	3	4	5
6. 信息方面					
6.1 该项目信息不确定性大	1	2	3	4	5
6.2 该项目处理信息水平不够	1	2	3	4	5
6.3 该项目传递信息能力不够	1	2	3	4	5
6.4 该项目获取信息程度不够	1	2	3	4	5
6.5 该项目信息系统或平台数量多	1	2	3	4	5
6.6 该项目各信息系统之间的依赖性强	1	2	3	4	5
6.7 该项目涉及的语言种类多	1	2	3	4	5
6.8 该项目涉及的国家与民族多	1	2	3	4	5

第三部分　项目结果评价

说明：针对该项目，根据以下描述与实际的吻合程度，在对应分值上做标记。

项目结果描述	非常不符合	不符合	一般	符合	非常符合
1. 该项目很好地完成了工期目标	1	2	3	4	5

续表

项目结果描述	非常不符合	不符合	一般	符合	非常符合
2. 该项目很好地完成了成本目标	1	2	3	4	5
3. 该项目满足预定的技术规格和功能需求	1	2	3	4	5
4. 该项目很好地完成了安全目标	1	2	3	4	5
5. 该项目做到了环境友好，树立了良好的社会形象	1	2	3	4	5
6. 该项目参与各方对项目完成的流程和过程很满意	1	2	3	4	5
7. 该项目最终用户对项目完成的建筑产品很满意	1	2	3	4	5
8. 该项目参与各方获得了期望的工程利润	1	2	3	4	5

问卷到此结束，再次感谢您的合作，祝您工作顺利，家庭幸福！

附录C　世博项目复杂性测度调查问卷

各位专家朋友：

您好！

首先，感谢您拨冗填答此份问卷。我们正在进行一项学术性课题的调查工作，旨在测度世博项目复杂性。希望您能抽出宝贵时间，给我们提供如下真实信息，调查不记名，答案也无对错之分。我们保证，所有调查数据资料只是用于学术性研究，并在任何时候都不会公开项目和个人的信息；我们承诺，调查所得数据绝不会用于其他任何商业用途。

如果您对本研究结论感兴趣，我们会在研究结束后将研究结果发送给您；如果您对项目复杂性方面的资料有兴趣，请与我们联系。

联系人：罗岚

联系地址：上海市彰武路1号（同济大厦）911室，邮编：200092

电话：15601720459；Email：mengling2391@163.com

第一部分　背景资料

1. 性别：　　　□男　　　□女

2. 年龄：

□≤20岁　□21—30岁　□31—40岁　□41—50岁　□>50岁

3. 您的工作年限：

□≤1年　□1—5年　□6—10年　□10—20年　□>20年

4. 您的具体职称：

□初级　□中级　□高级

5. 您所在部门性质：

□业主方　□施工方　□咨询方　□政府部门　□学校

第二部分　世博项目复杂性测度

下表描述的是世博项目复杂性测度体系中各二级指标的复杂性程度，请根据您个人的经验，对各个指标的复杂性程度做出您的选择，请在相应的位置上画“√”。

指标		简单化	轻度复杂	中度复杂	高度复杂	极度复杂
一级指标	二级指标					
信息复杂性	项目组织间的信任度					
	项目组织间合作意识					
	信息传递能力					
	信息获取程度					
	项目组织文化差异					
	信息处理水平					
	项目参与方的经验不足					
	信息的不确定性					
	项目管理方法和工具不确定性					
任务复杂性	任务之间的关系依赖性					
	项目中使用技术的多样性					
	任务的多样性					
	信息系统之间的依赖性					
技术复杂性	高难技术的风险					
	新技术所需要的知识水平					
	建筑产品的新颖程度					
	所需资源与技能的可获得性					
组织复杂性	组织结构层级数					
	正规组织单位和职能部门数					

续表

指标		简单化	轻度复杂	中度复杂	高度复杂	极度复杂
一级指标	二级指标					
环境复杂性	政策法规环境的变动					
	市场经济环境的变动					
	项目施工环境的变动					
	外部利益相关者的影响					
目标复杂性	利益相关方需求变更数量					
	项目组织的变动					
	项目目标的不明确性					
	合同关系复杂					

附录 D　FANP 权重计算表

附录 D—1　FANP 元素的权重计算

计算 W_{11}

U_{11}	U_{11}	U_{12}	U_{13}	w
U_{11}	(1 1 1)	(5/2 3 7/2)	(5/2 3 7/2)	0.600
U_{12}	(2/7 1/3 2/5)	(1 1 1)	(1/2 1 3/2)	0.200
U_{13}	(2/7 1/3 2/5)	(2/3 1 2)	(1 1 1)	0.200

U_{12}	U_{11}	U_{12}	U_{13}	w
U_{11}	(1 1 1)	(2/7 1/3 2/5)	(2/3 1 2)	0.2 00
U_{12}	(5/2 3 7/2)	(1 1 1)	(5/2 3 7/2)	0.600
U_{13}	(1/2 1 3/2)	(2/7 1/3 2/5)	(1 1 1)	0.200

U_{12}	U_{11}	U_{12}	U_{13}	w
U_{11}	(1 1 1)	(2/3 1 2)	(2/7 1/3 2/5)	0.200
U_{12}	(1/2 1 3/2)	(1 1 1)	(2/7 1/3 2/5)	0.200
U_{13}	(5/2 3 7/2)	(5/2 3 7/2)	(1 1 1)	0.600

计算 W_{12}

U_{21}	U_{11}	U_{12}	U_{13}	w
U_{11}	(1 1 1)	(5/2 3 7/2)	(9/2 5 11/2)	0.637
U_{12}	(2/7 1/3 2/5)	(1 1 1)	(5/2 3 7/2)	0.258
U_{13}	(2/11 1/5 2/9)	(2/7 1/3 2/5)	(1 1 1)	0.105

U_{22}	U_{11}	U_{12}	U_{13}	w
U_{11}	(1 1 1)	(2/7 1/3 2/5)	(5/2 3 7/2)	0.258
U_{12}	(5/2 3 7/2)	(1 1 1)	(9/2 5 11/2)	0.637
U_{13}	(2/7 1/3 2/5)	(2/11 1/5 2/9)	(1 1 1)	0.105

U_{23}	U_{11}	U_{12}	U_{13}	w
U_{11}	(1 1 1)	(2/3 1 2)	(2/7 1/3 2/5)	0.200
U_{12}	(1/2 1 3/2)	(1 1 1)	(2/7 1/3 2/5)	0.200
U_{13}	(5/2 3 7/2)	(5/2 3 7/2)	(1 1 1)	0.600

U_{24}	U_{11}	U_{12}	U_{13}	w
U_{11}	(1 1 1)	(2/3 1 2)	(2/3 1 2)	0.333
U_{12}	(1/2 1 3/2)	(1 1 1)	(2/3 1 2)	0.333
U_{13}	(1/2 1 3/2)	(1/2 1 3/2)	(1 1 1)	0.334

计算 W_{13}

U_{31}	U_{11}	U_{12}	U_{13}	w
U_{11}	(1 1 1)	(2/3 1 2)	(2/3 1 2)	0.333
U_{12}	(1/2 1 3/2)	(1 1 1)	(2/3 1 2)	0.333
U_{13}	(1/2 1 3/2)	(1/2 1 3/2)	(1 1 1)	0.334

U_{32}	U_{11}	U_{12}	U_{13}	w
U_{11}	(1 1 1)	(2/7 1/3 2/5)	(2/7 1/3 2/5)	0.142
U_{12}	(5/2 3 7/2)	(1 1 1)	(1/2 1 3/2)	0.429
U_{13}	(5/2 3 7/2)	(2/3 1 2)	(1 1 1)	0.429

计算 W_{14}

U_{41}	U_{11}	U_{12}	U_{13}	w
U_{11}	(1 1 1)	(9/2 5 11/2)	(5/2 3 7/2)	0.637
U_{12}	(2/11 1/5 2/9)	(1 1 1)	(2/7 1/3 2/5)	0.105
U_{13}	(2/7 1/3 2/5)	(5/2 3 7/2)	(1 1 1)	0.258

计算 W_{15}

U_{51}	U_{11}	U_{12}	U_{13}	w
U_{11}	(1 1 1)	(2/3 1 2)	(2/7 1/3 2/5)	0.200
U_{12}	(1/2 1 3/2)	(1 1 1)	(2/7 1/3 2/5)	0.200
U_{13}	(5/2 3 7/2)	(5/2 3 7/2)	(1 1 1)	0.600

计算 W_{16}

U_{61}	U_{11}	U_{12}	U_{13}	w
U_{11}	(1 1 1)	(5/2 3 7/2)	(5/2 3 7/2)	0.600
U_{12}	(2/7 1/3 2/5)	(1 1 1)	(2/3 1 2)	0.200
U_{13}	(2/7 1/3 2/5)	(1/2 1 3/2)	(1 1 1)	0.200

计算 W_{21}

U_{11}	U_{21}	U_{22}	U_{23}	U_{24}	w
U_{21}	(1 1 1)	(13/2 7 15/2)	(13/2 7 15/2)	(9/2 5 11/2)	0.654
U_{22}	(2/15 1/7 2/13)	(1 1 1)	(1/2 1 3/2)	(2/7 1/3 2/5)	0.077
U_{23}	(2/15 1/7 2/13)	(2/3 1 2)	(1 1 1)	(2/7 1/3 2/5)	0.077
U_{24}	(2/11 1/5 2/9)	(5/2 3 7/2)	(5/2 3 7/2)	(1 1 1)	0.192
U_{12}	U_{21}	U_{22}	U_{23}	U_{24}	w
U_{21}	(1 1 1)	(2/15 1/7 2/13)	(2/3 1 2)	(2/3 1 2)	0.100
U_{22}	(13/2 7 15/2)	(1 1 1)	(13/2 7 15/2)	(13/2 7 15/2)	0.700
U_{23}	(1/2 1 3/2)	(2/15 1/7 2/13)	(1 1 1)	(1/2 1 3/2)	0.100
U_{24}	(1/2 1 3/2)	(2/15 1/7 2/13)	(2/3 1 2)	(1 1 1)	0.100
U_{13}	U_{21}	U_{22}	U_{23}	U_{24}	w
U_{21}	(1 1 1)	(2/7 1/3 2/5)	(2/15 1/7 2/13)	(2/3 1 2)	0.077
U_{22}	(5/2 3 7/2)	(1 1 1)	(2/11 1/5 2/9)	(5/2 3 7/2)	0.192
U_{23}	(13/2 7 15/2)	(9/2 5 11/2)	(1 1 1)	(13/2 7 15/2)	0.654
U_{24}	(1/2 1 3/2)	(2/7 1/3 2/5)	(2/15 1/7 2/13)	(1 1 1)	0.077

计算 W_{22}

U_{21}	U_{21}	U_{22}	U_{23}	U_{24}	w
U_{21}	(1 1 1)	(2/3 1 2)	(2/3 1 2)	(2/15 1/7 2/13)	0. 100
U_{22}	(1/2 1 3/2)	(1 1 1)	(2/3 1 2)	(2/15 1/7 2/13)	0. 100
U_{23}	(1/2 1 3/2)	(1/2 1 3/2)	(1 1 1)	(2/15 1/7 2/13)	0. 100
U_{24}	(13/2 7 15/2)	(13/2 7 15/2)	(13/2 7 15/2)	(1 1 1)	0. 700
U_{22}	U_{21}	U_{22}	U_{23}	U_{24}	w
U_{21}	(1 1 1)	(2/7 1/3 2/5)	(2/3 1 2)	(2/3 1 2)	0. 167
U_{22}	(5/2 3 7/2)	(1 1 1)	(5/2 3 7/2)	(5/2 3 7/2)	0. 500
U_{23}	(1/2 1 3/2)	(2/7 1/3 2/5)	(1 1 1)	(2/3 1 2)	0. 167
U_{24}	(1/2 1 3/2)	(2/7 1/3 2/5)	(1/2 1 3/2)	(1 1 1)	0. 166
U_{23}	U_{21}	U_{22}	U_{23}	U_{24}	w
U_{21}	(1 1 1)	(2/7 1/3 2/5)	(2/3 1 2)	(2/3 1 2)	0. 167
U_{22}	(5/2 3 7/2)	(1 1 1)	(5/2 3 7/2)	(5/2 3 7/2)	0. 500
U_{23}	(1/2 1 3/2)	(2/7 1/3 2/5)	(1 1 1)	(2/3 1 2)	0. 167
U_{24}	(1/2 1 3/2)	(2/7 1/3 2/5)	(1/2 1 3/2)	(1 1 1)	0. 166
U_{24}	U_{21}	U_{22}	U_{23}	U_{24}	w
U_{21}	(1 1 1)	(2/7 1/3 2/5)	(2/11 1/5 2/9)	(2/3 1 2)	0. 096
U_{22}	(5/2 3 7/2)	(1 1 1)	(2/7 1/3 2/5)	(5/2 3 7/2)	0. 250
U_{23}	(9/2 5 11/2)	(5/2 3 7/2)	(1 1 1)	(9/2 5 11/2)	0. 558
U_{24}	(1/2 1 3/2)	(2/7 1/3 2/5)	(2/11 1/5 2/9)	(1 1 1)	0. 096

计算 W_{23}

U_{31}	U_{21}	U_{22}	U_{23}	U_{24}	w
U_{21}	(1 1 1)	(2/3 1 2)	(2/3 1 2)	(2/3 1 2)	0. 250
U_{22}	(1/2 1 3/2)	(1 1 1)	(2/3 1 2)	(2/3 1 2)	0. 250
U_{23}	(1/2 1 3/2)	(1/2 1 3/2)	(1 1 1)	(2/3 1 2)	0. 250
U_{24}	(1/2 1 3/2)	(1/2 1 3/2)	(1/2 1 3/2)	(1 1 1)	0. 250

U_{32}	U_{21}	U_{22}	U_{23}	U_{24}	w
U_{21}	(1 1 1)	(2/3 1 2)	(2/3 1 2)	(2/3 1 2)	0.250
U_{22}	(1/2 1 3/2)	(1 1 1)	(2/3 1 2)	(2/3 1 2)	0.250
U_{23}	(1/2 1 3/2)	(1/2 1 3/2)	(1 1 1)	(2/3 1 2)	0.250
U_{24}	(1/2 1 3/2)	(1/2 1 3/2)	(1/2 1 3/2)	(1 1 1)	0.250

计算 W_{24}

U_{41}	U_{21}	U_{22}	U_{23}	U_{24}	w
U_{21}	(1 1 1)	(2/7 1/3 2/5)	(2/3 1 2)	(2/3 1 2)	0.167
U_{22}	(5/2 3 7/2)	(1 1 1)	(5/2 3 7/2)	(5/2 3 7/2)	0.500
U_{23}	(1/2 1 3/2)	(2/7 1/3 2/5)	(1 1 1)	(2/3 1 2)	0.167
U_{24}	(1/2 1 3/2)	(2/7 1/3 2/5)	(1/2 1 3/2)	(1 1 1)	0.166

计算 W_{25}

U_{51}	U_{21}	U_{22}	U_{23}	U_{24}	w
U_{21}	(1 1 1)	(2/7 1/3 2/5)	(2/11 1/5 2/9)	(2/3 1 2)	0.096
U_{22}	(5/2 3 7/2)	(1 1 1)	(2/7 1/3 2/5)	(5/2 3 7/2)	0.250
U_{23}	(9/2 5 11/2)	(5/2 3 7/2)	(1 1 1)	(9/2 5 11/2)	0.558
U_{24}	(1/2 1 3/2)	(2/7 1/3 2/5)	(2/11 1/5 2/9)	(1 1 1)	0.096

计算 W_{26}

U_{61}	U_{21}	U_{22}	U_{23}	U_{24}	w
U_{21}	(1 1 1)	(2/3 1 2)	(2/3 1 2)	(2/15 1/7 2/13)	0.100
U_{22}	(1/2 1 3/2)	(1 1 1)	(2/3 1 2)	(2/15 1/7 2/13)	0.100
U_{23}	(1/2 1 3/2)	(1/2 1 3/2)	(1 1 1)	(2/15 1/7 2/13)	0.100
U_{24}	(13/2 7 15/2)	(13/2 7 15/2)	(13/2 7 15/2)	(1 1 1)	0.700

计算 W_{31}

U_{11}	U_{31}	U_{32}	w
U_{31}	(1 1 1)	(1/2 1 3/2)	0.480
U_{32}	(2/3 1 2)	(1 1 1)	0.520

U_{12}	U_{31}	U_{32}	w
U_{31}	(1 1 1)	(3/2 2 5/2)	0.330
U_{32}	(2/5 1/2 2/5)	(1 1 1)	0.670

U_{13}	U_{31}	U_{32}	w
U_{31}	(1 1 1)	(5/2 3 7/2)	0.730
U_{32}	(2/7 1/3 2/5)	(1 1 1)	0.270

计算 W_{32}

U_{21}	U_{31}	U_{32}	w
U_{31}	(1 1 1)	(7/2 4 9/2)	0.800
U_{32}	(2/9 1/4 2/7)	(1 1 1)	0.200

U_{22}	U_{31}	U_{32}	w
U_{31}	(1 1 1)	(3/2 2 5/2)	0.330
U_{32}	(2/5 1/2 2/5)	(1 1 1)	0.670

U_{23}	U_{31}	U_{32}	w
U_{31}	(1 1 1)	(1/2 1 3/2)	0.480
U_{32}	(2/3 1 2)	(1 1 1)	0.520

U_{24}	U_{31}	U_{32}	w
U_{31}	(1 1 1)	(7/2 4 9/2)	0.800
U_{32}	(2/9 1/4 2/7)	(1 1 1)	0.200

计算 W_{33}

U_{31}	U_{31}	U_{32}	w
U_{31}	(1 1 1)	(3/2 2 5/2)	0.330
U_{32}	(2/5 1/2 2/5)	(1 1 1)	0.670

U_{32}	U_{31}	U_{32}	w
U_{31}	(1 1 1)	(7/2 4 9/2)	0.800
U_{32}	(2/9 1/4 2/7)	(1 1 1)	0.200

计算 W_{34}

U_{41}	U_{31}	U_{32}	w
U_{31}	(1 1 1)	(3/2 2 5/2)	0.330
U_{32}	(2/5 1/2 2/5)	(1 1 1)	0.670

计算 W_{35}

U_{51}	U_{31}	U_{32}	w
U_{31}	(1 1 1)	(1/2 1 3/2)	0.480
U_{32}	(2/3 1 2)	(1 1 1)	0.520

计算 W_{36}

U_{61}	U_{31}	U_{32}	w
U_{31}	(1 1 1)	(3/2 2 5/2)	0.330
U_{32}	(2/5 1/2 2/5)	(1 1 1)	0.670

计算 W_{41}

U_{11}	U_{41}	w
U_{41}	(1 1 1)	1.000
U_{12}	U_{41}	w
U_{41}	(1 1 1)	1.000
U_{13}	U_{41}	w
U_{41}	(1 1 1)	1.000

同理计算 W_{42} — W_{46} 。

因 U_4、U_5、U_6均只一个因素，故权重均为 1.000。

附录 D—2 FANP 元素组的权重计算

U_1	U_1	U_2	U_3	U_4	U_5	U_6	w
U_1	(1 1 1)	(9/2 5 11/2)	(3/2 2 5/2)	(3/2 2 5/2)	(5/2 3 7/2)	(2/9 1/4 2/7)	0.207
U_2	(2/11 1/5 2/9)	(1 1 1)	(2/13 1/6 2/11)	(2/9 1/4 2/7)	(2/7 1/3 2/5)	(2/5 1/2 2/3)	0.044
U_3	(2/5 1/2 2/3)	(11/2 6 13/2)	(1 1 1)	(3/2 2 5/2)	(5/2 3 7/2)	(7/2 4 9/2)	0.269
U_4	(2/5 1/2 2/3)	(9/2 5 11/2)	(2/5 1/2 2/3)	(1 1 1)	(5/2 3 7/2)	(5/2 3 7/2)	0.197
U_5	(2/7 1/3 2/5)	(5/2 3 7/2)	(2/7 1/3 2/5)	(2/7 1/3 2/5)	(1 1 1)	(3/2 2 5/2)	0.102
U_6	(7/2 4 9/2)	(3/2 2 5/2)	(9/2 5 11/2)	(2/7 1/3 2/5)	(2/5 1/2 2/3)	(1 1 1)	0.181
U_2	U_1	U_2	U_3	U_4	U_5	U_6	w
U_1	(1 1 1)	(5/2 3 7/2)	(3/2 2 5/2)	(3/2 2 5/2)	(5/2 3 7/2)	(2/9 1/4 2/7)	0.193
U_2	(2/7 1/3 2/5)	(1 1 1)	(2/13 1/6 2/11)	(2/9 1/4 2/7)	(2/7 1/3 2/5)	(2/5 1/2 2/3)	0.049
U_3	(2/5 1/2 2/3)	(11/2 6 13/2)	(1 1 1)	(3/2 2 5/2)	(5/2 3 7/2)	(7/2 4 9/2)	0.272
U_4	(2/5 1/2 2/3)	(9/2 5 11/2)	(2/5 1/2 2/3)	(1 1 1)	(5/2 3 7/2)	(5/2 3 7/2)	0.200
U_5	(2/7 1/3 2/5)	(5/2 3 7/2)	(2/7 1/3 2/5)	(2/7 1/3 2/5)	(1 1 1)	(3/2 2 5/2)	0.104
U_6	(7/2 4 9/2)	(3/2 2 5/2)	(9/2 5 11/2)	(2/7 1/3 2/5)	(2/5 1/2 2/3)	(1 1 1)	0.182

续表

U_3	U_1	U_2	U_3	U_4	U_5	U_6	w
U_1	(1 1 1)	(2/11 1/5 2/9)	(2/3 1 2)	(2/3 1 2)	(2/7 1/3 2/5)	(2/7 1/3 2/5)	0.069
U_2	(9/2 5 11/2)	(1 1 1)	(9/2 5 11/2)	(9/2 5 11/2)	(5/2 3 7/2)	(5/2 3 7/2)	0.419
U_3	(1/2 1 3/2)	(2/11 1/5 2/9)	(1 1 1)	(2/3 1 2)	(2/7 1/3 2/5)	(2/7 1/3 2/5)	0.069
U_4	(1/2 1 3/2)	(2/11 1/5 2/9)	(1/2 1 3/2)	(1 1 1)	(2/7 1/3 2/5)	(2/7 1/3 2/5)	0.069
U_5	(5/2 3 7/2)	(2/7 1/3 2/5)	(5/2 3 7/2)	(5/2 3 7/2)	(1 1 1)	(2/3 1 2)	0.187
U_6	(5/2 3 7/2)	(2/7 1/3 2/5)	(5/2 3 7/2)	(5/2 3 7/2)	(1/2 1 3/2)	(1 1 1)	0.187
U_4	U_1	U_2	U_3	U_4	U_5	U_6	w
U_1	(1 1 1)	(2/11 1/5 2/9)	(2/3 1 2)	(2/3 1 2)	(5/2 3 7/2)	(2/7 1/3 2/5)	0.107
U_2	(9/2 5 11/2)	(1 1 1)	(9/2 5 11/2)	(9/2 5 11/2)	(5/2 3 7/2)	(2/7 1/3 2/5)	0.313
U_3	(1/2 1 3/2)	(2/11 1/5 2/9)	(1 1 1)	(2/3 1 2)	(2/7 1/3 2/5)	(2/7 1/3 2/5)	0.074
U_4	(1/2 1 3/2)	(2/11 1/5 2/9)	(1/2 1 3/2)	(1 1 1)	(2/7 1/3 2/5)	(2/7 1/3 2/5)	0.074
U_5	(2/7 1/3 2/5)	(2/7 1/3 2/5)	(5/2 3 7/2)	(5/2 3 7/2)	(1 1 1)	(2/3 1 2)	0.140
U_6	(5/2 3 7/2)	(5/2 3 7/2)	(5/2 3 7/2)	(5/2 3 7/2)	(1/2 1 3/2)	(1 1 1)	0.292

续表

U_5	U_1	U_2	U_3	U_4	U_5	U_6	w
U_1	(1 1 1)	(2/3 1 2)	(2/7 1/3 2/5)	(2/3 1 2)	(2/3 1 2)	(2/3 1 2)	0.125
U_2	(1/2 1 3/2)	(1 1 1)	(2/7 1/3 2/5)	(2/3 1 2)	(2/3 1 2)	(2/3 1 2)	0.125
U_3	(5/2 3 7/2)	(5/2 3 7/2)	(1 1 1)	(5/2 3 7/2)	(5/2 3 7/2)	(5/2 3 7/2)	0.375
U_4	(1/2 1 3/2)	(1/2 1 3/2)	(2/7 1/3 2/5)	(1 1 1)	(2/3 1 2)	(2/3 1 2)	0.125
U_5	(1/2 1 3/2)	(1/2 1 3/2)	(2/7 1/3 2/5)	(1/2 1 3/2)	(1 1 1)	(2/3 1 2)	0.125
U_6	(1/2 1 3/2)	(1/2 1 3/2)	(2/7 1/3 2/5)	(1/2 1 3/2)	(2/3 1 2)	(1 1 1)	0.125
U_6	U_1	U_2	U_3	U_4	U_5	U_6	w
U_1	(1 1 1)	(2/3 1 2)	(2/3 1 2)	(2/7 1/3 2/5)	(2/3 1 2)	(2/3 1 2)	0.125
U_2	(1/2 1 3/2)	(1 1 1)	(2/3 1 2)	(2/7 1/3 2/5)	(2/3 1 2)	(2/3 1 2)	0.125
U_3	(1/2 1 3/2)	(1/2 1 3/2)	(1 1 1)	(2/7 1/3 2/5)	(2/3 1 2)	(2/3 1 2)	0.125
U_4	(5/2 3 7/2)	(5/2 3 7/2)	(5/2 3 7/2)	(1 1 1)	(5/2 3 7/2)	(5/2 3 7/2)	0.375
U_5	(1/2 1 3/2)	(1/2 1 3/2)	(1/2 1 3/2)	(2/7 1/3 2/5)	(1 1 1)	(2/3 1 2)	0.125
U_6	(1/2 1 3/2)	(1/2 1 3/2)	(1/2 1 3/2)	(2/7 1/3 2/5)	(1/2 1 3/2)	(1 1 1)	0.125